Knaur

Weitere erotische Ratgeber
und prickelnde Geschichten finden Sie ab Seite 301.

Über den Autor:
Jan van Amstel, geboren 1952 in Den Haag, studierte Soziologie und Psychologie mit den Forschungsschwerpunkten interkulturelle Kommunikation und menschliche Sexualität. Nach zehn Jahren als Weltreisender ließ er sich als Partnerschaftstherapeut in Amsterdam nieder. Von 1993 bis 1999 lebte er in Berlin, bevor er mit Frau und seinen drei Kindern in die Nähe von Amsterdam zog, wo er heute noch lebt und erfolgreich als Therapeut und Autor tätig ist. Für den »Sex-Knigge« interviewte Jan van Amstel 150 Männer.

Jan van Amstel

Sex-Knigge für Frauen

Ein Mann verrät, wie SIE
die perfekte Liebhaberin wird

Knaur

Besuchen Sie uns im Internet:
www.knaur.de
Sagen Sie uns Ihre Meinung zu diesem Buch:
leidenschaft@droemer-knaur.de

Originalausgabe 2004
Copyright © 2004 by Knaur Taschenbuch. Ein Unternehmen der
Droemerschen Verlagsanstalt Th. Knaur Nachf. GmbH & Co. KG,
München.
Konzeption und Realisation: Ariadne-Buch, Christine Proske, München
Redaktion: Cornelia Rüping
Umschlaggestaltung: ZERO Werbeagentur, München
Umschlagabbildung: Mauritius
Satz: Pinkuin Satz und Datentechnik, Berlin
Druck und Bindung: Nørhaven Paperback A/S
Printed in Denmark
ISBN 3-426-62578-4

2 4 5 3 1

Inhalt

Sehr geehrte Damen, liebe Leserinnen

Männer sind komplizierte Wesen. Sicher haben auch Sie schon die Erfahrung gemacht, dass der Umgang mit ihnen alles andere als leicht ist. Das ist auch kein Wunder, denn der Unterschied zwischen Mann und Frau ist sehr viel größer, als es die rund zehn Zentimeter erahnen lassen, die den Mann zum Manne machen.

Das Buch, das Sie in den Händen halten, ist eine Art Gebrauchsanleitung für den Umgang mit Männern – und zwar aus der Sicht eines Insiders. Sicher, Sie reden oft mit Ihren Freundinnen über uns Männer. Aber letztlich stehen Sie als Frauen wahrscheinlich immer wieder vor dem gleichen Problem: Kein Mann macht, was Sie sich im Grunde Ihres Herzens wünschen. Und kein Mann verrät Ihnen, was er *wirklich* will. Zumindest denken Sie das. Ihre Männer haben sehr wohl das Gefühl, dass sie ihre Wünsche klar zum Ausdruck bringen. Und dann ist es eben Ihr Problem, wenn Sie das Signal des eingeschalteten Fernsehers und den Biervorrat im Kühlschrank fälschlicherweise als Gesprächsaufforderung verstehen.

In diesem Buch will ich versuchen, als »Dolmetscher« zwischen den Geschlechtern zu fungieren. In meiner Eigenschaft als Mann werde ich Sie in die Geheimnisse des beredten Schweigens und des philosophischen Dosenbiertrinkens einführen. Sie werden erfahren, wie Männer ticken, und –

was noch besser ist – Möglichkeiten kennen lernen, dieses Ticken zu beeinflussen.

Gebrauchsanleitungen sind eine praktische Sache: Selbst einfache Geräte können viel Chaos anrichten, wenn Sie die falschen Knöpfe drücken. Und was für Waschmaschinen gilt, gilt erst recht für Männer! Doch wenn Sie lernen, die richtigen Knöpfe zu drücken und ihm den Kopf ordentlich zu verdrehen, kniet er willig vor Ihnen – oder der Waschmaschine – nieder.

Schon *ein* richtiges Wort kann genügen, um einen hoffnungsvollen Flirt zum Erfolg zu führen. Ebenso kann *ein* falsches Wort den Flirt zum Fiasko werden lassen. Souverän über Fettnäpfchen hinwegzuschreiten ist kein Problem – im Restaurant, beim ersten Kuss und erst recht auf oder unter der Bettdecke. Und nicht nur mit dem neuen Lover, auch mit dem langjährigen Partner kann so manches besser laufen, wenn man nur weiß, *wie*. Die Frage ist also: Was können Sie konkret tun? Wie können Sie die Unzahl der kleinen und großen Reinfälle abwenden, die Ihnen die süßen Stunden zu zweit regelmäßig und gründlich versalzen?

Ein Knigge (nicht nur) für gewisse Stunden

Ein Knigge hilft dabei, sich sicher in der Öffentlichkeit zu bewegen. Doch keine Angst – das vorliegende Buch hat nicht das Geringste mit jenen endlosen Benimmregel-Sammlungen zu tun, wie sie auf den guten Adolph Franz Friedrich Ludwig Freiherr von Knigge zurückgehen. Nichts gegen den Freiherrn …

Was aber den richtigen Umgang mit den Herren der Schöpfung betrifft, so hilft Ihnen der übliche Knigge kein

Stückchen weiter. Kein Wort wird darüber verloren, mit welchen Tricks Sie Männer verführen können. Geschweige denn, wie Sie Ihren Lover mit einem Quickie auf der Rückbank seines Autos überraschen und ihn gleichzeitig dazu bringen, Sie mit Zungen- und Lippenspielen zu ekstatischen Gipfeln oraler Freuden zu katapultieren. Allein schon der Gedanke an solche Dinge hätte dem adligen Benimm-Papst die Schamesröte ins Gesicht steigen lassen. Dabei sind es gerade diese kleinen Geheimnisse der richtigen Knöpfe, mit denen Sie Männer dazu bringen, alles für Sie zu tun, und ganz nebenbei auch noch deren Lust und Leidenschaft in ungeahnter Weise entfachen können.

Let's talk about Fun ...

Lernen Sie in den folgenden Kapiteln die Dos und Don'ts der Liebe kennen! Nur wenn Sie wissen, »wie Männer funktionieren«, und Sie Ihre eigenen Einflussmöglichkeiten entdecken,

♀ wird es Ihnen leicht fallen, den Mann Ihrer Träume an die Angel zu bekommen und an Land zu ziehen.

♀ werden Sie in wenigen Augenblicken wissen, ob Ihr Date ein Treffer oder eine Niete ist.

♀ werden Sie lernen, Männermaschen schnell zu durchschauen, und nicht mehr auf billige Tricks hereinfallen.

♀ wird es ein Leichtes für Sie sein, die geheimen Bedürfnisse Ihres Geliebten zu erkennen und ihm auch Ihre Bedürfnisse deutlich zu signalisieren.

♀ können Sie Ihre Körpersprache gezielt einsetzen, um zu bekommen, was Sie sich wirklich wünschen.

♀ werden Sie eine männergehirnfreundliche Form der Kommunikation erlernen – leichter als jede Fremdsprache.

♀ werden Sie Ihren Partner dazu bringen, seine Aufmerksamkeit auf Ihre Anwesenheit statt auf Fußball und Dosenbier zu konzentrieren.

♀ werden Sie das, wovon Sie heimlich träumen, Stück für Stück Wirklichkeit werden lassen.

... and about Sex!

Sagen wir es ruhig, wie es ist: Das Buch in Ihren Händen ist in erster Linie ein Ratgeber zum Thema Sex und Liebe! Und mal ganz ehrlich: Wozu brauchen Sie uns Männer denn heutzutage sonst noch? Sex, Lust, Liebe und Nähe spielen in der Begegnung zwischen Frauen und Männern nun mal die größte Rolle. Tabus und Hemmungen zerstören den Spaß am Sex – und das bringt weder Ihnen noch Ihrem Geliebten irgendetwas.

In einer Gebrauchsanleitung für den Umgang mit den Jungs muss es natürlich ans Eingemachte gehen. Dabei ist es egal, ob Sie es mit Machos, Softies, Junggesellen, Ehemännern, Singles, unerfahrenen Boys oder reifen Liebhabern zu tun haben – denn wenn's um die Erotik geht, ist selbst der kleine Unterschied kleiner, als Sie glauben.

Der Inhalt dieses Buches ist genau das Richtige für Sie, wenn Sie nicht nur etwas über Flirten, Nähe, Vertrauen, Kommunikation und befriedigende Zweisamkeit lernen, sondern zum Beispiel auch noch wissen wollen,

♀ ob es Möglichkeiten gibt, seinen Orgasmus von »Sprint«
   auf »Marathon« umzuschalten und dadurch mehr Zeit
   für die schönste Nebensache der Welt zu gewinnen.
♀ was Männer sexy finden.
♀ wie Sie Ihre erotische Ausstrahlung verdoppeln können.
♀ welche handfesten Möglichkeiten es gibt, mit seinem
   besten Stück umzugehen.
♀ ob Fesselspiele Sie entfesseln und ungeahnte
   Leidenschaften in Ihnen wachrufen können.
♀ inwiefern indisch lieben mindestens genauso viel Spaß
   machen kann wie italienisch essen und ob einige Tantra-
   Geheimnisse nicht doch einen Versuch wert wären.
♀ wie Sie ihn dazu bringen, die Socken vor der Hose
   auszuziehen.

Nun? Ist Ihr Interesse geweckt? Na dann, machen Sie einen
Prosecco auf und packen Sie es an. Und wenn Sie aus dem
Vorwort schon was gelernt haben, dann dürfen Sie mir jetzt
ein kühles Bier anbieten.

Heiße Flirts oder: »Wie Sie den Fisch an die Angel kriegen«

Es gibt ein schönes chinesisches Sprichwort: »Eine Reise von tausend Meilen beginnt mit einem ersten kleinen Schritt.« Und tatsächlich – was immer Sie sich auch vornehmen, der erste Schritt ist der wichtigste, ohne ihn kommen Sie gar nicht erst in Bewegung.

Also: Ganz egal ob Sie nun gleich den Mann fürs Leben oder nur ein kleines Abenteuer suchen – schon der erste Schritt kann über Erfolg oder Misserfolg entscheiden. In Liebesangelegenheiten besteht der erste Schritt im Flirten. Ein heißer Flirt geht jedem Mann unter die Haut – und unter die Gürtellinie. Denn beim Flirten kommen jede Menge seiner Hormone in Partystimmung.

Im Lexikon wird »Flirten« eher nüchtern definiert: Der »Flirt«, so heißt es da lakonisch, ist »die Bekundung von Zuneigung durch das Verhalten, durch Blicke und Worte in scherzender, verspielter Form«. Dass Verhalten, Blicke und Worte dabei eine große Rolle spielen, ist aber immerhin schon recht aufschlussreich. Und dass Flirten alles andere als eine bierernste Angelegenheit ist, sondern ganz im Gegenteil eine spielerische Stimmung erfordert, ist ebenfalls gut zu wissen.

Auch wenn es nicht viele Dinge gibt, bei denen sich Frauen und Männer rundum einig sind, so ist doch eines klar: Flirten ist mit Abstand das aufregendste Spiel für Erwachsene.

Gerade die erste Kennenlernphase wird von den meisten Männern (und Frauen) als besonders aufregend empfunden. Durch kleine Flirts – ob im Café, in der Bäckerei oder von Autofenster zu Autofenster – lassen sich schnell riesige bunte Farbkleckse in einen noch so grauen Alltag zaubern.

Der Kick beim Flirten kommt daher, dass niemand so genau weiß, wie das prickelnde Spiel weitergehen wird. Ernst Stankovski hat das nett ausgedrückt, als er sagte: »Der Flirt ist ein Spiel, bei dem man nicht weiß, ob man noch in der Qualifikation ist oder schon im Finale.«

Kein Zweifel – wenn sich interessierte Männer- und Frauenblicke treffen, ist das Knistern sofort spürbar. In Sekundenschnelle liegt dann ein Hauch von Erotik in der Luft. Doch was letztlich daraus wird? Das wissen Sie nicht. Aber was noch besser ist: Er weiß es auch nicht! Und genau da liegt Ihre Chance, denn wenn Sie es schaffen, die Spannung zu halten und den Fisch ein wenig zappeln zu lassen, sind Sie dem dicken Fang schon ein gewaltiges Stück näher gekommen.

Angel-Tipps für Ladys

Wie kriegen Sie den Fisch aber an die Leine? Was müssen Sie machen, damit der Mann Ihrer Träume nicht nur ein Traum bleibt, sondern Ihre Telefonnummer schon möglichst bald vor- und rückwärts aufsagen kann?

Natürlich ist klar, dass es dafür kein hundertprozentiges Patentrezept gibt. Jeder Mann ist anders, und so sollten Sie Ihre Strategie der jeweiligen Gegebenheit flexibel anpassen. Die meisten Männer mögen es zum Beispiel gar nicht, wenn

Frauen beim ersten Schritt die Initiative ergreifen, aber einige wenige finden das auch absolut aufregend. Und während der eine nie und nimmer auf Büroflirts verzichten wollte, kann der andere der Kombination aus Job und Erotik nicht das Geringste abgewinnen.

**Die Initiative ergreifen? –
Stimmen aus der Männerwelt**

Jens (27, Informatiker): »Hätte Lisa, meine jetzige Frau, damals nicht den ersten Schritt gemacht, wäre es wohl nie was mit uns geworden. Sie hat mich einfach gefragt, ob ich nicht Lust hätte, mit ihr und ein paar Leuten Skifahren zu gehen, und an dem Tag hat es dann so richtig gefunkt …«

Klaus (41, leitender Angestellter): »Ich finde Frauen, die Männer anmachen, ehrlich gesagt alles andere als aufregend. Vor allem wenn sie aufdringlich sind, ist das jedenfalls nichts für mich.«

Jacob (34, Webdesigner): »Ist vielleicht eine altmodische Einstellung, aber ich denke, beim Flirten sollten es die Männer sein, die den ersten Schritt machen.«

Ein paar wirkungsvolle Angel-Tipps gibt es natürlich schon – denn so unterschiedlich die Herren der Schöpfung auch sind, sie ticken doch alle recht ähnlich. Das Wichtigste ist, dass Sie sich in den Augen Ihrer potenziellen Eroberung so begehrenswert und interessant wie möglich machen. Und am einfachsten ist das, wenn Sie typisch männliche biologische Verhaltens- und Reaktionsmuster geschickt ausnützen. Frauen, die es schaffen, jeden Kerl um den Finger zu wickeln, setzen einige einfache Jagdstrategien ein:

1. Sie kennen die Eigenheiten und Verhaltensweisen ihrer »Beute«. (In den folgenden Kapiteln werden Sie jede Menge Informationen zum Thema »Männer« bekommen. Und je mehr Sie über das »starke Geschlecht« wissen, desto einfacher wird die Sache.)

2. Sie kennen die besten Jagdgebiete und wissen, wo was wann zu holen ist.

3. Sie haben Geduld und lassen sich jede Menge Zeit.

4. Sie benützen wirkungsvolle Köder.

Die besten Jagdreviere

Wenn Sie Elche jagen wollen, sollten Sie Ihr Glück in Kanada oder Schweden versuchen, denn im Bayerischen Wald werden Sie in diesem Fall vergebens auf die Pirsch gehen. Natürlich werden Sie den niedlichen Tierchen mit den langen Nasen kaum ans Leder wollen, doch auch bei der Männerjagd gilt: Die richtige Location ist das A und O!

Laut Umfragen sind Bars und Cafés immer noch die beliebtesten Orte, wenn es darum geht, den richtigen Partner zu finden. Fragt man Ehepaare, wo sie sich kennen gelernt haben, kommt jedoch selten die Antwort: »In einer Bar.« Sehr viel häufiger finden Paare im Studium, im Job oder in Vereinen und vergleichbaren Einrichtungen zueinander. Klingt vielleicht langweilig – funktioniert aber bestens.

Um den richtigen Mann zu finden, brauchen Sie zunächst mal eine gewisse Auswahl, womit wir wieder bei den Elchen wären. Oder anders gesagt: Sie sollten wissen, *wo* die Aussichten auf Erfolg besonders hoch sind. Einige klassische Flirt- und Angelgebiete sind:

- ♀ Cafés, Bars und Restaurants
- ♀ Supermärkte und andere Läden
- ♀ Vereine aller Art
- ♀ Tanzschulen und Diskotheken
- ♀ Volkshochschulen und Weiterbildungsstätten
- ♀ Büchereien
- ♀ Schwimmbäder und Saunen (Letztere nur für mutige Damen)
- ♀ Museen und Ausstellungen

Wann und wo Amor seine Liebespfeile abschießt, kann man natürlich nie so genau wissen. Aber eins ist klar: Solange Sie sich nur in Ihren eigenen vier Wänden – ob den privaten oder beruflichen – aufhalten, werden seine Pfeile Sie nicht erreichen …

Das Wichtigste beim Flirten ist, unter Menschen zu gehen, denn je mehr Menschen Sie um sich haben, desto mehr Männer sind logischerweise dabei! Nur wenn Sie aktiv werden und die Augen offen halten, kann aus einem kleinen Smalltalk an der Käsetheke jederzeit schnell ein heißer Flirt werden. Jeder Cafébesuch bietet Gelegenheiten, die eigenen Flirtkünste zu vervollkommnen. Und das sollten Sie – und sei es nur uns Männern zuliebe, die wir ja im Café auch nicht nur einen Espresso trinken wollen, sondern uns über jeden kleinen Blickkontakt mit einer interessanten Frau mächtig freuen.

Ob Konditorei, Supermarkt oder Computerabteilung, ob Bar oder Glühweinbude auf dem Weihnachtsmarkt – die Chancen, einen dicken Fisch an die Leine zu bekommen, stehen für Sie prinzipiell nicht schlecht. Schließlich sind in unserer Singlegesellschaft nicht nur Frauen, sondern mindestens genauso viele Männer auf der Suche nach einem passenden Partner. Der Prozentsatz an ungebundenen Männern ist heute sehr viel größer als noch zu Großmamas Zeiten – und je vielfältiger das Angebot, desto besser die Aussichten.

Wenn Sie Ihr Jagdglück nicht dem Zufall überlassen wollen, sollten Sie Jagdreviere aufsuchen, die zu den Klassikern unter den Kontaktbörsen zählen. Dazu gehören vor allem Orte, an denen Menschen etwas gemeinsam tun. Sportvereine oder Volkshochschulen sind beispielsweise optimal. Ob beim Lauftreff, im Yogakurs oder beim gemeinsamen Englischpauken: Wo Interessengebiete sich treffen, werden Sie am ehesten Männer finden, die gut zu Ihnen passen – und sich damit einige Fehlstarts ersparen.

Wenn Sie gezielt nach einem bestimmten Typ Mann suchen, sollten Sie einige nahe liegende, aber wichtige Dinge bedenken:

♀ Männer mit Grips finden Sie eher in Büchereien und auf Vorträgen als im Bierzelt.

♀ Wenn Sie von einem durchtrainierten Adonis träumen, sollten Sie mindestens dreimal täglich Ihre Joggingrunden drehen oder jeden freien Nachmittag im Fitnessstudio verbringen.

♀ Möchten Sie einen Mann kennen lernen, der mit Ihnen nachts durch die Kneipen schwärmt, sollten Sie genau dort suchen – in Kneipen, Bars und Clubs.

♀ Wenn Sie von einem Mann erwarten, dass er »Picasso« nicht für eine italienische Käsesorte hält und an Kultur interessiert ist, sollten Sie beim nächsten Museumsbesuch nicht nur Augen für die Bilder und Skulpturen haben.

Sie können Ihre Erfolgsaussichten deutlich verbessern, wenn Sie sich klar machen, was Sie wollen und wo Sie aller Wahrscheinlichkeit nach genau den Mann finden, den Sie sich wünschen. Verbiegen sollten Sie sich dabei allerdings nicht: Wenn Sie verräucherte Kneipen hassen, sollten Sie dort auch nicht auf Männerfang gehen. Angeln macht nämlich nur Spaß, wenn Sie sich rundherum wohl in Ihrer Haut fühlen. Begeben Sie sich auf fremdes Terrain, wird es Ihnen schwer fallen, sich von Ihrer besten Seite zu zeigen, und das wirkt sich negativ auf Ihre Fangquote aus. Ihre Flirtchancen steigen hingegen enorm, wenn Sie sich selbst treu bleiben.

Übrigens: Neben der gezielten Suche können Sie beim Flirten auch eine andere, vielleicht noch spannendere Strategie wählen. Sie besteht darin, sich einfach für glückliche Zufälle zu öffnen. Die besten Flirts kommen oft aus heiterem Himmel. Ganz egal ob Hochzeiten, Wohnungseinweihungen oder Geburtstagspartys – wo Männer und Frauen zwanglos und entspannt aufeinander treffen, entsteht schnell eine Atmosphäre der Offenheit, die eine wunderbare Grundlage für unvergessliche Romanzen bietet.

Aller Anfang muss nicht schwer sein – erste Schritte
Das Flirtverhalten kennt keine kulturellen Unterschiede und läuft im Großen und Ganzen überall auf der Welt gleich ab. Daher ist Flirten auch weder kompliziert noch schwierig. Zunächst einmal ist Flirten ja nichts anderes als Kontaktaufnahme und »erotische Werbung«, und das liegt Männern und Frauen im Blut – oder besser gesagt: in den Hormonen. Auch wenn Sie noch so schüchtern sind, Sie können gar nicht anders, als einem Mann, den Sie anziehend finden, interessierte Blicke zuzuwerfen – und seien diese auch noch so kurz.

Doch das Beste ist: Für Frauen ist Flirten noch sehr viel leichter als für Männer, denn das Einzige, was sie dabei »tun« müssen, ist – sich finden lassen! Männer sind biologisch und hormonell darauf programmiert, den aktiven Part bei der Partnersuche zu übernehmen. Im Bereich der Hormone hat sich im Verlauf der letzten vier Millionen Jahre herzlich wenig getan. Trotz aller Emanzipation – das Grundprogramm, das die Spielregeln in der Liebe bestimmt, ist in Zeiten von Computern, Handys und Beauty-Farmen immer noch das gleiche wie in der Steinzeit. Es lautet schlicht und einfach: Männchen jagt Weibchen!

Verstehen Sie mich bitte nicht falsch: Natürlich können Sie als Frau auch einen Mann jagen – aber *zeigen* sollten Sie ihm das auf keinen Fall. Tun Sie stattdessen so, als wäre er es, der Sie angelt. Geben Sie ihm immer das Gefühl, dass er die treibende Kraft ist. Sogar selbstbewusste Männer sind leicht aus der Ruhe zu bringen, wenn Frauen offensiv auf sie zugehen. Ersparen Sie sich den Tritt ins Fettnäpfchen. Verzichten Sie darauf, mit feuchten Händen und einem unpassenden Spruch auf den Lippen ins Leere zu laufen – überlassen Sie es lieber ihm, sich dumm anzustellen und möglicherweise einen Korb einzufangen.

Sicher haben Sie schon einige Erfahrungen mit kleinen oder großen Flirts gesammelt: Ein Mann schaut Sie an, Sie erwidern seinen Blick, er lächelt, Sie lächeln – und ehe Sie sich's versehen, sind Sie schon mitten im Flirt gelandet.

Falls Sie zu den Flirt-Anfängerinnen gehören, hilft nur eins: Üben und es immer wieder einmal ausprobieren. Schließlich haben Sie nichts zu verlieren – vorausgesetzt, Sie flirten auch wirklich mit Männern, an denen Sie interessiert sind. Und selbst wenn sich später herausstellen sollte, dass

Sie mit Ihrer Wahl ordentlich daneben gegriffen haben, können Sie im Grunde nichts verlieren. Senta Berger beschrieb dies einmal so: »Flirt ist Training mit dem Unrichtigen für den Richtigen.«

Besonders wichtig ist daher, dass Sie experimentieren. Frauen, die bei Männern schon mit einem kurzen Blick heißes Begehren wecken, haben meist nur einen Vorteil – mehr Übung! Auch wenn es einige wirkungsvolle Flirttechniken gibt, zum Beispiel den Einsatz der Körpersprache, lautet die Devise fürs Anbandeln »Learning by doing«! Dafür brauchen Sie keinen Lehrer, Sie müssen nur sich selbst vertrauen und es einfach tun – je öfter, desto besser.

Flirten ist eine Kunst, die ungemein Spaß macht. Dementsprechend schnell werden Sie bei sich Fortschritte erkennen. Doch Vorsicht: Männer können recht lästig werden, wenn sie das Gefühl haben, dass eine Frau sich für sie interessiert. Schauen Sie sich daher immer nach lohnender Beute um. Ein Mann, der Ihnen von Anfang an wie ein Schoßhündchen nachläuft, macht auf Dauer einfach keinen Spaß. Setzen Sie Ihre Verführungskünste daher nur ein, wenn es sich auch lohnt – nicht nur ihm, sondern vor allem sich selbst zuliebe.

Das erste Date

Ein Zeichen dafür, dass Sie einen Fisch an der Angel haben, ist: Er lädt Sie ein (natürlich nicht der Fisch, sondern der Kerl) – zum Beispiel zum Essen oder auf einen Drink. Jetzt heißt es, bloß nicht nervös werden. Machen Sie es sich beim ersten Date genauso einfach wie beim Flirten: Entspannen Sie sich, genießen Sie die knisternde Atmosphäre und denken Sie daran, dass er es ist, der Sie unterhalten muss und nicht umgekehrt.

Suchen Sie sich für die ersten Verabredungen unbedingt neutrale Orte aus. Lassen Sie sich nicht zu ihm nach Hause einladen und laden Sie ihn auch nicht zu sich zum Essen ein. Auch wenn Ihr Cordon bleu noch so einmalig ist – als Heimchen am Herd sollte Ihr neuer Lover Sie nicht zu sehen bekommen. Genießen Sie lieber schlichte Spaghetti Bolognese beim Italiener – und lassen Sie sich von ihm gentlemanlike umhegen und pflegen.

Übrigens tun Sie sich selbst und Ihrem männlichen Gegenüber einen großen Gefallen, wenn Sie nicht zu viel erwarten. Tiefsinnige Gespräche oder die Darlegung seines kompletten Lebensplans sollten Sie sich beim ersten Date nicht erhoffen – und auch noch nicht beim zweiten oder dritten. Wir Männer brauchen oft ein ganzes Weilchen, bis wir uns öffnen können. Denken Sie daran, dass ein Mann, der eine reizende Frau zum Essen ausführt, im Ausnahmezustand und somit sicherlich reichlich nervös ist.

Was sollten Sie also tun? Nichts Besonderes. Entspannen Sie sich, plaudern Sie ein wenig über unverfängliche Dinge, lächeln Sie, wenn das Gespräch einmal stockt, und lachen Sie, wenn Ihnen danach zumute ist. Last but not least: Finden Sie das richtige Ende. Gehen Sie, wenn es am schönsten ist, und nicht erst dann, wenn der Spannungsbogen schon abflaut. In der Liebe besteht die Kunst darin, die richtige Spannung zu erzeugen und zu halten – und das gilt ganz besonders für das Kennenlernen.

**»Worüber habt ihr beim ersten Date geredet?« –
Stimmen aus der Männerwelt**

Gabriel (51, Werbefachmann): »Als ich Susanne zum ersten Mal zum Essen eingeladen hab, war ich ganz schön aufgeregt und habe eigentlich nur Unsinn geredet – gottlob hat sie mir das aber kein bisschen übel genommen.«

Gregor (24, Jura-Student): »Bei meinem ersten Date mit meiner jetzigen großen Liebe haben wir fast kein Wort gesprochen, sondern uns nur die ganze Zeit wie hypnotisiert in die Augen gestarrt. Das ging dann noch eine ganze Weile so – geredet haben wir erst viel später.«

Wolfgang (37, Fotograf): »Ich habe Anja bei einem Job kennen gelernt. Nach kurzer Zeit sind wir zusammen ausgegangen. Obwohl wir nur über die Arbeit geredet haben – eigentlich kein besonders spannendes Thema –, habe ich schon in den ersten fünf Minuten gespürt, dass die Wellenlänge hundertprozentig stimmt.«

Hinschauen, wegschauen: die Magie der Augen-Blicke

»Schau mir in die Augen, Kleines!« – Wer kennt ihn nicht, Humphrey Bogarts unvergesslichen Spruch aus dem Kultfilm *Casablanca*? Und tatsächlich entscheidet schon der erste Blickkontakt darüber, ob die »Flirtfalle« zuschnappt. Die Liebe auf den ersten Blick – das ist es schließlich, wovon nicht nur Frauen, sondern auch wir Männer träumen.

Das Sehen und Gesehenwerden spielt beim Flirten die entscheidende Rolle. Sie können für einen Mann erst dann zum ersehnten Objekt seiner Begierde werden, wenn er Sie überhaupt wahrnimmt. Natürlich gibt es auch heiße Flirts am Telefon, und eine sexy Telefonstimme hat schon so manchen

Anrufer in unerhörte Aufregung versetzt. Aber normalerweise findet Flirten durch die Magie der Augen-Blicke statt. Denn egal ob im Bus, im Café oder im Freibad – bevor ein Mann auf Ihre Stimme oder gar Ihren verführerischen Geruch aufmerksam wird, müssen Sie erst einmal sein Blickfeld erobern.

Unabhängig vom kulturellen Hintergrund läuft das Feuerwerk verliebter Blicke immer gleich ab: In Anbetracht schöner Aussichten heben sich die Augenbrauen, die Augen werden weit, die Pupillen vergrößern sich – Mann und Frau schauen sich tief in die Augen, und fast immer wird dieser intensive Blickkontakt von einem Lächeln begleitet.

Und wenn Sie dann rot werden und Ihr Herzschlag sich plötzlich pochend in Ihr Bewusstsein drängt, machen Sie sich nichts daraus – auch das ist Teil des ganz normalen Flirtablaufs. Viele Frauen irritiert es, wenn sie rot werden. Schade – denn tatsächlich finden Männer errötende Frauen überaus sexy. Abgesehen davon wird auch bei den Herren der Schöpfung die Durchblutung angekurbelt, wenn sie auf eine attraktive Frau treffen, allerdings nicht unbedingt im Gesicht, sondern meist ein paar Stockwerke tiefer.

»Augenübungen« rund ums Flirten

Im Alltag werden direkte Blickkontakte meistens gemieden, da sie unterbewusst als aufdringlich oder gar aggressiv empfunden werden. Wenn es zwischen Mann und Frau funkt, sieht die Sache allerdings ganz anders aus: Liebende können sich problemlos stundenlang tief in die Augen sehen. Während ein langer und inniger Blickkontakt bei Paaren Nähe und Vertrauen schafft, ist er beim Flirten zunächst nicht angebracht. Damit der magische Augen-Blick der ersten Kontaktaufnahme nicht zu einer baldigen Ernüchterung führt, sollten Sie einige kleine, aber wichtige Flirttricks beachten:

♀ Scheuen Sie sich nicht, einem Mann zu zeigen, dass er Ihnen gefällt. Schauen Sie ihm tief in die Augen, lächeln Sie und signalisieren Sie damit, dass Sie ihn bemerkt haben und auch registriert haben, dass er Sie wahrgenommen hat.

♀ Machen Sie jetzt nicht den Fehler, ihn unverblümt anzustarren. Schließlich wollen Sie die Spannung ja nicht gleich im Keim ersticken. Wahrscheinlich werden Sie aber ganz automatisch richtig handeln – denn der weitgehend unbewusst ablaufende Flirtmechanismus sorgt dafür, dass nach dem tiefen Blickkontakt eine leichte Nervosität entsteht. Die Folge: Es kommt zu einer Übersprunghandlung – Sie schauen weg, zupfen an Ihren Haaren oder Ihrem Kleid herum oder rühren unnötigerweise mit dem Löffel in Ihrer Tasse. Machen Sie sich nichts aus diesem merkwürdigen Verhalten – das ist alles völlig normal.

♀ Jetzt kann das Spiel beginnen: hinschauen – wegschauen – wieder hinschauen usw. Zwar neigen verliebte Männer dazu, die Augen von der Dame ihrer Träume nicht mehr abzuwenden, doch lassen Sie sich davon nicht beirren und vor allem: Tun Sie es ihm auf keinen Fall gleich. Konzentrieren Sie sich stattdessen auf Ihr Buch, auf die Freundin, mit der Sie unterwegs sind, oder auf die Eiswürfel in Ihrem Drink – aber vermeiden Sie es unbedingt, Ihre mögliche Neueroberung zu fixieren. Einerseits werden Männer durch dieses »frauenuntypische« Verhalten leicht verschreckt, andererseits macht die Sache viel mehr Spaß, wenn Sie sich Zeit dabei lassen.

♀ In der Flirtphase ist es nicht schlau, mit offenen Karten zu spielen. Zeigen Sie Ihr Interesse nie zu deutlich und achten Sie darauf, dass Sie zuerst wegschauen und nicht er.

♀ Die einfachste Möglichkeit, die Spannung bei ihm zu erhalten: Sorgen Sie für Abwechslung! Wenn sich Ihre Blicke schon zwei- oder dreimal getroffen haben, sollten Sie auch mal längere Zeit gar nicht zu ihm hinschauen. Dadurch erhöhen Sie nicht nur die Neugier – Sie erfüllen zudem eine wichtige biologische Funktion, indem Sie dem Mann die Gelegenheit geben, Sie längere Zeit zu betrachten und seine Fantasie ins Spiel zu bringen. Schenken Sie ihm zwischendurch ein kurzes Lächeln und ziehen Sie Ihre Blicke dann sofort wieder zurück.

♀ Nicht nur kleine Kinder, sondern auch große Jungs sind mit folgender »Kuckuck-Variante« zu begeistern: Beobachten Sie ihn, während er mit etwas anderem beschäftigt ist. Finden Sie einen Moment, in dem er nicht bemerkt, dass Sie ihn ansehen. Sobald er dann zu Ihnen schaut, gucken Sie gleich wieder ganz schnell weg.

♀ Last but not least: Hören Sie auf Ihre Intuition. Sie wissen selbst am besten, wie oft und wie lange Ihre Blicke sich treffen sollten. Zu einem großen Teil wird dies von archaischen Flirtinstinkten gesteuert, denen Sie blind vertrauen können.

Die Magie der Blickkontakte – Stimmen aus der Männerwelt

Jürgen (29, Tennislehrer): »Schöne Frauen anschauen und merken, dass sie zurückblinzeln – für mich ist das jedes Mal das höchste der Gefühle und manchmal sogar noch aufregender, als dann mit der Frau ins Bett zu gehen.«

Sebastian (52, Unternehmensberater): »Ich glaube fest an die Liebe auf den ersten Blick. Man kann noch so interessante Frauen kennen lernen, aber wenn es nicht gleich beim Anschauen funkt, wird meist nichts daraus. Jedenfalls haben meine Lebenspartnerin und ich uns wochenlang heiße Blicke zugeworfen, bevor wir dann schließlich auch mal richtig ins Gespräch gekommen sind.«

Stephan (62, Vater von drei Töchtern): »Vor meiner Hochzeit gab es bei mir viele Flirts und Beziehungen mit ganz unterschiedlichen Frauen. Die ersten Blickkontakte fand ich dabei aber immer am spannendsten.«

So finden Sie die richtigen Worte

Optimal läuft der Flirt dann, wenn die Magie der Augen-Blicke dazu führt, dass er Sie anspricht. Denn früher oder später muss sich ein kleinerer oder größerer Talk anschließen, sonst wird es schwierig, sich näher kennen zu lernen. Doch keine Angst – wenn Sie glauben, dass sich jetzt gleich großartige Gespräche entwickeln müssten, kann ich Sie beruhigen: Ein wenig Smalltalk reicht vollkommen aus, um Männersehnsüchte zu befriedigen. Niemand erwartet von Ihnen, dass Sie beim ersten Plausch sonderlich kreativ oder originell sind.

Überhaupt gilt auf der Suche nach den richtigen Worten: bloß nicht verkrampfen! Lassen Sie den Dingen ihren Lauf. Nutzen Sie die Schwächen der Männer schonungslos aus: Im Normalfall hört ein Mann sich unglaublich gerne selber reden. Lassen Sie also ihn sprechen, lächeln Sie und genießen Sie die passive Rolle. Immerhin gibt Ihnen ein Mann, der über sich selbst redet, einige wichtige Infos. So können Sie schnell erkennen, ob Sie den richtigen Fisch an der Angel haben. Und wenn nicht, dann starren Sie unverhohlen auf Ihre Uhr, weisen ihn freundlich, aber bestimmt darauf hin, dass Sie noch eine Verabredung haben, und suchen Sie das Weite.

Männer, die Sie schon nach fünf Minuten langweilen, sind Ihre Zeit einfach nicht wert. Umgekehrt sollten Sie sich jedoch auch davor hüten, eine Fast-Eroberung wieder in die Flucht zu treiben – was leicht einmal passieren kann, wenn Sie wichtige Grundregeln verbalen Flirtens missachten:

Dos and Don'ts beim Flirtgeflüster

♀ Reden Sie nicht zu viel – lassen Sie lieber ihn reden. Wenn das Gespräch stockt, dann fragen Sie einfach nach. Im Zweifelsfall gilt aber: Reden ist Silber, Schweigen ist Gold.

♀ Genießen Sie es, wenn er Sie umwirbt. Wenn er beim Balzritual einmal ein wenig zu dick aufträgt, sollten Sie ihm daraus nicht gleich einen Strick drehen. Denken Sie daran: Auch Männer sind beim ersten Rendezvous aufgeregt.

♀ Wenn Sie etwas von sich erzählen, dann verschonen Sie ihn unbedingt mit Themen, die um Alltagsprobleme, gemeine Nachbarn, böse Chefs, Stress im Beruf,

Darmbeschwerden oder Ähnliches kreisen. Für solche Themen ist Ihre Freundin da – eine Neueroberung würden Sie damit nur verschrecken.

♀ Bleiben Sie bei der Wahrheit und tischen Sie ihm keine Lügengeschichten auf. Wenn er ein wenig sensibel ist, wird er dies ohnehin durchschauen.

♀ Erzählen Sie ihm nichts über Ihre letzten Beziehungen. Dieses Thema ist beim Flirten nicht angesagt, sondern kommt erst viel, viel später dran.

♀ Gute Flirtthemen sind: Reisen, Freunde, Kino- und Konzertbesuche, Musikgruppen, spannende Erlebnisse und alles, worüber Sie mit Freude reden können.

♀ Nicht nur das Was, sondern auch das Wie ist beim Reden wichtig. Viele Männer fahren sehr darauf ab, wenn Frauen ruhig und in relativ tiefer Stimmlage sprechen. Sie müssen nicht gleich losröhren wie eine kettenrauchende Soulsängerin – aber ein paar kleine Stimmübungen vor dem Tonbandgerät können ganz hilfreich sein, um einem hektischen Sprechrhythmus und einer piepsigen Stimmlage entgegenzuwirken.

♀ Je entspannter Sie sind, desto weicher und runder wird auch Ihre Stimme wirken, denn sie verrät viel über Ihre Stimmung. Und wenn Ihr Gegenüber erotische Fantasien in Ihnen weckt, wird er auch das am Klang Ihrer Stimme heraushören können.

**Wie Stimmen für Stimmung sorgen –
Stimmen aus der Männerwelt**
Carlos (34, Orchestermusiker): »Die Stimme einer aufregenden Frau ist für mich wie der Klang einer schönen

Musik. Schon am Telefon kann ich oft heraushören, ob eine fremde Frau, mit der ich spreche, etwas für mich wäre oder nicht. Der Klang der Stimme reicht dazu völlig aus.«

Johannes (37, Anästhesist): »Ich steh wirklich ganz und gar nicht auf Telefonsex und käme nie auf die Idee, 0190-Nummern zu wählen, aber Frauen, die eine sexy Stimme haben, bringen meine Fantasie regelmäßig auf Hochtouren.«

Sönke (42, Öko-Landwirt): »Als ich Elena vor einigen Jahren in einem Seminar kennen gelernt habe, hat sie mir optisch ehrlich gesagt nicht gerade besonders gefallen. (Hoffentlich liest sie bloß dieses Buch nicht ...) Aber ihre Stimme ist mir sofort aufgefallen – sie ist für eine Frau recht tief und klingt immer ein ganz kleines bisschen heiser, was ich total klasse finde. Elenas Stimme ist einmalig, und selbst wenn sie nur über das kaputte Waschbecken redet, kann das ganz schön erotisch klingen.«

Apropos richtige Worte: Männerfang per Anzeige

Die meisten Männer lesen sehr gerne Kontaktanzeigen. Und Männer, die Frauen suchen, verschlingen sie geradezu! Wenn es also nicht Ihr Ding ist, in Sportvereinen, Diskos oder Nachtcafés herumzurennen und sich dort auf der Suche nach dem Mann fürs Leben den Hals zu verrenken, sollten Sie nicht zögern, eine Kontaktanzeige aufzusetzen. Kontaktanzeigen sind sehr viel besser als ihr Ruf. Und auch die Erfolgsquote kann sich sehen lassen. Einige wenige beherzte Zeilen in einer Lokalzeitung können zuweilen mehr bewirken als Lippenstift, Minirock und Highheels zusammen.

Eine Anzeige hat einen weiteren entscheidenden Vorteil: Sie ist ein sehr spezifisches Lockmittel, ein Köder, der hundertprozentig die Jagdbeute anspricht, die Ihnen vorschwebt. Wenn Sie einen Mann auf der Straße treffen, wissen Sie noch lange nicht, ob er überhaupt zu Ihnen passt. Vielleicht sieht er ganz gut aus, ist sogar charmant – hasst aber die Musik, die Sie lieben, findet Ihre Lieblingslokale inakzeptabel und interessiert sich brennend für Dinge, die Ihnen nur ein Gähnen entlocken. Mit einer konkreten Anzeige ziehen Sie hingegen genau solche Männer an, die Ihre Hobbys und Vorlieben teilen und somit sehr wahrscheinlich schon mal ganz gut zu Ihnen passen. Damit die Kontaktanzeige nicht zum Flop wird, sollten Sie jedoch einige Punkte beachten.

KONTAKTANZEIGEN: DOS AND DON'TS

♀ Halten Sie sich bedeckt! Geben Sie in einer Anzeige niemals Ihre Telefonnummer oder Adresse an. Erstens wissen Sie nie, wer so alles in die Zeitung schaut, daher sollten Sie Ihre Privatsphäre unbedingt schützen. Zweitens dürfen Sie es den Männern nie zu leicht machen. Wer etwas von Ihnen will, soll sich gefälligst die Mühe machen, an die Chiffre-Adresse zu schreiben. Die entsprechende Kennziffer bekommen Sie von der Zeitung zugeteilt.

♀ Ersparen Sie sich den Stress, Kontaktanzeigen von Männern zu durchforsten. Erinnern Sie sich an das biologische Urprogramm? Männchen jagt Weibchen – und nicht umgekehrt. Legen Sie also eine Anzeige als Köder aus und lassen Sie sich dann über Zuschriften erobern. Wenn Sie einem Mann auf seine interessant klingende Annonce hin schreiben, werden Sie nicht die

Einzige sein. Dann bekommt *er* die Angebote, kann gemütlich auf dem Sofa sitzen und aussuchen, ob etwas für ihn dabei ist. Drehen Sie den Spieß lieber um: Wählen *Sie* zwischen verschiedenen Antwortschreiben diejenigen aus, die Sie am meisten ansprechen.

♀ Halten Sie Ihre Anzeige kurz. Bringen Sie das, was Sie sagen wollen, auf den Punkt. Wortlawinen auf Papier sind nicht nur teuer – sie schrecken auch ab. Männer sind im Grunde ihres Herzens faule Wesen. Nur den wenigsten macht es Spaß, lange Texte zu lesen.

♀ Lügen haben kurze Beine. Und wenn Sie zu den vielen Frauen gehören, die nicht auf ellenlangen Modelbeinen stehen, sollten Sie dies auch nicht in Aussicht stellen. Männer, die eine ausgeprägte Vorliebe für lange Beine, eine große Oberweite oder sonstige körperliche Merkmale haben, sind verständlicherweise sehr enttäuscht, wenn die Wirklichkeit nicht hält, was die Anzeige verspricht. Bleiben Sie also bei der Wahrheit.

♀ Übertreiben müssen Sie das mit der Wahrheit aber auch wieder nicht. Niemand zwingt Sie, in einem Inserat ausdrücklich auf Ihre Schwächen hinzuweisen. Nobody is perfect! Kleine Fehler und Schwächen sind allzu menschlich und werden nach dem ersten Kennenlernen schnell übersehen, sofern die gemeinsame Schwingung da ist.

♀ Einige Formulierungen eignen sich bestens, um ganze Heerscharen von Männern in die Flucht zu schlagen. Dazu gehören zum Beispiel »geschiedene«, »einsame«, »heiratswillige und kinderliebe«, »arbeitslose«, »frustrierte«, »dick, aber herzlich«. Denken Sie daran, dass eine Kontaktanzeige ähnlich funktioniert wie eine

Werbeanzeige – sie soll nicht Ängste, sondern Wünsche und Sehnsüchte wecken.

♀ Mit etwas Einfallsreichtum können auch »schlechte Seiten« positiv beschrieben werden. Wenn Sie ein Ausgeh- oder Sportmuffel sind, sollten Sie sich als eine Frau mit Sinn für Gemütlichkeit beschreiben. Wenn Ihre Freunde Sie als Streithenne kennen, ist es günstiger, sich als »temperamentvoll« zu bezeichnen. »Mollig« klingt besser als »dick«, »schlank« besser als »dürr« und eine »erfahrene Frau« ist begehrenswerter als eine »in die Jahre gekommene« etc.

♀ Besonders wichtig: Heben Sie Ihre Stärken hervor! Bringen Sie Ihre positiven Seiten auf den Punkt – ein paar äußerliche, ein paar innerliche, und fertig ist der ideale Cocktail. Alles, was Ihnen an sich selbst gefällt, wird auch Männern gefallen. Ob Ihr Humor, Ihre Offenheit, Ihre Augenfarbe, Ihre Figur, Ihr Lächeln oder Ihre Fähigkeit zur Hingabe – immer sollten Sie sich beim Texten auf Ihre Vorzüge konzentrieren. Falls Ihnen das schwer fällt, dann lassen Sie sich einfach von Freundinnen beraten. Die kennen Ihre schönen Seiten oft besser als Sie selbst.

♀ Haben Sie Mut, spontan zu sein. Schreiben Sie einfach, was Ihnen auf die Schnelle in den Sinn kommt. Einige wichtige Infos zu Beruf, Größe, Alter usw. können sicher nicht schaden – vor allem aber sollten Sie sich auf Ihre Eigenheiten und Vorlieben konzentrieren. Denn sie sagen besonders viel über Sie aus und wecken vor allem das Interesse von Männern, die es wert sind, sie kennen zu lernen.

Zehn einfache Flirt-Tipps auf einen Blick

1. Offen bleiben! Jede Situation kann heiße Flirtchancen bieten. Halten Sie also Augen und Ohren offen. Auch wenn Sie eigentlich nur schnell etwas Sahne einkaufen wollten – es kann nicht schaden, mit wachen Sinnen und ausgefahrenen Antennen durch den Laden zu gehen.

2. Lange Leine! Flirten ist ein erotisches Lockspiel, bei dem Sie sich jede Menge Zeit lassen sollten. Geduld ist das A und O. Lassen Sie die Männer ruhig zappeln. Stellen Sie sie vor eine Herausforderung. Wenn Sie es einem Mann zu leicht machen, verliert er schnell das Interesse. Schließlich braucht er eine Aufgabe – und eine Frau zu erobern ist sicher eine der reizvollsten. Nehmen Sie ihm diese Herausforderung nicht, indem Sie zu schnell »Ja« sagen.

3. Handy aus! Beim Flirten sollten Sie ungestört sein. Schließlich geht es darum, sich näher zu kommen. Und: Ein längeres Handygespräch oder auch nur das Klingeln des Handys nervt Männer und kann Ihnen selbst den erfolgversprechendsten Flirt schnell verderben.

4. Aus ganzem Herzen! Flirten macht nur Spaß, wenn es dabei intensiv zur Sache geht. Sogar Männer, die nicht die Hellsten sind, spüren schnell, wenn eine Frau nur halbherzig bei der Sache ist. Flirten ohne Begeisterung macht sowieso keinen Sinn – also entweder ganz oder lieber gar nicht.

5. Job ist Job, Liebe ist Liebe! Überlegen Sie sich gut, ob Ihr Arbeitsplatz der richtige Ort für einen Flirt ist. Gerade mit verheirateten Kollegen lassen sich zwar oft verführerische Blicke tauschen, doch spielen Sie dabei womöglich mit dem Feuer. In der Berufswelt ist man dauerhaft aufeinander angewiesen, und meist gibt es kaum Ausweichmöglichkeiten. Selbst harmlose Flirts können zur Zeitbombe werden und

jede Menge Gerüchte und übles Gerede nach sich ziehen. Wenn Sie schon im Büro flirten, dann achten Sie wenigstens darauf, dass Ihre KollegInnen keinen Wind davon bekommen.

6. Natürlichkeit siegt! Verstellen Sie sich nicht. Je natürlicher Sie sind, desto wohler wird sich auch der Mann an Ihrer Seite fühlen. Am charmantesten sind Frauen, die sich selbst treu bleiben. Zwar ist Flirten ein Spiel, bei dem ein wenig Schauspielerei und Koketterie nicht schaden, doch übertreiben Sie es nicht und setzen Sie keine Maske auf, die nicht zu Ihnen passt.

7. Zündstoff, nein danke! Reden Sie beim Flirten nicht über Politik, Religion oder Weltanschauungen. Diese Themen sind geeignet, um sich innerhalb von fünf Minuten in einen handfesten Streit hineinzumanövrieren. Ein Flirt ist nicht der richtige Moment, um Ihre Meinungen durchzuboxen und ihn auf die Palme zu bringen. Wenn Sie bei Meinungsverschiedenheiten nachbohren, erzeugen Sie bei Männern nur Stress und Abwehrreaktionen. Folge: Die erotische Anziehung verpufft schneller, als Sie »Pudel« sagen können.

8. Bleiben Sie eine Lady! Sie müssen nicht gleich den Knigge lesen und Benimmregeln pauken – trotzdem sollten Sie sich wie eine Dame benehmen. Es ist zwar seltsam, aber sogar Männer, die sich selbst wie Hinterwäldler benehmen, mögen es nicht, wenn Frauen beim Essen schmatzen, die Füße auf den Tisch legen oder vulgäre Witze reißen. Ach so, und noch etwas: Nehmen Sie den Kaugummi raus, bevor Sie Ihren neuen Lover treffen oder küssen.

9. Fuß vom Gas! Keine Frage, wir leben im Zeitalter der Emanzipation. Dennoch sollten Sie in manchen Dingen lie-

ber auf traditionelle Weiblichkeit setzen. Vor allem wenn es darum geht, seinen Eroberungstrieb zu wecken, haben Sie als schüchterne Unschuld vom Lande bessere Karten als jede Powerfrau. Anders gesagt: Nehmen Sie sich etwas zurück und geben Sie vor allem anfangs nicht zu viel Gas. Nur wenn Sie es mit ausgesprochen schüchternen Exemplaren der Gattung Mann zu tun haben, müssen Sie wohl auf kurz oder lang die Initiative übernehmen, damit er auftaut.

10. Bleiben Sie cool! Auch wenn Sie ziemlich auf- und angeregt sind, sollten Sie versuchen, die Nerven zu bewahren. Je entspannter und gelassener Sie sind, desto wohler werden Sie sich fühlen und desto besser werden die Erfolgsaussichten. Wenn Ihre Hände doch einmal zittern oder feucht werden, hilft nur eins – akzeptieren Sie es und machen Sie sich klar, dass es vollkommen okay ist, ein wenig aufgeregt zu sein. Das ist die einfachste Methode, um schnell wieder runterzukommen und sich zu entspannen.

So kommen Sie ihm näher

Vielleicht kennen Sie Situationen wie diese: Sie sitzen an einem heißen Sommertag in einem Straßencafé, schlürfen eine kalte Limonade und werfen einen Blick in eine Zeitschrift. Drei Tische weiter bemerken Sie plötzlich einen attraktiven Mann, der offensichtlich ein Auge auf Sie geworfen hat. Ihre Neugier ist geweckt, und es folgt eine Reihe von Blickkontakten – kürzere, längere, verschämte und weniger verschämte Blicke und hier und da ein freundliches Lächeln.

Wenn der Typ dann aufsteht, auf Sie zukommt und Sie

auch noch das Glück haben, dass er Sie mit netten Worten anspricht, besteht kein Zweifel mehr: Er hat angebissen. In solchen und ähnlichen Momenten stellt sich schon bald die Frage: Und jetzt? Wie geht es weiter?

Wenn Sie es geschafft haben, seine Aufmerksamkeit mit charmanten Blicken auf sich zu ziehen, und Sie vielleicht auch schon dabei sind, einige Worte zu wechseln, müssen Sie natürlich dafür sorgen, dass Ihr Fang auch an der Angel bleibt. Im Folgenden finden Sie einige Tipps, die Ihnen dabei helfen, nach den ersten Blicken und Worten »am Mann zu bleiben«.

»Spontan gewinnt« contra »Step-by-Step«
Grundsätzlich gibt es zwei völlig entgegengesetzte Strategien, um Männer um den Finger zu wickeln – eine spontane und eine gemächliche. Bei der ersten Methode ergreifen Sie die Initiative. Fassen Sie sich ein Herz, nehmen Sie die Zügel in die Hand und tun Sie den ersten Schritt, indem Sie einfach ganz offen auf den Mann Ihrer Träume zugehen. Was Sie dabei sagen und tun, ist gar nicht so wichtig. Folgen Sie einfach Ihrem spontanen Einfall. Männer sind es nicht gewöhnt, von Frauen angesprochen zu werden – Sie haben den Überraschungsmoment also auf jeden Fall auf Ihrer Seite. Und damit können Sie gerade bei sehr schüchternen Männern oft viele Punkte sammeln.

Doch Vorsicht! In über 90 Prozent der Fälle ist die »Step-by-Step-Strategie« die wesentlich bessere. Dabei überstürzen Sie nichts und überlassen dem Mann den aktiven Part bei der »Anwerbung«, was dem biologischen Grundprogramm eher entspricht. Denken Sie daran: Über Jahrmillionen haben sich Männer- und Frauengehirne unterschiedlich entwickelt. Das Überleben hat nur funktioniert, weil Männer auf die Jagd gingen und ihre Familie beschützten, während Frauen die Kinder ernährten und in ihrer Höhle blieben. Kein Wunder also, dass auch die Hormone entsprechend unterschiedlich eingestellt sind. Das männliche Geschlechtshormon Testosteron ist ein Jagd- und Angriffshormon. Von daher ist es nur logisch, dem Mann beim Flirten die aktive Rolle zu überlassen.

Männer fahren meist auf Frauen ab, die nicht leicht zu kriegen sind. Machen Sie es daher wie die Gezeiten: Ebbe und Flut kommen und gehen im ständigen Wechsel. Auf die Flirtstrategie übertragen, heißt das: Zeigen Sie Interesse, plänkeln Sie mit ihm, bezirzen Sie ihn – aber ziehen Sie sich dann auch wieder zurück. Geben Sie ihm einen Vorgeschmack auf die schönen Augenblicke, die er mit Ihnen erleben kann, um sich dann ganz schnell wieder rar zu machen. Durch dieses Lockspiel werden Sie bei jedem Mann starke Sehnsüchte wecken.

**Leichtes Spiel oder schweres Spiel –
Stimmen aus der Männerwelt**

Christoph (23, Student und Pizza-Ausfahrer): »Frauen, die mir ständig nachtelefonieren und an mir kleben, gehen mir echt wahnsinnig auf die Nerven.«

Robert (48, Krankenpfleger): »Mit meiner jetzigen Freundin hat es sofort gefunkt. Alles ging ganz schnell und da bin ich auch froh. Ewiges Herumbaggern liegt mir ganz und gar nicht.«

André (30, Kameramann): »Frauen, die ich mit ein paar netten Worten sofort rumkriege, finde ich langweilig. Das macht einfach keinen Spaß. Meiner Erfahrung nach sind Frauen, die schwer zu kriegen sind, außerdem wesentlich interessanter.«

Gregor (29, Fitnesstrainer): »Ich weiß auch nicht, woran es liegt, dass mir immer wieder Frauen nachlaufen, die mich im Grunde gar nicht weiter interessieren. Die, die mich wirklich antörnen, sind leider immer verdammt schwer oder gar nicht rumzukriegen.«

Die »Step-by-Step-Strategie« verlangt von Ihnen, dass Sie sich notfalls ein wenig dazu zwingen, es den Männern schwer zu machen. Gönnen Sie ihnen regelmäßig eine Verabredung – aber nicht täglich, sondern nur einmal in der Woche. Widerstehen Sie Ihrem Drang, ihn ständig um sich haben zu wollen. Lehnen Sie sich stattdessen zurück und warten Sie ab, denn so erhöhen Sie Ihre Chancen enorm. Die wichtigsten Regeln der »Step-by-Step-Strategie« lauten:

♀ Nehmen Sie einen Mann niemals nach der ersten Verabredung mit zu sich nach Hause. Lassen Sie mindestens vier oder fünf Dates in Restaurants, Kinos oder im Park stattfinden, bevor Sie aufs private Parkett überwechseln.

♀ Wenn er auf Ihren Anrufbeantworter gesprochen hat, dann rufen Sie nicht gleich zurück. Schlafen Sie eine Nacht drüber, bevor Sie sich bei ihm melden.

♀ Bevor Sie einmal bei ihm anrufen, sollte er mindestens zwei- bis dreimal bei Ihnen angerufen haben.

♀ Beschränken Sie sich auf ein oder höchstens zwei Treffen pro Woche. Gerade in der Anfangszeit können sich Männer ganz schnell wieder entlieben, wenn sie täglich mit der Frau ihrer Träume zusammen sind.

♀ Fragt er Sie am Ende eines schönen Abends, ob Sie am nächsten Tag Zeit haben, vertrösten Sie ihn auf einen späteren Zeitpunkt. Sagen Sie einfach, dass Sie leider schon etwas vorhaben, ohne dabei Konkreteres zu verraten.

♀ Gehen Sie mit einem Mann nie am ersten Abend ins Bett! Auch nicht beim zweiten, dritten oder vierten Treffen. Was macht es schon, wenn Sie sich ein paar Wochen Zeit nehmen? Ein Mann, der wirklich interessiert ist, lässt sich so leicht nicht abschrecken. Ganz im Gegenteil – wenn das Ziel allzu schnell erreicht wird, ist es mit der erotischen Spannung bald vorbei. Leider gibt es außerdem auch in unseren Zeiten immer noch einige Männer, die zwar einerseits schnellen Sex wollen, andererseits aber Frauen, die sich zu schnell angeln lassen, insgeheim als »Flittchen« einstufen. Frau würde sich wundern, wenn sie wüsste, wie viele Überreste einer konservativen Erziehung in so manch modernen Männerhirnen umherschwirren.

♀ Ausnahme: Die »Nicht-zu-früh-ins-Bett-Regel« gilt natürlich nicht, wenn Sie es selber nur auf ein schnelles Abenteuer abgesehen haben. In diesem Fall ist es sogar sinnvoll, im Eiltempo von null auf hundert zu beschleunigen und alle Flirtetikette getrost unter den Tisch oder besser gesagt das Bett fallen zu lassen.

Wie Sie Männer durchschauen

Manchmal ist es für eine Frau sicher ganz schön schwierig, uns Männer zu verstehen. Denn neben dem gewissen kleinen gibt es noch eine Vielzahl weiterer kleiner und großer

Unterschiede. Männer denken und fühlen anders als Frauen – und das drückt sich nicht nur in ihrer verbalen Sprache, sondern auch in ihrer Körpersprache aus. Frauen, die auf Männer eine geradezu magnetische Anziehung ausüben, haben oft einen entscheidenden Vorteil: Sie kennen ihre Pappenheimer oder eleganter ausgedrückt, sie haben die Fähigkeit, männliche Signale richtig zu deuten.

Die Entschlüsselung der Körpersprache ist eine komplizierte Sache: Wenn Ihr neuer Geliebter zum Beispiel aus Bulgarien stammt und Sie ihn fragen, ob er den Abend mit Ihnen verbringen möchte, wird er ziemlich sicher mit dem Kopf schütteln. Sie werden irritiert sein, da Sie wahrscheinlich nicht wissen, dass diese Geste in Bulgarien Zustimmung und nicht wie hierzulande Ablehnung signalisiert.

Mit deutschen Männern ist die Sache einfacher: Wenn sie mit dem Kopf schütteln, heißt das »Nein«, wenn sie nicken, »Ja«. Trotzdem gilt es, einige entscheidende Feinheiten zu beachten. Nur wenn Sie das Abc der Körpersprache kennen, können Sie verstehen, was Ihr Lover wirklich will – und entsprechend reagieren.

Was sein Körper Ihnen verrät – die Flirtsignale der Männer
Umfragen zufolge denken Männer im Schnitt alle fünf bis zehn Minuten an Sex. Nun dürfen Sie natürlich nicht jeder Statistik glauben, denn es gibt so viele andere Dinge, an die Mann denken muss – Steuererklärungen, Autowäsche, Fußballergebnisse, Bier usw. –, sodass dieses Ergebnis wohl höchstens für 20-jährige Testosteron-Rambos zutrifft. Eins ist aber sicher – Männer denken an Frauen, an Erotik, an Flirts und sexuelle Abenteuer, und das zweifellos mehrmals täglich.

Obwohl alle Männer von Frauen träumen, fällt es den

meisten sehr schwer, den Kontakt zu einem attraktiven weiblichen Wesen herzustellen. Im Gegensatz dazu gibt es aber auch Männer, denen die Damenwelt zu Füßen liegt – so genannte Frauentypen. Wie Sie wissen, sind dies nicht unbedingt besonders reiche, gut aussehende oder durchgestylte Männer. Meist haben sie »nur« den Vorteil, dass sie die nonverbale Kommunikation perfekt beherrschen und ihre Körpersprache einsetzen können, um ihre Männlichkeit und Attraktivität gut in Szene zu setzen.

Wenn Sie das Flirtgebaren der Männer studieren, können Sie einiges lernen: Zum einen erfahren Sie viel über das männliche Verhalten und werden Männer immer schneller durchschauen. Zum anderen wird es Ihnen aber auch leichter fallen, Ihre eigenen Reaktionen auf seine Flirtoffensiven einzuordnen und zu verstehen.

Am leichtesten lässt sich die Palette männlicher Flirtsignale natürlich an den Männern studieren, die bei Frauen super ankommen. So selten diese auf der Straße anzutreffen sind, so häufig tauchen sie in Spielfilmen auf. Ob Brad Pitt, Marlon Brando, Leonardo di Caprio oder Al Pacino – in vielen ihrer Rollen verkörpern die Stars »perfekte Männlichkeit«. Ganze Scharen weiblicher Fans strömen in die Kinos, um das Treiben der charmanten Idole auf der Leinwand zu verfolgen und in Anbetracht eines Lächelns oder einer elegant hochgezogenen Augenbraue dahinzuschmelzen. Die männlichen Kinobesucher hingegen wären im Grunde gern ebenso coole Typen wie die Hollywoodstars.

Und wer ahnt schon, dass ein Großteil der Attraktivität, die die Schauspieler ausstrahlen, ihre Wurzeln im Tierreich hat? Was in der männlichen Körpersprache beim Flirten zum Ausdruck kommt, ist im Grunde nichts anderes als eine menschliche Variante des tierischen Balzverhaltens. Im Tierreich sind es immer die farbenprächtigsten, stärksten und auffälligsten Männchen, die von den Weibchen auserkoren werden.

Wenn Männer anfangen, sich für Sie zu interessieren, können Sie ähnliche Verhaltensmuster sehen, die sich im Großen und Ganzen auf die Zurschaustellung männlicher Qualitäten zurückführen lassen. Wenn ein Mann auf Sie abfährt, sollten Sie das auch dann eindeutig erkennen können, wenn er es nicht klar sagt. Und ebenso sollten Sie wissen, wann ein Mann anfängt, sich zu langweilen, ob er offen ist oder Sie anschwindelt usw.

Auf den folgenden Seiten ist das Abc männlicher Körpersprache zusammengefasst – das Wichtigste, was Sie wissen müssen, um Männer zu durchschauen.

SIE KÖNNEN DARAUF WETTEN, DASS EIN MANN AUF SIE ABFÄHRT, WENN ER

♀ Sie anschaut – nicht nur einmal, sondern immer wieder und auch mal längere Zeit am Stück.

♀ Sie anlächelt. So zeigt er Ihnen, dass er offen für Sie ist und Sie bei ihm herzlich willkommen sind.

♀ seine Augenbrauen hebt, um Sie aufzufordern, einen kleinen Schritt auf ihn zuzumachen (damit sollten Sie es aber nicht überstürzen).

♀ plötzlich deutlich lauter redet, in der Runde zu prahlen oder lauthals zu lachen beginnt.

♀ sich breitbeinig und unübersehbar im Raum positioniert und aussieht wie John Wayne, nachdem er hundert Meilen geritten ist und einer ganzen Indianerhorde den Garaus gemacht hat.

♀ seine Hände in die Hüften stützt oder die Daumen vorne

in den Gürtel oder Hosenbund klemmt, sodass die restlichen Finger in Richtung seines besten Stücks weisen.

♀ sich sehr aufrecht hinstellt, um ein paar Zentimeter größer zu werden, und die Brust à la Tarzan wölbt.

♀ sich die Haare glatt streicht. Dieses Streicheln des eigenen Kopfes signalisiert den Wunsch nach Berührung und weist nebenbei noch dezent darauf hin, dass Mann sich auch um seine Körperpflege kümmert.

♀ sich breitbeinig auf einen Stuhl setzt. Durch die geöffneten Oberschenkel wird der Genitalbereich betont.

♀ anfängt, an seiner Kleidung herumzufummeln – beispielsweise seine Krawatte zurechtrückt, den Sitz des Hemdkragens korrigiert oder sich imaginären Staub von den Schultern wischt.

♀ zur gleichen Zeit nach seinem Weinglas greift wie Sie oder die gleiche Körperhaltung einnimmt; diese Synchronisierung alltäglicher Bewegungsabläufe und Haltungen signalisiert auf unterbewusster Ebene Übereinstimmung und Harmonie.

SIE KÖNNEN DARAUF WETTEN, DASS EIN MANN SICH IN IHRER GEGENWART ZU LANGWEILEN BEGINNT, WENN ER

♀ Arme und Beine verschränkt und sich nach hinten lehnt. Diese geschlossene Körperhaltung kann allerdings nicht nur Desinteresse, sondern auch Unsicherheit signalisieren. Wenn Sie ihm schon zum dritten Mal ausführlich den Streit mit Ihrer verhassten Kollegin schildern, spricht seine Haltung für Langeweile. Gehen Sie ihm hingegen auf den Senkel, indem Sie seine innersten Gefühle aus ihm herausquetschen wollen, deuten die verschränkten Arme und Beine eher darauf hin, dass Sie Ihre Eroberung verunsichert und in die Defensive getrieben haben.

♀ aus dem Fenster schaut oder das Geschehen an den Nebentischen ihn plötzlich wesentlich mehr interessiert als alles andere auf der Welt.

♀ mit den Fingern ungeduldig auf dem Tisch herumtrommelt oder Däumchen dreht. Diese Gesten weisen übrigens nicht nur darauf hin, dass Ihr Gesellschafter sich langweilt, sondern zeigen auch, dass er nicht gerade zu den höflichen Menschen zählt.

♀ anfängt, herumzuzappeln und mit den Füßen auf und ab zu wippen, als würde er sich insgeheim lieber auf und davon machen, als weiterhin mit Ihnen am Tisch sitzen zu bleiben.

♀ durch seine Haltung Schläfrigkeit und Müdigkeit zum Ausdruck bringt: Wenn er anfängt, sich die Augen zu reiben, allmählich wie ein Kartoffelsack in sich zusammensinkt und es ihm immer schwerer fällt, Haltung zu bewahren, sollten Sie dringend das Thema wechseln oder etwas völlig Unerwartetes tun: Zum Beispiel können Sie einfach mal aus seinem Glas trinken oder zwei Zuckerwürfel auspacken und sie in seinen Kaffee gleiten lassen. Ein wenig Entertainment kann aus einer müden Gurke schnell wieder einen aufmerksamen Zuhörer machen. Wenn das auch nichts hilft, sollten Sie sich dezent verziehen.

SIE KÖNNEN DARAUF WETTEN, DASS EIN MANN SIE ANSCHWINDELT, WENN

♀ er den Blickkontakt meidet und Ihnen nicht in die Augen sehen kann, während er Ihnen etwas von sich erzählt.

♀ er sich bei den Geschichten, die er vom Stapel lässt, immer wieder an einem Auge herumreibt, während das andere geschlossen bleibt. Auch Ohren- oder Nackenreiben können darauf hinweisen, dass Ihr Lover Ihnen einen kleinen oder größeren Bären aufbindet.

♀ er beim Reden durch seine Hand nuschelt oder die Hand an seiner Nase hat – als wollte er sich unbewusst selbst davon abhalten, dass seine (unaufrichtigen) Worte zu Ihnen durchdringen.

♀ sein Lachen nicht natürlich ist. Im Gegensatz zu einem »echten«, herzlichen Lachen klingt ein aufgesetztes meist zu laut, zu kurz und abgehackt oder es passt einfach nicht zur Situation. Ein falsches Lachen erkennen Sie auch daran, dass die Augen dabei nicht mitlachen – allerdings müssen Sie dazu schon recht genau hinschauen.

♀ er rot wird – entweder beim Reden oder vor allem wenn Sie nochmals etwas genauer nachfragen.

♀ er sichtbar nervös wird und/oder ins Schwitzen kommt.

♀ seine Körpersprache nicht mit seinen verbalen Aussagen übereinstimmt und Sie das Gefühl bekommen, dass etwas faul ist. Wissenschaftler haben herausgefunden, dass körperliche Signale bei der Beurteilung, ob jemand lügt oder die Wahrheit sagt, fünfmal schwerer wiegen als Worte.

Ein wenig Vorsicht ist jedoch bei der schnellen Beurteilung geboten: Die genannten Signale sind Zeichen von Unsicherheit – entweder weil er Sie anschwindelt oder aber weil er ganz besonders schüchtern ist.

Zeigen Sie's ihm – Körpereinsatz leicht gemacht

Einige wenige Gesten können oft mehr aussagen als tausend Worte. Wenn Sie sich mit einem Mann treffen, der Sie anstrahlt, Sie ständig anschaut, seinen Kopf und Oberkörper in Ihre Richtung dreht, sich öfters mit der Zunge über die Lippen fährt und sich womöglich auch noch Ihren Gesten anpasst, können Sie sicher sein, dass Sie einen Volltreffer gelandet haben. Wenn Sie Ihre Beobachtungsgabe schulen, werden Sie bald selbst kleinste Gefühls- und Stimmungsschwankungen beim anderen sofort bemerken und sich entsprechend verhalten können.

Allerdings sollten Sie sich nicht darauf beschränken, die Körpersprache Ihrer »Verabredung« zu lesen, sondern auch selbst aktiv werden! Durch den richtigen Einsatz Ihres Körpers können Sie die meisten Männer schneller um den Finger wickeln als mit noch so vielen und schönen Liebesbriefen. Männer reagieren sehr unmittelbar auf weibliche Reize. Mit etwas Körpereinsatz wird es Ihnen daher leicht fallen, am Mann zu bleiben und in der Flirtphase (und auch danach) entscheidende Punkte zu sammeln.

Weibliche Körpersprache –
Stimmen aus der Männerwelt

Siegfried (41, Werbetexter): »Ich sehe es einer Frau sofort an, ob sie Lust auf mich hat oder ob ich bei ihr nicht landen kann.«

Paul (37, Ingenieur): »Wie eine Frau sich bewegt, wie sie ihren Kopf bewegt und vor allem wie sie mich anschaut – das alles entscheidet schon, ob ich mich in sie verlieben werde.«

Timothy (28, Modedesigner): »Bei Frauen spricht mich ein Hüftschwung, eine lässige Bewegung oder eine Haltung, die Offenheit und Interesse zeigt, wesentlich stärker an als oberflächliche Schönheit, die zwar schön anzusehen, oft aber kein bisschen sexy ist.«

Klaus (33, Sportlehrer): »Mein letztes Blind Date war echt eine Katastrophe! Die Kleine sah auf den ersten Blick ganz süß aus, saß dann aber steif wie ein Stock auf ihrem Stuhl, schaute die ganze Zeit unruhig im Raum herum und hat den ganzen Abend kein einziges Lächeln zustande gebracht. Ich kam mir ziemlich überflüssig vor und war froh, als es dann endlich ans Zahlen ging.«

SIGNALISIEREN SIE OFFENHEIT UND INTERESSE

Wenn Sie die Annäherungsversuche eines Mannes unterstützen und nicht blockieren wollen, machen Sie es ihm viel leichter, wenn Sie ihm Ihre Offenheit und Ihr Interesse signalisieren. Vermeiden Sie Abwehrhaltungen. Wenn Sie mit verschränkten Armen, hochgezogenen Schultern und überkreuzten Beinen dasitzen, machen Sie es jedem potenziellen Liebhaber fast unmöglich, an Sie heranzukommen. Auch wenn es ganz gemütlich sein kann, mit verschränkten Armen und zurückgelehntem Oberkörper auf dem Sofa zu sitzen – versuchen Sie dennoch, geschlossene Haltungen bewusst zu vermeiden.

♀ Die einfachste Möglichkeit, Offenheit zu demonstrieren: Entspannen Sie Ihren Körper, lächeln Sie und zeigen Sie mit Ihrer Körpersprache, dass Sie sich in der Gegenwart Ihres Verehrers rundum wohl fühlen.

♀ Menschen, die sich gut verstehen, wenden sich meist einander zu. Wenn Sie einem Mann näher kommen wollen, sollten Sie ihm dies durch Ihre Körperhaltung signalisieren: Sitzen Sie beispielsweise gemeinsam auf der Couch, so können Sie Kopf und Oberkörper in seine Richtung drehen und auch die Beine und/oder Füße in seine Richtung weisen lassen.

♀ Im Stehen sollten Sie sich ihm offen zuwenden, ohne sich seitlich wegzudrehen. Wenn Sie mit leicht gespreizten Beinen fest auf dem Boden stehen, signalisieren Sie Offenheit und Selbstbewusstsein. Statt die Arme zu verschränken, sollten Sie sie locker hängen lassen.

♀ Falls Sie sich trauen und es cool rüberbringen, dann versuchen Sie's doch mal mit einem kleinen, heimlichen Augenzwinkern. Bei Freundinnen, die ein Geheimnis teilen, bekundet diese Geste Vertrauen und Verständnis. Zwinkern Sie jedoch einem fremden Mann zu, wird bei ihm sicher kein Zweifel mehr an Ihrer Flirtbereitschaft bestehen.

♀ Last but not least können Sie seelische Nähe signalisieren, indem Sie einfach körperliche Nähe herstellen. Natürlich sollten Sie nicht gleich am Mann Ihrer Träume kleben wie ein Eichhörnchen am Baumstamm – aber ein kleines Schrittchen näher zu kommen, das kann schon eine Menge bewirken. Verlassen Sie sich bei der Wahl des richtigen Abstands auf Ihr Gefühl.

Die männlichen Reaktionen auf weibliche Reize sind älter als die Verwendung von Steinwerkzeugen beim Homo habilis, einem Vorfahren des heutigen Menschen. Ein eleganter Hüftschwung kann schon ausreichen, damit Ihnen die Männerwelt zu Füßen liegt. Je nach Veranlagung reagieren Männer darauf mit interessierten Blicken, erotischen Tagträumen oder sogar handfesten Erektionen.

Der größte Vorteil, den Sie bei der Suche nach dem geeigneten »Männchen« haben: Sie sind eine Frau – und damit verfügen Sie über eine Vielzahl biologischer Pluspunkte. Scheuen Sie sich also nicht, Ihre Reize einzusetzen. Unbewusst tun Sie das sowieso und können es auch kaum vermeiden. Bewusst eingesetzt, können Flirttricks Ihnen jedoch dabei helfen, doppelt so schnell über die Zielgerade zu kommen.

Das heißt nun nicht, dass Sie sich wie eine Bardame aus dem Rotlichtmilieu benehmen sollten. Ganz im Gegenteil: Schon immer haben Frauen es verstanden, sich bei der erotischen Werbung sehr zart und damenhaft zu verhalten – schließlich wurden sie ja auch lange genug durch gesellschaftliche Zwänge dazu genötigt. Eine Frau, die allzu offensichtlich mit einem fremden Mann turtelte, wurde über viele Jahrhunderte hinweg häufig als leichtes Mädchen abgestempelt.

Glücklicherweise verfügen Frauen über ein sehr feines Gespür, ihnen liegt es ohnehin nicht, mit der Tür ins Haus zu fallen. Wie so oft, ist auch beim Einsatz von Flirtsignalen weniger meist mehr. Gehen Sie daher ruhig in die Offensive, aber tun Sie es wohl dosiert, denn das kommt bei Männern auch heute noch am besten an.

Um einen Mann anzumachen, brauchen Sie kein einziges Wort zu sagen. Es gibt eine ganze Reihe bewährter Flirtsignale – etwa Handbewegungen, Blicke oder Körperhaltungen –, mit denen Sie sofort ins Schwarze treffen. Ebenso wie männliche lassen sich auch weibliche Flirttechniken gut in Spielfilmen und am besten natürlich in Liebesfilmen studieren. Falls Sie aber gerade keine Zeit fürs Kino haben, erfahren Sie hier die wichtigsten Tipps:

♀ Die richtige Kopfbewegung hilft dabei, dass jeder Ihrer Blicke zum Volltreffer wird: Senken Sie den Kopf und blicken Sie ihn »schüchtern« von der Seite an. Auch wenn Sie es als emanzipierte Frau nicht gerne hören, aber der gesenkte Kopf signalisiert Schamhaftigkeit, Scheu und Demut. Und dies ist die einfachste Möglichkeit, bei Männern, die nun mal hormongesteuert sind, die richtigen Knöpfe zu drücken. Wenn Sie wollen, dass Mann sich die Finger nach Ihnen leckt, ist die Mischung aus Blickkontakt (das bedeutet Offenheit) und gesenktem Kopf (ein Zeichen für Schamhaftigkeit) einfach nicht zu übertreffen.

♀ Fahren Sie sich öfter mal mit der Hand durch die Haare oder zupfen Sie an einem Löckchen oder einer Haarsträhne. Denn körpersprachlich bekunden Frauen ihr Interesse oft dadurch, dass sie mit ihren Haaren spielen, zum Beispiel einzelne Strähnen um den Finger wickeln. Dieses Verhalten zählt übrigens auf der ganzen Welt zu den Basics der weiblichen Werbung.

♀ Ein weiterer Klassiker unter den Flirtsignalen: der Gang

mit wiegenden Hüften. Sie müssen dabei nicht gleich übertrieben mit dem Hintern wackeln – ein leichter Hüftschwung reicht vollkommen aus. Diese Gangart, die Weiblichkeit und sexuelle Anziehung signalisiert, ist bei vielen Frauen fester Bestandteil des normalen Gehverhaltens. Wenn Sie sie als Aufforderung zum Flirt einsetzen, sollten Sie sie daher etwas betonen: Dazu genügt es völlig, sich das natürliche Wiegen der Hüften beim Gehen bewusst zu machen. Ein gutes Körperbewusstsein kommt im männlichen Unterbewusstsein garantiert an.

♀ Apropos Unterbewusstsein: Ein wenig mit den Füßen zu wippen kann oft schon ausreichen, um Männer sexuell anzusprechen. Der Trick dabei: Führen Sie mit dem halb ausgezogenen Schuh kleine schwungvolle Bewegungen in seine Richtung aus. Dieses »sanfte Stoßen« weckt nicht nur bei Verhaltensforschern Beischlafassoziationen.

♀ Berühren Sie sich selbst! Wenn Sie einem Mann zeigen wollen, dass er Chancen bei Ihnen hat, dann sollten Sie sich immer wieder einmal gedankenverloren über den Oberarm oder noch besser den Oberschenkel streichen. Diese »unbewussten Streicheleinheiten« bringen den Wunsch nach zärtlicher Berührung zum Ausdruck und kommen selbst bei Männern mit eingeschränkter Auffassungsgabe hundertprozentig an. Auch erogene Zonen wie die Innenseite der Handgelenke, der Hals oder die Lippen eignen sich gut für Selbstberührungen, da sie subtil auf Lust und Leidenschaft hinweisen. Fahren Sie einfach immer wieder mal zärtlich mit Ihren Fingerkuppen über diese Stellen. Aber Vorsicht – das Ganze darf nie gestellt aussehen, die Streicheleinheiten sollten immer beiläufig und wie zufällig wirken. (Im Zweifelsfall kann es nicht schaden, ein wenig vor dem Spiegel zu üben. Das gilt übrigens auch für andere Flirtsignale wie Hüftschwung, Haarspielereien usw.)

♀ Eine weitere Möglichkeit, um Männern den verborgenen Wunsch nach Zärtlichkeit und Berührung körpersprachlich zu vermitteln, sind Fingerspiele. Wenn Sie mit ihm in einer Bar sitzen und sich angeregt unterhalten, können Sie beispielsweise mit dem Zucker- oder Salzstreuer, dem Stiel Ihres Sektglases, einem Feuerzeug oder anderen Gegenständen herumspielen. Bewegen Sie Ihre Hände jedoch nicht hektisch, sondern zart und sanft, denn sonst signalisieren Sie eher Nervosität als erotisches Interesse.

♀ Immer wieder schön: wenn Frauen den Kopf nach hinten werfen und/oder sich die Haare nach hinten streichen. In der Kinesik – der Wissenschaft, die sich mit der Erforschung nonverbaler Kommunikation beschäftigt – wird diese Geste, bei der die Frau ihr Gesicht unbewusst zur Schau stellt, der »Aufmerksamkeitserregungsphase« zugeordnet. Den meisten Männern ist das egal – sie finden es einfach nur sexy. Vielleicht, weil das Zurückwerfen des Kopfes den Blick auf die Halspartie freigibt, die zu den aufregendsten erogenen Zonen der Frau gehört.

♀ Sie dürfen sich ruhig hin und wieder einmal mit der Zungenspitze über die Lippen fahren. Die Lippen sind ein klassisches Symbol für Liebe und Zärtlichkeit. Indem Sie sie ab und zu mit der Zunge befeuchten oder sie dezent mit einem Lippenpflegestift einfetten, kommen Sie dem ersten Kuss ein ganzes Stück näher.

Männer lassen sich nicht mit der Brechstange erobern. Aber mit Feingefühl, etwas List und Tücke haben Sie alle Chancen der Welt. Ein bisschen Manipulation kann also nicht schaden, nur dürfen die Männer es eben nicht merken. Sie versuchen ständig, Frauen dazu zu bringen, das zu tun, was sie gerne wollen – und das schon seit eh und je. Warum soll Frau also nicht auch bewusst ins Geschehen eingreifen? »Manipulation« meint in diesem Fall nichts anderes, als dass Sie die Dinge nicht einfach dem Zufall überlassen, sondern bewusst lenken und den Flirt (und später auch die Beziehung) aktiv mitgestalten.

Indem Sie die genannten Flirt-Tipps beachten und Ihren Körper bewusst einsetzen, schaffen Sie es sicher, Männerherzen höher schlagen zu lassen. Sie können aber noch einen Schritt weitergehen, indem Sie »sich interessant machen«. Vergessen Sie nie: Männer wollen jagen – das gilt nicht nur für Traummänner, sondern sogar für verweichlichte und ganz und gar unmännlich wirkende Stubenhocker. Bis auf sehr wenige Ausnahmen haben alle von mir befragten Männer angegeben, dass sie im Grunde nur auf »interessante Frauen« abfahren. Aber was heißt das überhaupt? Hier ein paar Antworten aus den Interviews:

**Was macht Frauen interessant? –
Stimmen aus der Männerwelt**

Norbert (31, Zahntechniker): »Frauen müssen etwas Geheimnisvolles ausstrahlen, damit sie auf mich wirken.«

Tim (24, Kunststudent): »Was mich von Anfang an an Johanna, meiner jetzigen Partnerin, interessiert hat, ist, dass sie so undurchschaubar war. Nie wusste ich so genau, was sie denkt, und meistens wusste ich nicht mal, wo sie steckt. Sie war wie ein Buch mit sieben Siegeln, und ich bin immer noch dabei, weitere Überraschungen zu entdecken.«

Gabriel (51, Werbefachmann): »Ich musste mich ganz schön anstrengen, um Susanne zu erobern. Bis sie wirklich Ja gesagt hat, hat es immerhin über ein halbes Jahr gedauert, und zwischendurch hatte ich den Eindruck, dass es nichts wird. Glücklicherweise hat es dann aber doch geklappt.«

Thomas (38, Dolmetscher): »Am meisten fahre ich auf Frauen ab, die auch von anderen Männern angehimmelt werden. Keine Ahnung, ob das meinen sportlichen Ehrgeiz weckt oder woran es sonst liegt. Frauen, für die sich kein Mann interessiert, finde ich jedenfalls meistens ziemlich uninteressant.«

TIPPS FÜR DIE ZEIT NACH DEM FLIRT

Wie macht »Frau« sich interessant? Wie können Sie Ihre Verführungskünste perfektionieren? Das ist gar nicht so schwer: Wenn Sie wissen, was Männer anspricht, können Sie daraus einige einfache Regeln ableiten. Wie für jede Kunst, so gibt es auch für die Kunst der Verführung klare Regeln – und die lassen sich lernen. Mit etwas Übung wird es Ihnen schnell gelingen, Männer erfolgreich um den Finger zu wikkeln. Und zwar auch dann, wenn Sie nicht gerade zu den geborenen Vamps zählen. Es folgen die wichtigsten »Wickel-Tipps«:

♀ Beenden Sie Telefongespräche zuerst.

♀ Telefonieren Sie nicht länger mit ihm, als es dauert, Spaghetti so zu kochen, dass sie noch Biss haben (bei den meisten Nudelsorten sind das gute zehn Minuten).

♀ Sagen Sie öfter mal: »Oh, ich habe leider gerade wahnsinnig viel um die Ohren … Ich melde mich demnächst mal wieder – versprochen.«

♀ Konzentrieren Sie sich mehr auf sich selbst und Ihr Wohlbefinden, als seinetwegen sehnsuchtsvolle und schlaflose Nächte zu verbringen.

♀ Lassen Sie sich auf Feten nicht dabei erwischen, auf Männersuche zu sein. Schlendern Sie stattdessen souverän durch den Raum, genießen Sie die Zeit dort und bemühen Sie sich darum, einen zufriedenen Eindruck zu machen. (Noch besser ist es natürlich, wenn Sie die Zufriedenheit nicht spielen müssen, sondern sich tatsächlich pudelwohl fühlen.)

♀ Richten Sie Ihre Konzentration nie auf einen einzigen Mann. Und selbst wenn Sie es insgeheim doch tun, sollten Sie immer dafür sorgen, dass auch noch andere Männer Ihnen den Hof machen.

♀ Sollte es keine anderen Verehrer geben – macht nichts: Erwähnen Sie dann einfach ab und zu einen männlichen Vornamen. Wenn er nachfragt, so sagen Sie einfach, dass es sich um einen guten Freund handelt, oder übergehen die Frage dezent. Sie können sich darauf verlassen, dass das Erwähnen des anderen Männernamens seine Jagd- und Wettkampfinstinkte wecken wird.

♀ Verwirren Sie ihn, indem Sie sich unberechenbar verhalten: Benehmen Sie sich nett und freundlich, lassen Sie zwischendurch aber auch mal kurz die Zicke raus.

Geben Sie sich mal naiv, mal verführerisch, mal offen und interessiert und dann wiederum verschlossen und introvertiert.

♀ Lassen Sie ihn den magischen Satz zuerst sagen, auch wenn ihm die drei Worte »Ich liebe dich« noch so schwer über die Lippen kommen.

♀ Wenn Sie ihn allzu sehr verunsichert haben und/oder das Gefühl haben, dass er sich zurückzieht, dann halten Sie die Angelschnur wieder etwas straffer. Bringen Sie ein Opfer, mit dem Sie ihm deutlich zeigen, dass Ihnen viel an ihm liegt. Nehmen Sie sich beispielsweise einen ganzen Tag Zeit für ihn oder fahren Sie hundert Kilometer, nur um ihn zu sehen.

Von beiläufigen Berührungen bis Gute-Nacht-Küsschen

Vorausgesetzt, die Wellenlänge stimmt, werden Sie dem Traum Ihrer schlaflosen Nächte irgendwann immer näher kommen. Und früher oder später wird diese Nähe auch Berührungen mit sich bringen. Dabei sollten Sie einerseits nichts übereilen und Ihren Lover nicht gleich auf die Matratze werfen. Andererseits müssen Sie beim Thema »Berührung« sehr wahrscheinlich irgendwann die Initiative ergreifen: Verhaltensforscher haben entdeckt, dass der erste Körperkontakt in der Regel von den Frauen und nicht, wie man glauben sollte, von den Männern eingeleitet wird. Allerdings sind diese ersten Berührungen meist sehr subtil und unscheinbar.

Erfahrene Frauen setzen die Strategie der so genannten beabsichtigten Zufälle ein. Sie umfassen die männliche Hand, die das Feuerzeug hält, für ein paar Sekunden, provozieren kurze Berührungen, indem sie ihren Oberkörper nach vorne lehnen, entfernen ein Haar von seinem Sakko, wobei sie seine

Schulter streifen, oder lassen beim Spaziergang einen flüchtigen Kontakt der Hände zu.

Weitere unverfängliche, aber viel versprechende Berührungen ergeben sich oft ganz von selbst. Da ist zum Beispiel der Abschiedskuss auf die Wange – und selbst ein Gute-Nacht-Küsschen auf den Mund kann noch recht harmlos rüberkommen, wenn Sie den Herrn erstens schon besser kennen und es zweitens wirklich bei einem kurzen und »ganz harmlosen« Kuss bleibt. Allerdings bietet sich dieser Moment natürlich auch an, um Nägel mit Köpfen zu machen – falls Sie die Sache abkürzen wollen. Ansonsten lassen sich auch »körpersprachliche Alltagsfloskeln« wie Umarmungen gut in das Flirtsortiment aufnehmen: Lassen Sie es zu, dass er Sie bei der Begrüßung oder beim Abschied kurz drückt. Begrapschen darf er Sie dabei aber natürlich nicht – das kommt erst ein bisschen später.

Vorsicht Flirtfehler!
Beim Anbandeln gibt es auch einige Fettnäpfchen, um die Sie einen großen Bogen machen sollten. Ebenso wie sich Männer durch geschicktes Flirten in Ekstase versetzen lassen, können Sie sie durch ein paar ungeschickte Schachzüge ein für allemal in die Flucht schlagen. Die folgenden Verhaltensweisen gehören zu den absoluten Don'ts, denn sie machen aus einem viel versprechenden Abenteuer in null Komma nichts einen unvergesslichen Reinfall. Sie stoßen turtelnde Männer ordentlich vor den Kopf, wenn Sie

♀ mit hochgezogenen Schultern auf dem Stuhl sitzen und so aussehen, als hätten Sie vor fünf Minuten einen Besen verschluckt.

♀ ihm nie in die Augen schauen.

♀ auf ihn einreden wie ein Tonband, das zu schnell abläuft, und ihm nicht die geringste Chance lassen, auch mal etwas zu erzählen.

♀ selbst vor seinen harmlosen Berührungen zurückweichen, als hätte er einen gefährlichen Virus.

♀ den Kopf wegdrehen und aus dem Fenster schauen.

♀ mit harscher, abgehackter Stimme sprechen und/oder einen gereizten Ton anschlagen und/oder ihn kritisieren.

♀ bei seinen Erzählungen nie Zwischenfragen stellen.

♀ über seine Witze nicht lächeln, geschweige denn lachen.

♀ ihm vorschwärmen, wie toll Ihr letzter Lover war.

♀ Ihrer Freundin »nur mal schnell« eine SMS schicken.

♀ mit einem Mann am Nebentisch heiße Blicke tauschen.

Was Sie über Männer wissen sollten – eine kleine Gebrauchsanleitung

Was macht die perfekte Liebhaberin aus? Zum einen, dass sie sich ihrer weiblichen Reize bewusst ist und diese optimal einsetzen kann. Zum anderen ist sie bereit, immer wieder etwas Neues auszuprobieren, und sie kennt viele erotische Tricks. Im Vergleich zu jenen Frauen, die immer »Pech mit den Männern haben«, hat sie aber noch einen weiteren entscheidenden Vorteil: Sie weiß, was in Männerköpfen (und -herzen) vorgeht! Sie kennt die Macken der Männer und hat gelernt, wie die Vertreter des starken Geschlechts innerlich ticken.

Im Folgenden verrate ich Ihnen alles, was Sie schon immer über Männer wissen wollten – oder zumindest sollten: Denn je besser Sie sich auskennen, desto leichter können Sie Katastrophen vermeiden. Abgesehen davon werden Sie nur dann Ihren Spaß mit den Männern haben, wenn Sie ein paar wichtige Kleinigkeiten über das Innenleben der Marsbewohner wissen. Es ist wie mit der neuen Waschmaschine – Sie sollten zuerst die Gebrauchsanleitung lesen, denn nur dann können Sie die richtigen Knöpfe drücken und so vermeiden, dass Sie sich später herumärgern müssen.

Dass Männer und Frauen ganz schön unterschiedlich ticken, ist heute längst kein Geheimnis mehr. Wäre es nur der berüchtigte »kleine Unterschied«, der Mann und Frau voneinander trennt, gäbe es nicht so viele Beziehungsprobleme – von den Scheidungen ganz zu schweigen. Die Unterschiede zwischen Mann und Frau sind so gewaltig, dass man meinen könnte, die beiden stammten tatsächlich von verschiedenen Planeten.

Nun wissen wir natürlich alle, dass weder Männer vom Mars noch Frauen von der Venus fallen, sondern direkt aus Mamas Bauch in diese Welt gelangen. Mann und Frau sind zweifellos ganz und gar irdische Wesen. Und es sieht ganz so aus, als hätte die Menschheit nicht überlebt, wenn die von Natur aus kräftiger gebauten Männer nicht auf die Jagd gegangen wären, ihre Frauen nicht vor Säbelzahntigern beschützt und stattdessen versucht hätten, die Kinder zu stillen. Anthropologen und Soziobiologen wissen es längst: Männer- und Frauengehirne haben sich vollkommen unterschiedlich entwickelt. Hinzu kommt der Einfluss männlicher und weiblicher Hormone, der zu völlig unterschiedlichen Verhaltensweisen geführt hat. Es ist also kein Wunder, dass wir Männer anders denken, anders fühlen und uns auch ganz anders benehmen als die Damen der Schöpfung.

Der wichtigste Schlüssel für das Verständnis der vielen Unterschiede zwischen Mann und Frau liegt allerdings in den verschiedenen traditionellen Rollenbildern, die sich bereits im Zusammenleben von Neandertalern und Neandertalerinnen herausgebildet haben. Diese Wurzeln lassen sich auch heute noch erkennen.

Frauen haben seit jeher umsorgende, mitfühlende Eigenschaften entwickelt, während Männer eher darauf programmiert waren, sich mit der Außenwelt herumzuschlagen und Lösungen für Probleme zu finden. Daraus ergibt sich der wesentlichste Unterschied zwischen den Geschlechtern: Frauen verfügen im Allgemeinen über eine erstaunliche emotionale und soziale Intelligenz – was man von den meisten Männern leider ganz und gar nicht behaupten kann. Dass Männer besser einparken und Frauen besser zuhören können – wie uns ein Bestsellertitel verrät –, ist nur einer von vielen Faktoren, die Sand ins Getriebe der Zweisamkeit streuen können.

Sie können Ihre Jagdquote bei Männern erheblich verbessern, wenn Sie sich klar gemacht haben, dass Mann und Frau zwei völlig unterschiedlich geartete Wesen sind. Erwarten Sie also nicht von Männern, dass sie sich wie Frauen benehmen. Wenn Sie hoffen, dass ein Mann Ihnen seine tiefsten Gefühle mitteilt, Ihnen alle Wünsche von den Augen abliest und ein toller Zuhörer ist, sind Probleme und Enttäuschungen vorprogrammiert. Es gibt einige Missverständnisse, die immer wieder für jede Menge Stress sorgen – und den können Sie vermeiden, wenn Sie der Realität gelassen ins Auge sehen.

Sᴀ ɪʀʀᴇɴ sɪᴄʜ, ᴡᴇɴɴ Sɪᴇ ɢʟᴀᴜʙᴇɴ,

♀ *dass Männer und Frauen gleich sind.* (Zwar versteht es sich von selbst, dass sie gleichberechtigt sein und gleiche Chancen haben sollten, aber das ist ein ganz anderes Thema.) Männer trinken gerne Bier, hängen oft mit Freunden ab, geben gerne ein bisschen an, fahren riskanter Auto und ziehen sich schnell in ihr Schneckenhaus zurück, wenn sie sich für ihr allzu männliches Verhalten ständig rechtfertigen müssen.

♀ *dass Männer beim Sex großen Wert auf seelische Nähe legen.* Natürlich ist es für jeden Mann am schönsten, wenn er mit einer Frau schlafen kann, die er von Herzen liebt. Doch Männer haben einen starken Geschlechtstrieb, und im Notfall gilt: Lieber ein Spatz in der Hand als eine Taube auf dem Dach. Für Männer ist Sex Anti-Stress-Therapie, Entspannung, Abenteuer, sinnliches Vergnügen, Jagdglück und hat eben nicht immer etwas mit Liebe zu tun. Falls es Ihnen vor allem um dieses Gefühl geht, sollten Sie Ihren neuen Lover gründlich abchecken, bevor Sie das Kopfkissen mit ihm teilen.

♀ *dass Sie mit Männern über alles reden können.* Mit dem Satz: »Komm, lass uns mal darüber reden« können Sie Männer schnell stressen. Manche Probleme lassen sich am besten lösen, indem Sie sie einfach großzügig unter den Tisch fallen lassen und nicht versuchen, eine Therapiestunde einzulegen.

♀ *dass Männer keine Gefühle haben.* Männer sprechen nur selten offen über ihre Gefühle und können sie häufig auch nicht richtig ausdrücken. Daher neigen sie dazu, Ärger, Enttäuschung usw. nicht rauszulassen – aber das heißt natürlich keinesfalls, dass sie gefühllose Wesen wären!

♀ *dass Ihr Lover immer ganz Ohr ist, wenn Sie ihm etwas erzählen.* Leider sind die meisten Männer nicht gerade Meister, wenn es um die Kunst des Zuhörens geht. Und wenn er den Fernseher einschaltet und sich ein Bier aus dem Kühlschrank holt, heißt das übersetzt: »Ich brauche

gerade meine Ruhe und muss ein bisschen abschalten –
bitte nicht ansprechen!«

♀ *dass Männer gute Ratschläge brauchen.* Ein Mann ist nur
dann ein Mann, wenn er sein Leben selbst gebacken
kriegt – und das heißt auch, dass er seine Probleme
alleine lösen will. Wenn Ihr Lover Sie nicht ausdrücklich
um Rat fragt, sollten Sie ihm auch keinen geben,
sondern ihm einfach nur geduldig zuhören – auch wenn
das manchmal gar nicht so leicht ist.

♀ *dass ein Mann, der Sie liebt, Sie auch heiraten und Kinder
mit Ihnen bekommen will.* Die meisten Männer scheuen
die Verantwortung wie der Teufel das Weihwasser. Auch
wenn Ihr Lover total auf Sie abfährt, sich sicher ist, mit
Ihnen die absolute Traumfrau gefunden zu haben, und
keinen Tag mehr ohne Sie verbringen will – es bleibt
doch immer eine Spur von Zögern. Männer haben
Angst, etwas zu verpassen, und scheuen sich, alles auf
eine Karte zu setzen. Außerdem steht ihnen der kalte
Angstschweiß auf der Stirn, wenn sie sich vorstellen, für
den Rest ihres Lebens für eine Familie verantwortlich
sein zu müssen. Wenn Sie einen Mann wirklich
dauerhaft um den Finger wickeln wollen, sollten Sie
reichlich Zeit einplanen. Denn diese Aufgabe ist nicht in
ein paar Wochen zu bewältigen und erfordert eine
Menge Fingerspitzengefühl.

Das Seelenleben der Marsbewohner

Selbst für noch so harte Kerle gilt: Männer haben eine Seele.
Sie empfinden Ängste, Wünsche, Hoffnungen, Freude, Liebe

und alle Gefühle, die Frauen verspüren. Und auch ein noch so selbstbewusstes Auftreten kann nicht darüber hinwegtäuschen: Die meisten Männer schlagen sich ebenfalls mit ihren Schwächen und Problemen herum.

Heute wird von uns Männern mehr erwartet als in früheren Generationen. Wer ein cooler Typ sein will, muss einerseits ein »richtiger Mann« und Eroberer mit Dreitagebart, Bauchmuskeln, einem charmanten Lächeln und einer Extraportion Durchsetzungsvermögen sein. Doch damit nicht genug: Moderne Frauen wollen moderne Männer, die zudem verständnisvolle Partner und umsorgende Familienväter sind, die ihre Kinder wickeln und gesund pflegen und nebenbei noch verdammt gut kochen können.

Doch trotz aller Idealvorstellungen, wie der Traumprinz sein sollte, sind die meisten von ihnen einfach Männer mit typisch männlichen Stärken und ebenso typisch männlichen Schwächen. Machen Sie sich bewusst, dass Männer nicht aus ihrer Haut können, selbst wenn sie es wollten. Früher oder später werden Sie sicherlich auch an Ihrem Traummann Fehler entdecken. Doch statt sich darüber zu ärgern, sollten Sie's gelassen nehmen. Je mehr Sie vorab über typisch männliche Charaktereigenschaften erfahren, desto leichter wird es für Sie, die Zügel in der Hand zu behalten.

Softies, Machos, ganze Kerle – wann ist ein Mann ein Mann?
Gott sei Dank sind trotzdem nicht alle Männer gleich, das wäre ja auch furchtbar langweilig. Die Unterschiede zwischen den einzelnen Exemplaren der männlichen Gattung sind beeindruckend: Ob erfolgreicher Karrieretyp, einfühlsamer Softie, verführerischer Don Juan oder warmherziger Familienvater, ob beherzter Draufgänger, erfahrener Lieb-

haber, durchtrainierter Muskelboy oder genießerischer Lebenskünstler – in der Männerwelt gibt es so ziemlich alles, was Frau sich nur vorstellen kann. Die folgenden Verallgemeinerungen sind daher mit Vorsicht zu genießen, schließlich gleicht auch kein Ei dem anderen. Andererseits sind die folgenden Fakten überaus interessant, denn immerhin treffen sie auf über 90 Prozent aller Männer zu.

Zehn Männerstimmen, zehn Facts über Männer

1. Boris (32, Realschullehrer): »Nachdem wir miteinander geschlafen haben, will Birgit immer noch ewig kuscheln. Ich bin danach meistens saumüde und will nur noch eins – schlafen!«
▷ Fakt ist: Vor allem nach abendlichem Sex wollen Männer schlafen. Im Gegensatz zu Frauen fühlen Männer sich nach dem Orgasmus erschöpft und brauchen Zeit, um sich zu erholen.

2. Paul (37, Ingenieur): »Ohne Sex kann ich mir eine Beziehung ehrlich gesagt nicht vorstellen.«
▷ Fakt ist: Männer wollen mehr Sex als Frauen. Zumindest gilt dies etwa bis zum 40. Lebensjahr – bei manchen Männern aber deutlich darüber hinaus.

3. Tobias (37, Webdesigner): »Seit ich das Gefühl habe, dass es bei mir beruflich bergab geht, habe ich immer häufiger und immer wilderen Sex.«
▷ Fakt ist: Männer benutzen Sex als Ventil. Wenn sie sich Sorgen über ihr Bankkonto machen oder Probleme im Job haben, können sie sich oft am besten durch Sex wieder entspannen.

4. Jens (27, Gastronom): »Wenn meine Frau mir im Streit eine Beleidigung an den Kopf wirft, reagiere ich zwar ziemlich genervt, aber ich kann mich anschließend auch schnell wieder entspannen.«
▷ Fakt ist: Männer sind meist nicht so nachtragend wie Frauen.

5. Gregor (42, Kaufmann): »Klatsch und Tratsch liegen mir fern. Überhaupt finde ich es nicht besonders spannend, immer über andere Leute zu reden.«
▷ Fakt ist: Männer sprechen lieber über Dinge als über Menschen.

6. Phillip (31, Kunstmaler): »Wenn ich eine Frau kennen lerne und merke, dass ihr meine Bilder nicht gefallen, weiß ich sofort: Das wird nichts. Meine Erfahrung hat gezeigt, dass die Frauen, die mit meiner Arbeit so gar nichts anfangen können, fast nie zu mir passen.«
▷ Fakt ist: Männer brauchen mehr Bestätigung als Frauen und wollen sich von ihrer Partnerin respektiert fühlen.

7. Albert (23, Sportstudent): »Bei der letzten Freeclimbing-Tour hätte ich mir fast den Hals gebrochen.«
▷ Fakt ist: Männer leben riskanter als Frauen und nehmen gerne mal Gefahren in Kauf, um sich einen »Kick« zu verschaffen.

8. Sebastian (44, Zahnarzt): »Ich weiß gar nicht, warum Sybille immer so lange herumüberlegen muss. Es kann doch nicht sein, dass man eine halbe Stunde braucht, um ein paar einfarbige T-Shirts auszusuchen.«

▷ Fakt ist: Männer entscheiden sich schneller und verlieren leichter die Geduld – und das nicht nur beim Einkaufen.

9. Christoph (23, Student und Pizza-Ausfahrer): »Erst war mein Chef schlecht drauf, dann stand ich ewig im Stau, und danach hat mich Sabine auch noch blöd angemacht – das hat mich alles total gestresst.«
▷ Fakt ist: Männer sind im Allgemeinen stressanfälliger und regen sich schneller auf als Frauen.

10. Thomas (38, Programmierer): »In letzter Zeit habe ich in meiner Firma zunehmend Probleme. Einige Kollegen verhalten sich höchst unfair, und die Stimmung wird von Tag zu Tag schlechter. Zu Hause kann ich dann leider nicht richtig abschalten und reagiere auch meiner Partnerin gegenüber ziemlich gereizt, obwohl sie ja gar nichts dafür kann.«
▷ Fakt ist: Männer legen meist mehr Wert auf ihre Arbeit als auf ihre Beziehungen. Probleme im Job wirken sich langfristig immer negativ auf ihre Partnerschaft aus.

Männerwünsche, Männerträume
Wovon träumen Männer? Wie sehen die erotischen Vorstellungen aus, die sie heimlich hegen? Natürlich wird kein Mann Ihnen das wirklich verraten. Selbst wenn Sie schon seit 30 Jahren mit Ihrem Partner verheiratet sind, können Sie sich darauf verlassen, dass er nie restlos preisgeben wird, was in seinem Innersten vorgeht. Kein Wunder – denn was da alles an aufregenden Bildern und Gedanken durch männliche Gehirnwindungen schwirrt, ist oft so pikant, dass die meisten Männer ihre Geheimnisse wie ihren Augapfel hüten. Auf der anderen Seite wäre es natürlich sehr interessant für Sie zu

wissen, wovon Männer träumen. Zudem könnte es hilfreich sein, denn nur wenn Sie wissen, wie die geheimen Wünsche Ihres Liebsten aussehen, können Sie ihm vielleicht den einen oder anderen Traum erfüllen.

In einem sind Mann und Frau sich einig: Beide suchen nach einem Partner, dem sie vertrauen, mit dem sie sich austauschen und die schönsten Seiten des Lebens entdecken können. Und natürlich spielt auch Sex eine große Rolle. Zwar denken auch Frauen daran, aber sie tun es nicht annähernd so oft wie Männer. In Frauenträumen spielen Zärtlichkeit und Wärme die Hauptrolle und Sex die Nebenrolle – bei Männern ist es genau umgekehrt. Laut Umfragen beschäftigt sich der männliche Geist im Vergleich rund drei- bis viermal so oft mit der wichtigsten Nebensache der Welt. So ist es kaum verwunderlich, dass die größten Geheimnisse der Männer allesamt mit dem Thema »Sex« zusammenhängen.

SEINE ZEHN GRÖSSTEN GEHEIMNISSE – UNZENSIERT

Warnhinweis: Wenn Sie im Folgenden einige der intimsten Geheimnisse männlicher Vorstellungskraft kennen lernen, kann es gut sein, dass Sie dabei einen ordentlichen Schreck bekommen. Falls Sie sich die romantische Illusion erhalten möchten, dass der Mann Ihrer Träume nie im Leben an eine andere Frau denkt, sollten Sie die folgenden Textabschnitte überspringen. Ansonsten müssen Sie bedenken: Männer sind biologisch darauf programmiert, ihre Gene in der Welt zu verbreiten und möglichst viele junge und gesunde »Weibchen« zu begatten. Das heißt natürlich nicht, dass sie das auch tatsächlich tun – denn auch Männer legen großen Wert auf eine harmonische Partnerschaft; und die würde schnell in die Brüche gehen, wenn sie sich allzu sehr von ihren Hormonen leiten ließen.

Traum und Wirklichkeit sind also immer zwei Paar Stiefel! Auch wenn Sie wissen, dass Ihr Lover mitunter recht krasse Vorstellungen hat, heißt das noch lange nicht, dass er sie auch auslebt. Sie können ihm allerdings behilflich sein, die eine oder andere Fantasie Wirklichkeit werden zu lassen, vielleicht würde Ihnen das sogar ziemlich viel Spaß machen. Dann sollten Sie auf keinen Fall zögern ...

1. *Männer brauchen Abwechslung.* Da sie diese im Alltag selten haben, träumen sie eben davon, mit den unterschiedlichsten Frauen ins Bett zu gehen. »Ob blond, ob braun, ich liebe alle Frauen«, so heißt es in einem alten deutschen Schlager. Mit einem kleinen Trick können Sie ihm diesen genetisch bedingten Traum erfüllen: Gehen Sie doch einfach öfter mal zum Friseur und lassen Sie sich die Haare färben.

2. *Männer wollen eine Hure im Bett.* Selbst treue Familienväter träumen mitunter davon, ihr Bett mit einer gut aussehenden Prostituierten zu teilen. Freudenmädchen sind zwar teuer, doch dafür ermöglichen sie völlig unkomplizierten und hemmungslosen Sex, und sie verstehen ihr Handwerk. Und das Beste: Im Gegensatz zur Lebensgefährtin tun sie so ziemlich alles, was Mann von ihnen will. Sie müssen ja beruflich nicht gleich in den Rotlichtbereich wechseln, aber ein paar kleine Rollenspiele können ganz schön Schwung ins Liebesleben bringen – übrigens nicht nur in seines, sondern auch in Ihres.

3. *Männer drehen sich nach jungen Frauen um.* Obwohl fast alle Männer genau wissen, dass ältere und erfahrene Frauen ihnen viel mehr Intimität bieten können und darüber hinaus auch interessante Gesprächs- und Lebenspartnerin-

nen sind, träumen sie doch auch heimlich davon, mit wesentlich jüngeren Frauen ins Bett zu gehen. Auch hier ist die simple Ursache wieder in genetischen Mustern zu finden, denn Jugend symbolisiert Gesundheit und Fruchtbarkeit. Grämen Sie sich also nicht, wenn Ihr Lover sich gelegentlich nach frühreifen Lolitas umdreht – er folgt dabei nur seiner Biologie.

4. Männer würden Ihnen nie verraten, dass sie Ihre Schwester oder Kollegin sexy finden. Kein Mann ist daran interessiert, Ihre Eifersucht zu wecken und Beziehungskrisen heraufzubeschwören. Auch wenn er insgeheim davon träumen mag, mit Ihrer besten Freundin herumzuturteln, und ihr am Badesee heimlich auf den Bikini starrt – zugeben würde er das nie und nimmer. Zwingen Sie ihn nicht dazu, das bringt nichts!

5. Männer denken beim Sex auch an andere Frauen. Ich habe mir sagen lassen, dass auch Frauen gerne mal an fremde Männer denken, wenn sie mit ihrem Partner schlafen – so gesehen ist das Ganze ja nur fair: Wenn Männer sich heiße Sexszenen mit fremden Frauen vorstellen, während sie mit Ihnen schlafen, heißt das natürlich nicht, dass Sie ihm nun nicht mehr gefallen oder er sich gar nach einer neuen Partnerin sehnt. Die »Fremde-Frauen-Fantasien« entsprechen wiederum lediglich dem männlichen Bedürfnis nach Abwechslung. Etwas Gutes haben diese Fantasiespielchen immerhin: Sie helfen dem Mann, das Interesse am Sex (mit Ihnen) zu bewahren und seine Potenz zu erhalten.

6. Männer versuchen, Potenzprobleme zu überspielen. Kein Mann würde freiwillig zugeben, dass etwas mit seiner Manneskraft nicht stimmt. Allerdings sind Erektionsstörungen kaum zu übersehen. Um sein Selbstbewusstsein zu erhalten, versucht Mann seinen Durchhänger daher gerne auf andere(s) zu schieben. Er hat eben zu viel getrunken oder war schon sehr müde, oder Sie hatten den falschen Slip an oder …

7. Männer wollen im Bett der Beste sein. Nichts verunsichert einen Mann so sehr wie Konkurrenz – vor allem im Bett. Und nichts tut Männern so gut, wie von ihrer Partnerin zu hören, dass sie einfach der Allerbeste sind – am besten küssen, am besten streicheln und alles andere auch am besten können.

8. Männer fahren auf Pornos ab. Wenn Sie glauben, dass Pornographie nur etwas für Perverse ist, sollten Sie sich daran gewöhnen, dass ungefähr die Hälfte der Bevölkerung pervers ist – und zwar die männliche. Von ästhetischen erotischen Aktfotos bis zum Teil zugegebenermaßen recht unappetitlichen Hardcore-Pornos – immer wenn weibliche Reize in Männergehirne dringen, fahren die männlichen Hormone Achterbahn. Die Empfänglichkeit für visuelle Reize ist für den Mann so typisch wie sein Bartwuchs. Aber keine Angst – auch wenn Sie Ihren Lover dabei erwischen, wie er im Internet, in einer Videothek oder gar in einer Peep-Show nackten Tatsachen nachjagt, ein Perverser ist er deshalb noch lange nicht. Wissenschaftler haben zudem herausgefunden, dass der Konsum auch härterer Kost den Beziehungen so wenig schadet wie scharfe Curry-Soßen dem Appetit.

9. Männer befriedigen sich selbst. Auch wenn sie das Gegenteil behaupten – sie tun es. Manche öfter, manche selten, aber fast alle heimlich. Das Gute dabei – Training hält fit, und wer sich im Solo bewährt, wird beim Paarlauf auch keine Probleme haben.

10. Männer sehnen sich nach Grenzerfahrungen. Ob durch exzessiven Alkoholgenuss, beim Freeclimbing oder im Bett – Männer suchen ihre Grenzen und hauen öfter kräftig auf die Pauke als Frauen. Selbst wenn anschließend die große Katerstimmung herrscht – die Lust auf gewagte Experimente ist (vor allem jungen) Männern nicht auszutreiben. Doch egal ob Ihr Lover Ihnen vorschlägt, noch eine zweite Dame ins Bett zu holen, die (noch) leere, öffentliche Sauna für einen Quickie zu nutzen oder Nacktfotos von Ihnen zu schießen, um diese anschließend Freunden unter die Nase zu halten – erfüllen Sie ihm nur Wünsche, bei denen auch Sie auf Ihre Kosten kommen. Die Erfüllung »perverser Wünsche« sollten Sie mit einem freundlichen »Nein, danke« abwehren. Wenn Sie wissen, dass männliche Fantasien oft auf reiner Experimentierfreude und dem Hang zur Grenzerfahrung gründen, können Sie auch auf Wünsche, die Sie ihm nicht erfüllen wollen, einigermaßen verständnisvoll reagieren.

Männerängste, Männerkrisen

Die perfekte Liebhaberin sollte aber auch etwas über die Ängste und Nöte wissen, mit denen das starke Geschlecht regelmäßig zu kämpfen hat. Zu den typischen Sorgen der Männer gehören beispielsweise Versagensängste sowie die Angst, Verantwortung übernehmen zu müssen. Viele Männer haben aber auch Furcht davor, ihre Liebste an einen Rivalen zu verlieren. So unterschiedlich diese Männerängste zu sein scheinen, sie haben doch eines gemeinsam: Über kurz oder lang können sie die traute Zweisamkeit mächtig belasten.

Wenn Sie die Schwächen und Probleme der Männer kennen, können Sie verständnisvoller reagieren und Konflikte schon in dem Moment abwenden, in dem sie sich anbahnen. Und nur wenn Sie seine Schwachpunkte gut kennen, können Sie es vermeiden, kräftig in das eine oder andere Fettnäpfchen zu treten und dadurch die Stimmung für eine gewisse Zeit gründlich zu verderben. Die Probleme, die selbst den härtesten Männern mitunter ganz schön zu schaffen machen, lassen sich auf einige wesentliche Ängste zurückführen:

1. Die Angst vor Nähe oder: »Warum Sie mit etwas Abstand besser fahren«

Die meisten Männer haben Angst vor zu viel Nähe. Das liegt daran, dass wir im Grunde unseres Herzens eben immer noch Mammutjäger sind, die es nie lange in der Höhle aushalten. Männer spüren, dass Frauen zu sehr viel mehr Intimität und Nähe fähig sind als sie – und auch das macht ihnen Angst.

Einerseits wollen Männer ihre Liebste nicht vor den Kopf stoßen, andererseits haben sie panische Angst davor, von ihr aufgefressen zu werden. Weibliche Nähe und männlicher Abstand bieten ein weites Feld für Missverständnisse. Signalisiert eine Frau ihr Interesse, Tisch, Bett und Leben mit ihrem geliebten Partner teilen zu wollen, allzu deutlich, wird er das schnell als »Klammern« empfinden.

Die einfache Lösung: Erwarten Sie nicht, dass Ihr Lover sich wie Ihre beste Freundin verhält. Gestehen Sie es ihm zu, dass er mal mit seinen Kumpels zum Kegeln geht, beim Frühstück hinter der Tageszeitung verschwindet oder sich halbe Nächte lang hinter seinem Computer verschanzt. Und wenn Ihr Liebster mal wieder so gesprächig ist wie eine Keksdose, dann nehmen Sie es nicht persönlich. Auch wenn sein Schweigen oft kühl und distanziert wirkt – letztendlich braucht er nur etwas Ruhe, sehnt sich vielleicht nach der weiten Prärie und einer einsamen Nacht am Lagerfeuer.

Wenn Sie es schaffen, sich selbst rechtzeitig zu bremsen und ihm hier und da kleine Freiräume zu gönnen, wird er sich mit der Zeit ganz von selbst immer weiter öffnen. Allerdings kann das ganz schön lange dauern. Wollen Sie ihn schneller an sich binden, hilft nur eins: Drehen Sie den Spieß einfach um. Machen Sie sich rar, gehen Sie möglichst oft mit Freundinnen ins Kino oder fahren Sie mal ein paar Tage mit einer alten Klassenkameradin nach Italien. Nehmen Sie sich Ihre Freiheiten und lassen Sie ihm seine. Dadurch werden sich seine »Friss-mich-nicht-auf-Ängste« ganz von selbst verflüchtigen. Die Folge: Er wird sich bei Ihnen pudelwohl fühlen und öfter in Ihrer Nähe sein wollen, als Sie es sich im Moment vorstellen können.

2. DIE ANGST VOR FESTER BINDUNG ODER: »DRUM PRÜFE, WER SICH EWIG BINDET, OB SICH DAS HERZ ZUM HERZEN FINDET ...«

Die Angst vor festen Bindungen ist im Grunde nur eine Variante der Angst vor zu viel Nähe. Alle Männer wünschen sich eine attraktive Frau, mit der sie gelegentlich ausgehen, reden, schmusen und noch so manch anderes tun können. Einige wünschen sich auch eine feste Freundin, doch nur sehr wenige Männer suchen bewusst nach einer Frau zum Heiraten und Kinderkriegen.

»Frauen wollen Kinder und Familie, Männer wollen Sex. Frauen wollen heiraten, Männer ihre Freiheit.« Auch wenn diese pauschalen Aussagen längst nicht mehr allgemein gültig sind – in vielen Fällen treffen sie noch immer zu. Die Angst der Männer vor festen Bindungen lässt sich schon aus dem Hite-Report herauslesen. In dieser großen Sexstudie aus dem Jahr 1976 geben immerhin 82 Prozent der weiblichen Singles an, dass die Männer, die sie kennen lernen, keine feste Bindung wollen.

Der Unwille, zu heiraten und eine Familie zu gründen, hängt meist mit der Angst davor zusammen, Verantwortung übernehmen oder wirklich erwachsen werden zu müssen. Einige Beispiele aus meinen Interviews machen dies recht deutlich.

Warum willst du deine Partnerin nicht heiraten? – Stimmen aus der Männerwelt

Norbert (29, Grafikdesigner): »Die Frau, mit der ich zurzeit zusammen bin, hat zwei Kinder von einem anderen Mann. Ich hab einfach keine Lust, so viel Verantwortung auf meine Schultern zu laden. Es fällt mir außerdem schon schwer genug, mich selbst einigermaßen über Wasser zu halten.«

Gregor (33, Journalist): »Wenn ich Gabriele erst einmal heirate, wird sicher alles schwieriger. Ich meine, es ist dann zum Beispiel nicht mehr so einfach, mit meinen Freunden herumzuziehen – erst recht nicht, wenn dann auch noch Kinder dazukommen.«

Simon (32, Unternehmer): »Eigentlich bin ich immer noch ganz schön verliebt in meine Freundin. Wir sind jetzt auch schon seit drei Jahren zusammen, und es läuft super. Auf Heiraten und Familie habe ich aber überhaupt keine Lust. Schließlich bin ich noch jung, und wer weiß schon, was in zehn Jahren los ist. Es gibt ja noch viele andere interessante Frauen auf der Welt.«

Markus (41, Physiotherapeut): »Mein bester Freund hat vor drei Jahren geheiratet, seine Frau hat gerade das zweite Kind bekommen. Er meint immer, dass es bei mir auch allmählich an der Zeit wäre, aber ich denke gar nicht daran zu heiraten. Wenn ich sehe, wie wenig Zeit er noch für seine früheren Interessen hat und wie sich bei ihm alles nur noch um Frau, Kinder und die finanziellen Probleme dreht, die damit zusammenhängen, reicht es mir schon. Da genieß ich lieber meine Unabhängigkeit.«

Natürlich sind sowohl das weibliche Bedürfnis nach Nähe als auch der männliche Wunsch, unabhängig zu bleiben, individuell unterschiedlich stark ausgeprägt. Es gibt auch viele Frauen, die ihre Freiheit über alles lieben, und Männer, die sich nichts sehnlicher wünschen, als endlich die Frau fürs Leben zu finden. Dennoch: Die Tendenz, sich nicht eindeutig festzulegen, ist bei Männern eindeutig häufiger zu erkennen. Hinzu kommt, dass Männer, auch wenn sie Angst davor haben, ihre Partnerin zum Altar zu führen, sich aber doch nicht von ihr trennen wollen. Die Folge ist häufig eine Hinhaltetaktik, die für heiratswillige Frauen recht zermürbend sein kann.

Wenn Sie also davon träumen, dass Ihr Lover Ihnen einen Heiratsantrag macht und dabei womöglich noch mit einem großen Strauß roter Rosen vor Ihnen auf die Knie fällt (Wollen Sie das wirklich?) – dann hilft wieder mal nur die gute alte Männerfang-Strategie: Sagen Sie nie, dass Sie ihn heiraten wollen, sprechen Sie nie über Ihren Wunsch, eine Familie zu gründen, schwärmen Sie nie von Freundinnen, die gerade unter die Haube gekommen sind, und vermeiden Sie es, in Anbetracht fremder Babys in Verzückung zu fallen. All das würde seine Bindungsängste nur noch steigern. Geben Sie sich stattdessen betont gelassen, genießen Sie die Gegenwart in vollen Zügen und sprechen Sie ihn nicht auf die Zukunft an. Wenn der Mann Ihrer Träume auf Sie abfährt, wird er früher oder später den ersten Schritt tun! Wenn Sie aber spüren, dass Ihr Lover einfach nicht zieht, gehört er vielleicht zum Typ »eingefleischter Junggeselle«. Diese Männersorte ist absolut heiratsresistent – und dann hilft nur eins: ohne Trauschein glücklich sein oder sich anderweitig umsehen.

3. Die Angst zu versagen oder: »Schatz, du bist der Beste!«

Männer sind sehr selbstbewusst – solange sie erfolgreich sind. Fehlt es an Anerkennung, werden sie schnell unsicher und fühlen sich miserabel. Während das Selbstwertgefühl von Frauen vor allem in der Beziehung zu anderen Menschen gründet, beruht männliches Selbstbewusstsein auf einer stark ausgeprägten Selbstbezogenheit. Ein Mann – das wissen wir ja – muss seinen Mann stehen. In der Welt und im Bett. Er muss Leistung bringen und sich und den anderen etwas beweisen. Zumindest glaubt er das.

Männer sind im Grunde ewig auf der Suche nach Anerkennung. Die Angst, zu versagen oder »es nicht zu bringen«, ist daher allzu verständlich. Männer wollen Sieger sein – aber leider gibt es viele Situationen, aus denen sie auch einmal als Verlierer hervorgehen. Nicht nur im Leben, sondern auch in der Liebe.

Die einfachste Möglichkeit, Männer um den Finger zu wickeln, besteht darin, ihnen immer wieder zu versichern, dass sie einfach die Tollsten sind. Eine Frau, die ihrem Partner sagt und zeigt, dass sie ihn bewundert, seine Zärtlichkeit oder seinen Humor schätzt und ihn für den besten Liebhaber aller Zeiten hält, ist eine ungeheure Stütze für ihn. Die Geschichten erfolgreicher und berühmter Männer handeln daher in den meisten Fällen auch von ihren Frauen, die voll hinter ihnen standen.

Manchmal ist es am besten, erwachsene Männer wie kleine Jungs zu behandeln. Mit einfachen Sätzen – zum Beispiel »Das hast du wirklich super gemacht« – können Sie nicht nur kleine Jungs, die gerade ihre erste Runde auf dem Fahrrad geschafft haben, zum Strahlen bringen, sondern auch Ihren Liebhaber, der Sie erstmals mit einer selbst gebackenen Tiefkühlpizza überrascht.

4. VERLUSTÄNGSTE ODER: »EIFERSUCHT – VON WEGEN TYPISCH WEIBLICH«

Dass Eifersucht eher eine weibliche als eine männliche Schwäche sein soll, ist ein verbreiteter Irrtum. Die Angst, den Liebsten oder die Liebste zu verlieren, ist natürlich bei Männern und Frauen gleichermaßen ausgeprägt – und beide müssen mit dem Risiko der Untreue leben. Allerdings unterscheidet sich männliche Eifersucht entscheidend von der weiblichen: Männer sind vor allem sexuell eifersüchtig, während Frauen besonders stark an emotionaler Eifersucht leiden. Was heißt das? Nichts anderes, als dass jeder Mann total ausflippt, wenn er dahinterkommt, dass seine Partnerin mit einem anderen im Bett war.

Die Eifersucht hat ihren natürlichen Ursprung in der Evolution und kann häufig auch im Tierreich beobachtet werden. Der biologische Drang, auf Konkurrenten höchst allergisch zu reagieren, hängt evolutionär gesehen mit der Vaterschaftssicherung zusammen. In jedem Mann tickt ein einfaches genetisches Programm, das da lautet: »Gehe hin und mehre dich. Verbreite deine Gene über die Welt und verhindere um Himmels willen, dass andere Männer deine Partnerin nutzen, um ihre Gene zu verbreiten.«

Weibliche Eifersucht erreicht ihren Höhepunkt, wenn der Lover sich einer anderen Frau emotional zuwendet. Frauen haben große Angst davor, dass ihr Partner sich wunderbar mit einer anderen versteht, stundenlang mit ihr redet oder sich gar auch noch in sie verliebt. Einen Seitensprung können viele Frauen ganz gut wegstecken, sofern sich herausstellt, dass es einzig und allein um Sex ging. Evolutionär gesehen stellt ein kleiner Ausrutscher ja auch noch keine Bedrohung dar, den Ernährer der eigenen Nachkommen zu verlieren.

Bei Männern ist es genau umgekehrt. Wenn Sie sich mit einem Mann treffen, sich bestens mit ihm verstehen und sich ihm sofort nah fühlen, ist das für Ihren Partner wahrscheinlich noch kein Grund zur übertriebenen Eifersucht. Aber wehe, wenn Sie es wagen, einmal mit irgendeinem uninteressanten Typen ins Bett zu gehen, nur weil Sie gerade in Partystimmung, ein wenig alkoholisiert und heiß drauf sind.

Bei sexueller Untreue verstehen Männer überhaupt keinen Spaß. Jeder Konkurrent schädigt ihren Status und weckt archaische Neid-, Eifersuchts- und letztlich auch große Angstgefühle. Immerhin wissen Männer ja auch nie so ganz genau, ob sie auch wirklich der Vater ihrer Kinder sind, während eine Mutter sich ihrer Mutterschaft immer und hundertprozentig sicher sein kann. Nach aktuellen genetischen Querschnittsuntersuchungen sind mindestens fünf bis zehn Prozent aller Kinder »Kuckuckskinder« – also Kinder, die nicht vom aktuellen Partner der Mutter stammen. So gesehen ist die Angst des Mannes vor sexueller Untreue seiner Frau ja auch ganz verständlich.

Sollten Sie sich aber mal ein kleines Abenteuer gönnen, so tun Sie gut daran, ihm nichts davon zu erzählen. Sprechen Sie doch mit ihm darüber, so sollten Sie gebetsmühlenartig wiederholen, dass der andere im Bett die totale Niete war, nicht küssen konnte und nebenbei auch noch einen viel zu kleinen Penis hatte. Die Chancen, dass Ihr Partner seinen männlichen Stolz schnell wiederfindet und großzügig über Ihren kleinen »Fehltritt« hinwegsieht, steigen dadurch enorm.

Unerfahrener Boy, reifer Liebhaber – die Lebensphasen des Mannes

Das Liebesleben eines Mannes ist stark von seiner jeweiligen Lebenssituation geprägt. Wenn Sie Sex mit einem Studenten haben, wird der ganz anders ablaufen, als wenn Sie sich auf einen Mann einlassen, der bereits ein paar Kinder großgezogen und längst seinen beruflichen Weg gemacht hat. Klar ist: Ein Mann bleibt ein Mann. Zahlreiche Studien belegen, dass es in Bezug auf sexuelle Vorlieben und männliche Wünsche sehr viele Gemeinsamkeiten zwischen jungen und älteren Liebhabern gibt. Dennoch – ein 25-jähriger Testosteron-Cowboy hat einfach andere Interessen als ein reifer Liebhaber. Was ein Mann von einer Frau erwartet, hängt somit nicht zuletzt auch von seinem Alter ab. Natürlich gibt es alternde Playboys, die mit Frauen immer noch so unreif umgehen wie pubertierende Jünglinge. Und ebenso gibt es sicher auch einige sehr junge Männer, die bereits ein hohes Maß an Verantwortungsbewusstsein und Beziehungskompetenz mitbringen.

,Dennoch: Im Großen und Ganzen verändern sich die Einstellung und das Verhalten von Männern im Laufe ihres Lebens ganz erheblich. Daher kann es nicht schaden, einen Blick auf die männlichen Lebensphasen zu werfen.

20- BIS 30-JÄHRIGE: AB DURCH DIE MITTE

Männliche Twens sind jung und dumm, aber durchaus liebenswert. Wenn Sie wissen, was Sie von einem jungen Mann erwarten können und was nicht, werden Sie sicher eine Menge Spaß mit ihm haben. Im Alter zwischen 20 und 30 sind Männer abenteuerlustige Eroberer. Sie sind unberechenbar und spontan – was ziemlich unterhaltsam, aber auch recht anstrengend sein kann. Der Testosteronspiegel erreicht in dieser Zeit ungeahnte Höhen. Umfragen ergaben, dass Männer vor dem 25. Geburtstag mindestens an jedem dritten Tag Sex brauchen. Die Jagd nach heißen Girls gehört damit zu den Lieblingsbeschäftigungen junger Don Juans.

Bei jungen Männern sollten Sie auf wahre Gefühlsfeuerwerke gefasst sein. »Himmelhoch jauchzend, zu Tode betrübt …« – wie auch immer der jeweilige Gefühlscocktail gemischt sein mag, auf jeden Fall wollen die Emotionen in jungen Jahren gründlich ausgelebt werden. Wenn nicht jetzt, wann dann ist die Zeit für Sex, Drugs and Rock 'n' Roll? Und natürlich bietet die unstete Gefühlslage der Twens vielerlei Krisenstoff – lädt aber andererseits auch zum Ausleben erotischer Fantasien ein. Der Romantikfaktor ist in dieser Zeit sehr hoch. Viele junge Männer glauben fest an die große Liebe und verbringen viel Zeit damit, nach ihrer Traumfrau zu suchen.

Gebrauchsanleitung: Wenn Ihr Partner zwischen 20 und 30 Jahre alt ist, sollten Sie sich fest anschnallen. Als Liebhaber sind diese Männer oft noch reichlich unsicher. Viele von ihnen befürchten, dass ihr Aussehen nicht dem Standard der Duschgel-Werbung entspricht, und haben ein schlechtes Verhältnis zu ihrem Körper, sodass sie viele körperliche und seelische Streicheleinheiten brauchen. Allerdings sollten Sie es mit ersteren nicht übertreiben, denn im zarten Alter neigen Männer häufig zu vorzeitigen Ejakulationen – ein weiterer Punkt, der jugendlichen Liebhabern oft schwer zu schaffen macht.

Vorsicht ist außerdem geboten, da junge Männer sich genauso schnell von einer Partnerin trennen, wie sie sich in sie verliebt haben. Im Alter zwischen 20 und 30 besteht das Problem der Männer ganz einfach darin, dass sie es nicht schaffen, sich festzulegen. Sie können sich nicht einmal entscheiden, wohin der nächste Urlaub gehen soll. Erwarten Sie also nicht, dass sie die Reife besitzen, eine langjährige Beziehung aufzubauen.

Die beste Strategie im Umgang mit dieser Altersgruppe: Geben Sie den jungen Männern viel Freiheit, achten Sie darauf, dass die Leine lang genug ist, und vermeiden Sie es unbedingt, sie zu bemuttern. Machen Sie jedoch auch Ihre Grenzen deutlich und lassen Sie nicht zu, dass Mann mit Ihnen Achterbahn fährt, wenn Sie darauf keine Lust haben.

30- BIS 40-JÄHRIGE: ZEIT FÜR ENTSCHEIDUNGEN

Die Jagd nach dem ewig Weiblichen lässt natürlich auch jenseits der 30er-Grenze nicht nach. Hormonell gesehen sind Männer in diesem Alter immer noch auf dem Höhepunkt. Allerdings stehen für die Thirtysomethings allmählich wichtige

Entscheidungen an: Jetzt gilt es, die Weichen für die Zukunft zu stellen. Soll Mann weiterhin durch Bars ziehen und Telefonnummern weiblicher Bekanntschaften sammeln, oder wäre es doch an der Zeit, langsam mal in Richtung Familie zu steuern?

Männer zwischen 30 und 40 fühlen sich zwischen zwei Bedürfnissen hin- und hergerissen, die sich nicht leicht unter einen Hut bringen lassen: Auf der einen Seite sehnen sie sich weiterhin nach Unbeschwertheit, Spaß, Action, Abenteuern und Eroberungen. Auf der anderen Seite suchen sie aber auch zunehmend Nähe und Geborgenheit. Immerhin geben in Deutschland knapp 80 Prozent der männlichen 30- bis 40-Jährigen an, dass sie gerne einmal ein oder mehrere Kinder hätten. In diesem Alter haben die meisten Männer die Reife erlangt, die nötig ist, um ihre Partnerin tatkräftig bei ihrer Selbstverwirklichung zu unterstützen, auch mal Hand im Haushalt anzulegen oder das Kind zu wickeln. Natürlich gibt es immer noch einige Exemplare, die dem überkommenen Männerbild entsprechen, indem sie sich vorwiegend um ihre Karriere und die Autopflege kümmern und sich höchstens mal am Wochenende auf ihre Kinder einlassen. Doch im Großen und Ganzen sind Männer in den besten Jahren als Partner ganz gut brauchbar.

Gebrauchsanleitung: Im Schnitt haben Männer mit Mitte 30 in ihrem Leben rund zehn Frauen kennen gelernt. Sie konnten einige Erfahrungen sammeln, und ihre Experimentierfreude wächst von Jahr zu Jahr. Männer über 30 kennen deutlich mehr als drei Liebesstellungen und sind auch offen für allerlei Sextoys, die nicht nur ihnen, sondern auch ihren Partnerinnen Vergnügen bereiten. Statistisch gesehen können

35-jährige Männer im Schnitt 17 Minuten länger mit ihrer Partnerin schlafen als Twens. Außerdem leiden sie sehr viel seltener unter vorzeitigen Samenergüssen.

Die Beziehung zu Männern in den besten Jahren machen Spaß, sofern auch Sie einigermaßen experimentierfreudig und bereit sind, gemeinsam mit ihm neue erotische Wege zu beschreiten. Männern zwischen 30 und 40 fällt es meist schon etwas leichter, ihre Bedürfnisse zu äußern und auch einmal zuzuhören, wenn Sie ihnen etwas sagen wollen. Mit einer kleinen oder größeren Portion Machogehabe sollten Sie allerdings rechnen.

Am besten fahren Sie, wenn Sie das Gummibandprinzip heranziehen: Gehen Sie mit Ihrem Lover mal auf Tuchfühlung und genießen Sie die Nähe, aber legen Sie auch Phasen ein, in denen Sie etwas Distanz halten. Legen Sie Ihre gemeinsamen Ziele fest und schaffen Sie die Rahmenbedingungen für Offenheit und faire Spielregeln. Äußern Sie auch Ihre sexuellen Wünsche und zeigen Sie sich kompromissbereit, wenn er über seine spricht. Mit etwas Glück ist Sex mit einem Thirtysomething eine wunderbare Sache – unkompliziert, ungehemmt und immer wieder spannend.

40- bis 50-Jährige: Vorsicht Midlife-Crisis!

Im Grunde könnten Beziehungen mit Männern zwischen 40 und 50 ebenso schön sein. Denn diese blicken auf eine reiche Erfahrung zurück, sind oft wahre Meister im Genießen und wissen oft auch ganz gut, wie man Probleme löst und Krisen gemeinsam meistert. Kleine Fehler – seien sie nun optischer oder charakterlicher Natur – stören sie an Frauen nicht weiter. Sie haben gelernt, auf die wesentlichen Dinge zu achten, und wissen die Vorzüge einer interessanten Frau mindestens genauso zu schätzen wie die eines edlen Weines.

All das wäre ja ganz wunderbar, gäbe es nicht die berüchtigte Midlife-Crisis: Diese psychische Reifungskrise in der Mitte des Lebens tritt bei Männern meistens nach dem 40. Lebensjahr auf. Gerade wenn alles erreicht scheint, wenn die höchste Stufe der Karriereleiter erklommen, das Haus zum Großteil abbezahlt und die Familie unter Dach und Fach ist, lauern im Hinterhalt die große Unzufriedenheit und Leere. Plötzlich tauchen Fragen über Fragen auf. Sind die Dinge, die ein Mann erreicht hat, den Aufwand überhaupt wert gewesen? Wäre es nicht wichtiger, sich um etwas ganz anderes zu kümmern? Und wie sehen die Perspektiven aus? Die körperliche Fitness nimmt allmählich ab, die psychische Belastbarkeit ebenfalls, und der Blick in die Zukunft erscheint längst nicht mehr so rosig.

In der Midlife-Crisis sehnen sich viele Männer nach neuen Erfahrungen und intensiven Erlebnissen. Viele von ihnen sind bereit, die langjährige Arbeitsroutine zu durchbrechen. Und leider kommt in dieser Zeit auch häufig das Gefühl auf, dass es an der Zeit ist, aus der Beziehungsroutine auszusteigen. Von der Midlife-Crisis betroffene Männer sind wie alternde Pferde auf der Koppel, die noch einmal von einem Galopp über saftige Wiesen und sonnendurchflutete Felder träumen. Also bestellen sie sich einen roten Sportwagen, besorgen sich Joggingschuhe und kaufen heimlich Anti-Falten-Cremes in der Drogerie.

Gebrauchsanleitung: Solange sie nicht vollends ausflippen und Hals über Kopf mit einer Jüngeren durchbrennen, ist das Handling von Männern zwischen 40 und 50 eigentlich ganz einfach. Betrachten Sie diese Erfahrung als Kurs in Toleranz! Lassen Sie ihm ruhig seinen Sportwagen und seine Anti-Aging-Pillen. Dem Wunsch Ihres Partners, neue Erfahrungen zu sammeln, können Sie darüber hinaus ja durchaus entgegenkommen. Gehen Sie mit ihm auf Safari, probieren Sie ein paar neue erotische Spielchen oder Spielzeuge aus, nehmen Sie Tangostunden oder tun Sie irgendetwas anderes gemeinsam, was Ihnen Spaß macht und die Routine durchbricht.

Was den Sex betrifft, so sollten Sie bedenken, dass der Testosteronspiegel beim Mann ab dem 40. Geburtstag jährlich um rund ein Prozent abfällt. Erwarten Sie also keine fieberhaften Lustausbrüche, nur weil Sie ihm Ihren neuen BH vorführen. Laut Statistik haben Männer zwischen 40 und 50 im Durchschnitt etwa sechsmal im Monat Sex. Nicht gerade rekordverdächtig, aber immerhin gilt ja auch: Lieber Klasse als Masse! Und eines muss man Männern in diesem Alter lassen: Sie haben den Dreh raus, wenn es darum geht, Frauen zu ekstatischen Höhepunkten zu führen. Genießen Sie es, dass er sich jetzt mehr Zeit für die Erotik nimmt und genau weiß, was Ihnen gefällt.

50- BIS 60-JÄHRIGE UND DARÜBER: ZEIT DER ZÄRTLICHKEIT

Männer jenseits der 50 sind als Partner meistens viel unproblematischer und unkomplizierter als ihre jüngeren Artgenossen. Sie verfügen über eine ordentliche Portion Lebenserfahrung und sind mit sich ins Reine gekommen. Nachdem sie die Sturm-und-Drang-Zeit längst hinter sich gebracht und jede Menge Erfahrungen mit dem weiblichen Geschlecht gesammelt haben, bringt sie nichts mehr so schnell aus der Ruhe.

Die meisten wahren Gentlemen findet man im Alter zwischen 50 und 60 (und darüber). Diese Männer gehören zu den seltenen Exemplaren, die ihren Partnerinnen nicht nur in den Mantel helfen, sondern ihnen auch die Autotür öffnen und im Restaurant ganz selbstverständlich die Rechnung begleichen. Auch sonst neigen Männer, die »in die Jahre gekommen sind«, dazu, ihre Angebeteten nach Strich und Faden zu verwöhnen – sowohl materiell als auch durch ihr angenehmes Wesen. Männer jenseits der 50 müssen sich nicht mehr täglich aufs Neue beweisen, sie haben oft viel Humor und bleiben auch in schwierigen Momenten gelassen.

Gebrauchsanleitung: Viele der Männer, die die 50 bereits überschritten haben, sind noch mit klar getrennten Geschlechterrollen aufgewachsen. Kein Wunder, dass beim einen oder anderen gelegentlich Pascha-Anwandlungen auftreten. Doch im Allgemeinen sind ältere Semester für die Veränderungen in der modernen Gesellschaft durchaus aufgeschlossen, sodass sie ihre Partnerinnen als gleichwertige und gleichberechtigte Wesen akzeptieren und mit Respekt behandeln.

Wenn Ihr Liebhaber allmählich in die Jahre kommt, sollten Sie darauf gefasst sein, dass sich mit der Zeit körperliche Problemchen bemerkbar machen. Mit sinkendem Testosteronspiegel nehmen Potenz, Erektionsdauer und sexuelle Lust schrittweise ab. Auch Männer kommen in die Wechseljahre und leiden dann genau wie Frauen unter Stimmungsschwankungen, Reizbarkeit und Energieabfall.

Die Lust, nach dem eigenen Orgasmus gleich noch einmal über ihre Partnerin herzufallen, ist bei Männern jenseits der 60 gleich null. Allerdings gibt es auch immer wieder Ausnahmen: 70-jährige Männer, die vor Vitalität strotzen und ein Stehvermögen haben, um das sie manch 40-Jähriger beneiden würde, sind gar nicht so selten.

Im Großen und Ganzen können Sie aber davon ausgehen, dass die Erektionsdauer und -intensität im Alter abnimmt. Glücklicherweise nimmt dafür meist die sinnliche Intelligenz zu. Wenn Sie auf reifere Herren stehen, können Sie sich daher auf jede Menge Streicheleinheiten freuen. Wenn Vor- und Nachspiel zur Hauptsache und die Hauptsache zur Nebensache wird, ist das ja nicht unbedingt ein Nachteil. Und natürlich gibt es keinen Grund dafür, warum ältere Männer nicht immer noch Spaß am Sex haben sollten. Viele von ihnen bewahren sich ihre Experimentierfreude und sind jederzeit offen für neue Erfahrungen. Erotische Spiele, aber auch kleine Rituale und Tantra-Techniken ermöglichen es Ihnen und Ihrem Lover, Neues auszuprobieren. Sie werden erstaunt sein, dass nicht nur die seelische, sondern auch die sinnliche Liebe weit jenseits der 50 oder 60 noch ungeahnte Höhepunkte bietet.

Wie Sie Männern eine kleine Freude machen

Nachdem Sie nun das Wichtigste über das Seelenleben der Spezies Mann erfahren haben, finden Sie im Folgenden zusammengefasst nochmals einige einfache Rezepte, mit denen Sie es schaffen, jedes Männerherz höher schlagen zu lassen:

- ♀ Sagen Sie ihm immer wieder, dass er ganz, ganz toll im Bett ist.
- ♀ Leihen Sie sich einen erotischen Film in der Videothek aus und legen Sie vor dem Vorspiel eine kleine Video-Session ein.

- ♀ Zeigen Sie ihm, dass Sie nicht klammern. Machen Sie kein verdrießliches Gesicht, wenn er mit Freunden unterwegs war und spät nach Hause kommt.
- ♀ Überlassen Sie ihm die Entscheidung, in welches Restaurant Sie gemeinsam gehen.
- ♀ Sorgen Sie im Bett für Abwechslung. Probieren Sie es mal mit aufregender Unterwäsche, neuen Liebesstellungen oder oralen Spielereien. Hauptsache, Sie überraschen ihn.
- ♀ Überlassen Sie ihm freiwillig den Fahrersitz im Auto und lassen Sie ihn ans Lenkrad – Männer sind fest davon überzeugt, dass sie die besseren Fahrer sind.
- ♀ Alle Männer lieben es, wenn ihre Partnerin auch mal aktiv wird und die Initiative übernimmt. Fordern Sie Sex ohne Hemmungen von ihm.
- ♀ Erkundigen Sie sich danach, wie es ihm in seinem Job geht. Hören Sie sich seine Probleme geduldig an, aber geben Sie keine Ratschläge.
- ♀ Bewundern Sie ihn zwischendurch immer wieder einmal für das, was er tut.
- ♀ Knipsen Sie nach dem Sex das Licht aus – die meisten Männer wollen dann ohnehin nur noch eines: schlafen!
- ♀ Zeigen Sie ihm, dass Sie voll auf ihn abfahren. Setzen Sie Worte, Blicke und nicht zuletzt auch Ihren Körper ein, um ihm eindeutig klar zu machen, dass Sie verrückt nach ihm sind.

Wissen Sie, worüber Männer sich noch mehr Gedanken machen als über ihr Auto, ihre Karriere und ihre Fußballmannschaft zusammen? Erraten – über ihren Penis! Für viele Männer ist vor allem die Größe ihres Kleinen ein mächtiges Problem. Das ist insofern kein Wunder, als teilweise abenteuerliche Vorstellungen von der Größe des männlichen Glieds kursieren. Bei einer aktuellen Befragung in mehreren deutschen Großstädten wurde die Länge des erigierten Penis im Durchschnitt auf stolze 20 bis 25 Zentimeter geschätzt! Der Hang zum Größenwahn war übrigens bei den männlichen und weiblichen Befragten gleichermaßen ausgeprägt. Tatsache ist jedoch, dass das liebste Spielzeug des europäischen Mannes zwischen 13 und 15 Zentimeter lang ist. Wohlgemerkt, in Hochform – im Entspannungszustand können Sie locker noch einige Zentimeter abziehen.

Auch sonst gibt es allerlei Wissenswertes rund um das Thema »Männlichkeit«. Und je mehr Sie wissen, desto besser – denn jeder intime Kontakt mit einem Mann wird früher oder später immer auch zu einer Begegnung mit seinem Penis führen. Und da kann es nicht schaden, auf alle Eigenheiten gefasst zu sein, die unterhalb der männlichen Gürtellinie auf Sie lauern.

Penis-Basics: 1. Anatomie

Ein Anatomiestudium brauchen Sie natürlich nicht, um eine perfekte Liebhaberin zu werden. Wir leben in einer Zeit, in der Frauen wissen, wie nackte Männerkörper aussehen. Und wenn Sie nicht gerade Medizinerin werden wollen, genügen einige Basics voll und ganz.

Die Penislänge ist gleichermaßen Thema weiblicher Kaffeeklatsch- wie männlicher Stammtischtreffen. Nach einem FKK-Urlaub oder ein paar Saunabesuchen wissen Sie: Manche Penisse sind so klein, dass Sie eine Lesebrille aufsetzen müssten, um sie vollständig erkennen zu können, andere wiederum drängen sich geradezu ins Blickfeld. Und tatsächlich liegt die Palette der Penislänge zwischen drei und 30 Zentimetern. Wenn Sie Ihren neuen Lover zum ersten Mal entblättern, sollten Sie daher so ziemlich auf alles gefasst sein. Auch darauf, dass die Größe seiner Nase nicht das Mindeste mit der Größe seines Penis zu tun hat.

Unterhalb der Gürtellinie sind die Unterschiede zwischen Männern oft noch größer als oberhalb. Die Vielfalt der Natur spiegelt sich auch in ihren besten Stücken wider. Es gibt gerade und bananenförmig gekrümmte Penisse, solche, die spitz zulaufen, und andere mit gleichförmigen Proportionen. Rötliche und bräunliche Farbtöne sind ebenso vertreten wie klassisches Rosarot. Einige Herren jammern über winzige Penisse, die bei einer Erektion jedoch enorm anschwellen. Ebenso gibt es Männer, die sehr stolz auf ihre Extraportion sind und dabei gern unterschlagen, dass kaum mehr zu erwarten ist, wenn's spannend wird.

Wie auch immer er im Speziellen aussieht – im Allgemeinen besteht jeder Penis aus dem Schaft (die Stange) und der Eichel (die Spitze). Im Penisschaft verläuft die Harn-Samen-Röhre, die von Schwellkörpern aus schwammartigem Gewebe umgeben ist. Und genau diese Schwellkörper sind es, die aus einem kleinen, gelangweilten einen großen und aufgeregten »Johannes« machen.

Wenn Ihr Lover Sie im wahrsten Sinne des Wortes zum Anbeißen findet, fließt vermehrt Blut in die Schwellkörper –

die Folge ist unübersehbar: Sein Penis wächst, richtet sich auf, wird dunkler und krümmt sich (oft, aber nicht immer) leicht. Oder kurz gesagt: Er bekommt einen Steifen.

Der reizempfindlichste Penisteil ist die Eichel. Ob orale oder manuelle Spielereien – auf Berührungen der Eichelspitze und des unteren Eichelrands spricht jeder Mann an, denn diese Bereiche sind mit einer riesigen Anzahl empfindlicher Nervenenden ausgestattet. Auch das Ende der Harnröhre – der kleine Schlitz in der Mitte der Eichel, durch den Urin und Samen in die Außenwelt gelangen – ist sehr reizempfindlich.

Die Vorhaut liegt wie ein Schutzmäntelchen um die Eichel. Sie umhüllt den Penis im schlaffen Zustand und zieht sich bei einer Erektion dezent zurück. Bei beschnittenen Männern liegt die Eichel frei wie eine Eiskugel in der Waffel. Allerdings sind beschnittene Eicheln meist wesentlich unempfindlicher als geschützte, da sie durch das tägliche Reiben in der Unterhose schon so einiges gewöhnt sind. Ebenfalls interessant ist eine kleine, hoch empfindliche Hautfalte, die auch gut auf reizende Berührungen anspricht: das Frenulum. Dieses Vorhautbändchen verbindet Eichel und Vorhaut an der unteren Seite der Eichel miteinander.

Was das Anatomische betrifft, reichen diese Infos über Penisse sicher vollkommen aus. Allerdings gibt es da noch einen anderen wichtigen Aspekt.

Penis-Basics: 2. Psychologie

Trotz aller mehr oder weniger kleinen Unterschiede in Form, Farbe und Größe ist anatomisch gesehen bei nahezu jedem Mann mit dem Penis alles in bester Ordnung. Doch viel wichtiger als die Anatomie ist die Psychologie – und hier hapert es auch viel öfter. Die meisten Sorgen, die Mann sich um seinen

Kleinen macht, sind weniger physiologischer als vielmehr psychologischer Natur. Kein Wunder: Schließlich ist der Penis der beste Freund eines jeden Mannes, ja mehr noch, sein Heiligtum. Daher sollten Sie es unbedingt lassen, sich über seinen kleinen Schatz lustig zu machen. Auch wenn es im Bett noch so humorvoll zugeht – ein falsches Wort über das Aussehen oder die (mangelnde) Größe seines Penis kann genügen, um jeden noch so stabilen Lover schnellstens aus dem Bett zu jagen.

Eine Frage stellt sich immer wieder: Ist ein Penis ästhetisch? Schwer zu sagen. Der Phalluskult vieler alter Völker weist darauf hin, dass Penisabbildungen als Inbegriff von Zeugungskraft und Fruchtbarkeit sehr verehrt wurden und unsere Ahnen dem männlichen Glied einiges abgewinnen konnten. Das war schon in der Steinzeit so und ist bei vielen Paaren auch heute noch der Fall. Junge und unerfahrene Mädchen sind vom besten Stück ihres ersten Freundes meist außerordentlich fasziniert, und so manche entdecken in ihm ein interessantes Spielzeug, sofern sie sexuellen Dingen gegenüber einigermaßen aufgeschlossen sind. Abneigungen gegen das männliche Glied entstehen meist nur aufgrund negativer Erfahrungen mit Männern oder einer sehr konservativen Erziehung.

Jedenfalls stehen alle Männer auf Frauen, die ihren Penis nicht nur dulden, sondern lieben! Und alle sind der Ansicht, dass Frauen nur dann gute Liebhaberinnen sein können, wenn sie keinerlei Berührungsscheu oder gar Ekel vor dem Penis ihres Liebsten kennen.

Natürlich weiß ich, dass es viele Frauen gibt, die einem Penis zumindest aus ästhetischen Gesichtspunkten nicht das

Geringste abgewinnen können. Letztlich bleibt das Ganze ohnehin Geschmackssache, und eigentlich ist es auch gar nicht so wichtig, was Sie über den Inbegriff seines männlichen Stolzes denken. Doch was immer dies auch ist – behalten Sie eisern alles für sich, was ihn verletzen könnte. Sie sollten einfach dezent schweigen. Noch besser kommt es an, wenn Sie ab und an ein kleines Lob aussprechen und ihm sagen, dass Sie auf seinen kleinen Freund ganz scharf sind. Und das Allerbeste ist natürlich, wenn Sie dabei nicht einmal lügen müssen.

Tatsächlich sorgt das biologische Grundprogramm dafür, dass die meisten Frauen den Penis ihres Lovers im Großen und Ganzen toll finden. Doch Altlasten aus einer sexualfeindlichen Erziehung sorgen immer wieder mal dafür, dass Widerstände gegen den Penis – immerhin das klassische Symbol für die männliche Sexualität – auftauchen. Wenn es Ihnen gelingt, entsprechende Hemmungen über Bord zu werfen, ist das natürlich prima – denn dadurch wird nicht nur Ihr Partner, sondern werden auch Sie selbst neue Höhepunkte der Lust entdecken. Können Sie mit seinem besten Stück jedoch trotz aller guten Absichten nichts anfangen, hilft nur eins: Schalten Sie einfach das Licht aus.

Apropos »Psychologie des Penis«: Australische Psychologen haben herausgefunden, dass Männer, die ein gutes Verhältnis zu ihrem eigenen Penis haben, dies in den meisten Fällen auch auf ihre Partnerinnen übertragen. Geht Mann selbstbewusst und natürlich mit seinem kleinen Prinzen um, so haben die Frauen im Regelfall auch Spaß an ihm. Doch Vorsicht: Typen, die von ihrem Glied geradezu besessen sind und ihm übertriebene Aufmerksamkeit zuteil werden lassen, indem sie betont nackt herumlaufen und ihrer Partnerin ihr Geschlecht geradezu aufdrängen, sind oft schwierige Liebhaber. Das Problem ist, dass sie einfach zu stark auf sich selbst fixiert sind. Von solchen Männern können Sie häufig wenig bis gar kein Einfühlungsvermögen erwarten.

Small, Medium oder XL – wie wichtig ist die Größe?

Jeder Mann beschäftigt sich zu irgendeinem Zeitpunkt seines Lebens mit der entscheidenden Frage: Ist er zu dünn, zu dick, zu krumm und vor allem – ist er nicht vielleicht doch zu klein? Ein Mann, der behauptet, dass die Länge seines Penis ihn nicht im Geringsten interessiert, lügt! Noch immer herrscht in vielen Männerköpfen die irrige Vorstellung, dass sie ihre Partnerin nur dann rundum befriedigen können, wenn sie es ihr »so richtig besorgen« – und mit einem kleinen Penis scheint das unmöglich. Auch wenn dieser Irrglaube kaum auszurotten ist, haben Sie als Liebhaberin doch immerhin die Möglichkeit, ihn diesbezüglich immer wieder etwas zu beruhigen. Und das sollten Sie – denn ein Mann, der sich ständig den Kopf über sein Glied zerbricht, macht einfach keinen Spaß im Bett.

Dabei wissen wir es längst: Alle Umfragen unter Frauen unterschiedlichen Alters und unterschiedlichen kulturellen Backgrounds bestätigen, dass Männer nicht deshalb gute Liebhaber sind, weil sie besonders gut bestückt wären. Ganz im Gegenteil: Je größer der Penis, desto mehr Probleme tauchen auf. Denn erstens sind Schmerzen nicht das, was Frauen vom Sex erwarten, und zweitens ist die Durchblutung bei Überlängen immer ein Schwachpunkt.

Wenn Sie Ihrem Liebsten eine Freude machen und darüber hinaus noch jede Menge Punkte bei ihm sammeln wollen, sollten Sie seinen Größen-Wahn bei jeder sich bietenden Gelegenheit dämpfen. Machen Sie ihm unmissverständlich klar, dass sein Kleiner ganz unabhängig von Länge und Dicke für Sie ohnehin der Größte ist.

Die Erektion oder: »Der Mythos vom ‚harten' Mann«

Die Penisgröße ist ein Thema, um das viele männliche Sorgen kreisen, die Erektion hingegen eines, das Mann und Frau gleichermaßen intensiv beschäftigen kann. Vor allem dann, wenn es damit nicht so recht klappen will, entsteht möglicherweise nicht nur für den Mann, sondern auch für seine Liebhaberin ein echtes Problem.

Dass sich der Penis aufrichtet, ist im Grunde eine ganz natürliche Reaktion auf sexuelle Reize. Bei jungen oder besonders potenten Männern genügt schon ein kleiner optischer Impuls, um ihre kleinen Prinzen strammstehen zu lassen. Mit etwas Glück brauchen Sie also nur einen Minirock, ein paar lange Beine oder ein dünnes (oder nasses) T-Shirt, an das sich Ihre Brustwarzen, von außen für jedermann sichtbar, anschmiegen können – und schon könnte es, zumindest biologisch gesehen, losgehen.

Ob optische Kicks oder heiße Berührungen – sobald im Gehirn eines Mannes sexuelle Reize ausgelöst werden, beschleunigt sich sein Puls, der Atem wird flacher, die Durchblutung wird ordentlich angekurbelt, und last but not least wächst sein bestes Stück über sich hinaus. Und das ist ja auch gut so, denn ohne Erektion kann das Liebesspiel nie so recht in die heiße Phase kommen.

Ein steifer Penis ist seit jeher Symbol und Zeichen für Männlichkeit. So ist es auch kein Wunder, dass Männer, die keinen hochbringen, sehr verunsichert reagieren. Dies gilt übrigens nicht nur bei Impotenz, das heißt, wenn es überhaupt nicht zur Erektion kommt, sondern auch bei Potenzstörungen, bei denen nur verminderte oder unterbrochene Erektionen entstehen.

Tatsache ist, dass Erektionsstörungen häufiger auftreten, als es Mann und Frau lieb ist. Jede erfahrene Liebhaberin kennt das: Da trifft man einen wahnsinnig gut aussehenden, witzigen und interessanten Typen, kriegt ihn auch noch an die Angel, trinkt mit ihm ein paar Longdrinks und landet mit bester Laune im Bett. Und dann – nach leidenschaftlicher Schmuserei und gerade in dem Moment, in dem es viel versprechend wird – hat Ihr Lover plötzlich mit einem mächtigen Hänger zu kämpfen.

War's die Aufregung? Waren's die Drinks? Oder vielleicht doch eher das Kondom, das Ihnen das gemeinsame Abenteuer verdorben hat? Schwer zu sagen: Sicher ist, dass es jede Menge Gründe für kleinere oder größere Hänger gibt. Auch potente Männer neigen zu gewissen Zeiten zu Lustlosigkeit. Ein Mann ist eben kein Roboter, sondern ein Wesen aus Fleisch und Blut. Und in welches Fleisch das Blut jeweils fließt, ist eben auch stimmungsabhängig.

Es gibt viele Gründe, warum auch harte Männer zu ausgesprochenen Schlaffis werden können. Besonders häufig lösen Stress und Nervosität derartige Störungen aus. Denn sie belasten Ihres Liebsten Kopf und somit auch seinen Körper, mit allem was dazugehört. Tatsächlich sind es fast immer seelische Gründe, die Potenzprobleme verursachen. Negative Erfahrungen mit Frauen, Ängste, Unsicherheit, Leistungsdruck oder zu hohe Erwartungen an den Verlauf einer heißen Nacht – all das kann die erwünschte Schwellkörperreaktion schon im Keim ersticken.

Zudem spielen Einflüsse von außen eine Rolle. Es gibt zum Beispiel einige Medikamente, die die Durchblutung und damit die Libido einschränken. Viel häufiger liegt die Ursache jedoch näher: Nichts gegen ein oder zwei Gläser Wein – aber ein Mann, der ordentlich einen sitzen hat, ist als Liebhaber völlig unbrauchbar. Dasselbe gilt für müde und ausgepowerte Männer. Kettenrauchen ist ebenfalls ein echter Potenzkiller.

Was auch immer der Grund dafür sein mag, dass Ihr Partner auf Halbmast hängt oder gar keinen Steifen bekommt – suchen Sie nicht danach. Analysieren bringt hier nichts. Fast jeder Mann reagiert auf Potenzstörungen mit Scham und dem Gefühl, versagt zu haben. Einige Männer werfen sogar schon dann die Flinte ins Korn, wenn ihre Erektion nicht so lange dauert, wie sie es gern hätten. Viel können Sie nicht dagegen tun, doch möglicherweise helfen ein paar Kleinigkeiten.

EIN PAAR TIPPS ZUM UMGANG MIT HÄNGERN

1. Nur weil er nervös wird, brauchen Sie sich ja noch lange nicht zu stressen. Überspielen Sie die Situation galant, entspannen Sie sich, holen Sie sich ein Glas Milch aus dem Kühlschrank und zeigen Sie ihm vor allem, dass Sie sich ganz wohl fühlen und nicht das geringste Problem mit seinem Durchhänger haben.

2. Wenn Alkohol im Spiel war, sollten Sie beim nächsten Date darauf bestehen, dass Sie gemeinsam gehen, bevor der Schnaps bestellt wird.

3. War es die Aufregung, können Sie davon ausgehen, dass sich das legt, wenn Ihr neuer Partner Sie ein bisschen besser kennt.

4. Liegt es am Erwartungsdruck, den Ihr Lover aufgebaut hat, da er glaubt, Sie mit einem ordentlichen Ständer zufrieden

stellen zu müssen, hilft oft ein simpler Trick: Sagen Sie ihm, dass Sie noch nicht so weit sind, mit ihm zu schlafen. Verbieten Sie es ihm – nicht nur das nächste, sondern auch das über- und überübernächste Mal. Wenn Ihr Partner nicht das Gefühl hat, dass Sie etwas von ihm erwarten, wird er innerlich loslassen und mit der Zeit ganz schön heiß auf Sie werden.

5. Vielleicht haben Sie einfach nur den falschen Zeitpunkt gewählt. Probieren Sie es mal morgens nach dem Aufwachen – viele Männer sind zu dieser Zeit mit Morgenständer bestückt und noch viel zu müde, um zu aufgeregt zu sein.

Apropos Morgenständer: Ebenso, wie es unerwünschte Potenzprobleme gibt, haben Männer auch immer wieder mal mit unerwünschten Erektionen zu kämpfen. Das kann schon beim Aufwachen beginnen: Der so genannte Morgenständer, mit dem kein Mann gerne durch seine WG schleicht, entsteht als Reizreaktion auf eine volle Blase, kann aber auch Folge erotischer Träume sein. Außerdem führen spontan eintretende Steifheiten manches Mal zu peinlichen Situationen – sei es in der Sauna oder während der Präsentation einer neuen Geschäftsidee.

Vor allem junge Männer sind von dem Eigenleben ihres kleinen Freundes oft selbst überrascht. Ob das ein Grund ist, warum viele von ihnen ihr Hemd lieber über der Hose tragen? Wie auch immer: Ob er steif ist, wenn er schlaff sein sollte, oder umgekehrt – die perfekte Liebhaberin reagiert immer souverän und gelassen auf all die kleinen Missgeschicke ihrer männlichen Mitgeschöpfe. So bewahrt sie sich nicht nur ihre innere Ruhe, sondern sichert sich auch die Sympathie der sie umgebenden Herren.

Böse Zungen behaupten, dass Männer eigentlich nur eine einzige erogene Zone haben – und die liegt ziemlich genau 20 Zentimeter unterhalb des Bauchnabels. Es stimmt zwar, dass wir Männer in vielen Dingen etwas unsensibler sind als unsere weiblichen Zeitgenossinnen – aber ganz so schlimm ist es auch wieder nicht. An welchen Körperstellen Berührungen ein Kribbeln auslösen, ist jedoch bei Mann und Frau ein wenig unterschiedlich. So sind Hals und Ohren bei Frauen zum Beispiel äußerst reizempfindlich, während diese Bereiche bei den wenigsten Männern geeignet sind, um befriedigende Wirkungen zu erzielen.

Dennoch: Auch bei Männern gibt es einige erogene Zonen, die eindeutig auf Knabber-, Kuss- und Streicheleinheiten ansprechen. Das ist auch nicht verwunderlich, denn schließlich spricht jeder Mensch auf zärtliche Berührungen an, der eine mehr, der andere weniger.

Im Folgenden finden Sie typische Körperstellen, durch deren Berührungen Sie bei Männern sexuelle Gelüste wecken können – bei vielen, aber nicht bei allen. Wenn Sie sich auf die Suche nach den erogenen Zonen Ihres Lovers machen, hilft Ihnen leider keine Landkarte weiter. Die Kunst, ihn richtig zu verwöhnen, lässt sich nur erlernen, wenn Sie auf die Reaktionen Ihres Partners achten. Wirkt er gelangweilt, sollten Sie das heitere Suchspiel fortsetzen. Sieht er hingegen zufrieden oder gar verzückt aus, können Sie darauf wetten, dass Sie auf der richtigen Fährte sind.

DIE MÄNNLICHEN PRICKEL- UND KITZELSTELLEN IM ÜBERBLICK

♀ *Brust samt Brustwarze:* An Empfindsamkeit kommt die männliche Brust natürlich nicht an die weibliche heran – aber immerhin. Viele Männer mögen es, an der Brust gekrault zu werden, selbst wenn sie keine Tarzanbrust haben. Noch interessanter sind aber die Brustwarzen! Viele Männer wissen gar nicht, dass das Saugen an ihren Brustwarzen einige Stockwerke tiefer äußerst kitzelige Gefühle auslöst – ganz einfach deshalb nicht, weil viele Frauen dies nie ausprobieren. Im Grunde gibt es nur zwei Männertypen: Die einen hassen es, die anderen lieben es. Den Letzteren können Sie durch eine kleine und ruhig auch mal kräftigere Stimulation ihrer Nippel eine enorme Freude bereiten.

♀ *Hände und Finger:* Diese wichtigen erogenen Zonen werden häufig vernachlässigt. Schade, denn sowohl die Handflächen als auch die Finger reagieren sehr positiv auf Berührungen. Bei Männern besonders beliebt: Lutschen Sie doch mal ein bisschen an seinen Fingern – Sie wecken dadurch hundertprozentig spannende Assoziationen.

♀ *Der Nacken:* Frauen gefallen eher Küsse auf den Hals, während Männer meist im Nacken- und Schulterbereich besonders sensibel sind. Auch der Hinterkopf ist bei manch einem Mann durchaus einen Streichelversuch wert.

♀ *Oberschenkel:* Ebenso wie Frauen reagieren auch viele Männer auf das Streicheln ihrer Oberschenkel mit wonnigen Gefühlen. Heißer Tipp: Halten Sie sich eher an die Innenseiten.

♀ *Füße und Zehen:* Auch wenn sie allzu leicht aus dem Blickfeld fallen – die Füße sind höchst lustempfindlich. Nicht umsonst macht das Füßeln unterm Tisch so viel Spaß. Über 70.000 Nervenenden an den Fußsohlen senden bei Berührung prickelnde Signale ins Gehirn. Mit einer kleinen Fußmassage können Sie allerlei bewirken. Wenn seine Füße sauber und gepflegt sind, lässt sich auch nichts gegen ein paar Kuss- und Lutscheinheiten einwenden. Ganz im Gegenteil – gerade das Knabbern und Lutschen an den Zehen ist bei den meisten Männern ein absoluter Bringer.

♀ *Mund und Lippen:* Dass heiße Küsse zu den erotischen Basics zählen, ist kein Zufall. Sowohl Männer als auch Frauen freuen sich über Lippenspiele. Mit seinen Lippen können Sie allerlei anstellen – sie etwa mit zarten Küssen bedecken, an ihnen knabbern oder sie mit den Fingerkuppen streicheln.

♀ *Der Popo:* Auch der Po zählt zu den sensibleren Zonen. Sowohl der untere Rücken als auch die Pobacken freuen sich über zarte Berührungen. Manche Männer mögen es allerdings etwas härter. Wie stark Sie reinbeißen dürfen, bis der Schmerz- den Lustaspekt in den Schatten stellt, merken Sie schnell.

♀ *Bauch und Nabel:* Für die meisten Männer gilt: Je näher Sie seinem intimsten Heiligtum kommen, desto spannender wird es! Der Bauch ist schon recht nah dran. Besonders um und unterhalb des Bauchnabels können Sie bei richtiger Behandlung kleine Wunder bewirken.

♀ *Penis:* Versteht sich von selbst und wird später noch eingehend behandelt.

♀ *Hoden:* Laut Umfragen lieben über 90 Prozent aller Männer es, wenn Frau mit ihren Hoden spielt. Tatsächlich neigen Frauen jedoch oft dazu, die Hoden ihrer Partner zu vergessen. Scheinbar ist es ein weitverbreiteter Irrglaube, dass das Lustempfinden des Mannes allein durch seinen Penis stattfindet. Ob große oder kleine, behaarte oder unbehaarte, weiche oder harte Eier: Durch (vorsichtige!) Massagen und Streicheleinheiten können Sie nicht nur zu Ostern für Feststimmung sorgen.

Bin ich schön?

Was macht Männer attraktiv? Reichtum! Und Frauen? Schönheit, natürlich! Alte Klischees sind auch heute noch viel aktueller, als es Mann und Frau lieb ist. Mal ehrlich – wie viele Männer gibt es schon, die ein dickes Bankkonto, eine Segelyacht und dazu noch eine gehörige Portion Charme besitzen? Und wie viele Frauen sehen wie Heidi Klum oder Jennifer Lopez aus? Eben – nur sehr, sehr wenige! Dennoch sind Abertausende Männer und Frauen chronisch unglücklich. Erstere, weil sie nicht das *Ansehen* (und das Geld) haben, das sie zu Traummännern machen würde; Letztere, weil sie nicht das *Aussehen* (und die Topfigur) bieten können, um Schwärme von Liebhabern zu betören.

Die Ursache für das ganze Dilemma liegt, wie so oft, in steinalten genetischen Programmen: Der Mann – Jäger und Ernährer der Familie – erfüllt nur dann seine Funktion, wenn er materielle Sicherheit bieten kann und mit fetter Beute nach Hause kommt. Und die Frau – Mutter der Nachkommen und beste Garantie für die Verbreitung männlicher Gene – muss Gesundheit und Fruchtbarkeit ausstrahlen oder mit anderen Worten: Schönheit und Jugend.

Psychologen haben hierzu jede Menge Umfragen gestartet und Meinungsforschung betrieben. Das Ergebnis: Auch moderne Männer fahren auf Frauen ab, die »schön« beziehungsweise »attraktiv« sind. Ferner hat sich gezeigt, dass

Männer Frauen sehr viel häufiger anschauen und mustern als umgekehrt. Die meisten von ihnen legen also viel Wert auf die äußere Erscheinung von Frauen. Natürlich wissen Frauen das, und so ist es kein Wunder, dass sie sich viele Gedanken um ihr Aussehen machen. Nicht umsonst liefert das Thema »Schönheit« genug Stoff für Dutzende von Frauenzeitschriften, die allwöchentlich im Kiosk auf die Leserinnen warten.

Das Gemeine ist nur, dass Männer sich meistens kein bisschen um ihr eigenes Aussehen scheren. Das Modebewusstsein des deutschen Mannes kann man in den Fußgängerzonen ausgiebig studieren – und dabei nur den Kopf schütteln. Geschmackloses, wohin das Auge blickt: Von graumausigen Gestalten in schlecht sitzenden Anzügen über bunte Vögel in Hawaiihemden bis hin zu Sandalencowboys mit geringelten Tennissocken und türkisfarbenen T-Shirts – kein Outfit ist peinlich genug, als dass Mann nicht damit herumlaufen würde.

Doch glücklicherweise gibt es auch ein paar schicke Männer. Meistens sind es die, die bei der Auswahl ihrer Garderobe auf die Tipps ihrer Lebenspartnerinnen hören. Frauen haben einfach mehr Gespür für Ästhetik. Vielleicht ist auch das ein Grund dafür, dass sie nicht gerne ungepflegt herumlaufen. Sicher ist aber, dass Frauen auch deshalb so viel Aufsehen um ihr Aussehen machen, weil sie Männern gefallen wollen – ob nun bewusst oder unbewusst.

Natürlich stellt sich die Frage, worauf Männer überhaupt achten, wenn sie sich nach einer Frau umdrehen. Amerikanische Psychologen haben dazu einige Antworten gefunden. Vor allem »typisch weibliche Merkmale« stehen bei den meisten Herren hoch im Kurs. Dazu gehören:

♀ Volle Lippen
♀ Rote Lippen
♀ Schmale Augenbrauen
♀ Große Augen
♀ Lange Haare
♀ Unbehaarte, zarte Haut
♀ Deutliche Busenkonturen
♀ Schmale Taille
♀ Kurvenreiche Figur
♀ Lange Beine

Weiteren Aufschluss bietet eine Umfrage der Zeitschrift *Longevity* aus den 1990er Jahren. Auf die Frage: »Was stört Sie an Frauen äußerlich am meisten?« gaben amerikanische Männer an:

♀ Übermäßig breite Hüften (71 Prozent)
♀ Zu kleiner Busen (65 Prozent)
♀ Graue Haare (63 Prozent)
♀ Ungepflegte Haut (59 Prozent)
♀ Kurze Beine (51 Prozent)

Ach, und übrigens: Auf die Frage, was Frauen an Männern am meisten stört, antworteten die Leserinnen:

♀ Übergewicht (84 Prozent)
♀ Glatzenbildung (73 Prozent)
♀ Mangelnde Körpergröße (69 Prozent)

Umfragen haben leider einen großen Nachteil. Sie sollen repräsentativ sein, berücksichtigen dabei jedoch keine individuellen Aussagen. Daher verfälschen Verallgemeinerungen häufig das Ergebnis. Wenn Männer etwa angeben, dass sie »schlanke« Frauen mögen, meinen einige damit große und dünne, andere kleine und zierliche und andere wiederum ganz normale Frauen ohne deutliches Übergewicht. Zudem gibt es regionale Unterschiede: Wenn Sie Männer in München nach der »optimalen Frau« fragen, bekommen Sie garantiert andere Antworten als in Dresden oder auf dem Land.

Was Männer wirklich lieben, lässt sich statistisch kaum erfassen – es kommt immer ganz und gar auf den Typen an, den Sie gerade an der Leine haben! Trotz aller Ähnlichkeiten gibt es von Mann zu Mann doch auch himmelweite Unterschiede. Erst recht, wenn es um Geschmack geht. Ich kenne jede Menge Männer, die große Frauen anziehend finden, aber einige meiner besten Freunde haben nur Augen für kleine, zierliche Frauen. Ebenso gibt es sicher viele Männer, die einen großen Busen mögen, während sich andere von stolzen Oberweiten abgeschreckt fühlen.

Ob Vollweib oder Twiggy-Typ, ob langbeiniger Vamp oder verspielte Naturschönheit, ob klassische Loreley-Mähne oder frecher Kurzhaarschnitt – Männer fahren nun mal auf die unterschiedlichsten Frauen ab. Und was Ihren Lover antörnt, werden Sie (wenn überhaupt) nur erfahren, wenn Sie ihn direkt danach fragen. Ich weiß zwar nicht, wie seine Antwort lauten wird, aber ich kann Ihnen zumindest verraten, auf welche weiblichen Reize die Männer anspringen, die ich in meiner privaten Studie befragt habe.

»Was macht Frauen attraktiv?« –
Stimmen aus der Männerwelt

Tim (38, Biologe): »Lange Beine, lange Beine und noch mal lange Beine.«

Bruno (34, Tourismus-Manager): »Ich hab da keine konkreten Vorstellungen. Gepflegt sollte sie sein und selbstbewusst auftreten – alles andere hängt immer von der gemeinsamen Wellenlänge ab.«

Wolfgang (37, Fotograf): »Ich mag Frauen mit kleinem Busen. Dolly-Dollar-Typen machen mich überhaupt nicht an. Lieber sehr zierlich als auch nur ein bisschen üppig.«

Sebastian (52, Unternehmensberater): »Ich mag es, wenn Frauen sich sexy anziehen. Miniröcke, ein bisschen Leder oder aufregende Unterwäsche – das finde ich an Frauen besonders sexy.«

Sönke (42, Öko-Landwirt): »Eine sportliche, ja ruhig sogar etwas athletische Figur. Es ist nicht so, dass ich darauf fixiert bin – meine bisherigen Partnerinnen waren alle eher voller. Aber rein vom Ästhetischen her gefallen mir schlanke und muskulöse Frauen nun mal am besten.«

Hans (26, Übersetzer): »Eine knackige Figur und lange Haare, vor allem wenn sie blond sind. Seit ich denken kann, üben blonde Frauen einen starken Reiz auf mich aus – das war schon im Kindergarten so.«

Carlos (34, Orchestermusiker): »Das Gesicht ist enorm wichtig. Eine Frau mit einer noch so tollen Figur hätte bei mir keine Chance, wenn sie unsympathisch aussieht oder verbissene Gesichtszüge hat.«

Gregor (29, Fitnesstrainer): »Ich mag weibliche Frauen. Obwohl ich in meinem Job oft sehr schlanke und durchtrainierte Frauen treffe, mag ich es persönlich lieber, wenn an Frauen ein bisschen was dran ist. Auch richtig mollige Frauen regen meine Fantasie an. Ich finde übrigens auch, dass sie im Bett meist viel besser sind als dünne.«

Siegfried (41, Werbetexter): »Meine Traumfrau ist klein und niedlich – die Figur ist dabei gar nicht so wichtig. Ich finde kleine Frauen viel süßer als die großen und dünnen Model-Typen. Ich könnte mir nie vorstellen, mit einer Frau ins Bett zu gehen, die so groß wie ich oder sogar größer ist.«

Timothy (28, Modedesigner): »Ich mag Frauen, die gut riechen. Ich meine jetzt nicht nach Parfum, sondern ihren Eigengeruch. Außerdem machen mich freche Frauen an, und es stört mich gar nicht, wenn sie etwas Burschikoses an sich haben. Das langhaarige Vollweib, von dem so viele Männer schwärmen, ist jedenfalls nichts für mich.«

Ben (41, Steuerberater): »Ein großer Busen – und ich bin glücklich.«

Gregor (30, Medizinstudent): »Schöne Augen, ein warmes Lächeln und volle Lippen. Und vor allem eine charmante Ausstrahlung – darauf fahre ich schon beim ersten Date total ab. Ich verstehe die Typen nicht, die den Girls immer gleich auf den Busen starren – das finde ich echt ziemlich daneben.«

Muss die perfekte Liebhaberin auch perfekt aussehen? Muss sie jünger als 25, blond, superschlank und langbeinig sein? Gott sei Dank lautet die Antwort: »Nein!« Eine ganze Menge Frauen können jeden Mann problemlos um den Finger wickeln, auch wenn sie nicht die geringste Ähnlichkeit mit Claudia Schiffer haben. Genauso gibt es überraschend viele junge Girls, die so gut aussehen, dass viele Männer sich, ohne mit der Wimper zu zucken, ein Nacktposter von ihnen an die Schlafzimmerwand hängen würden, die es aber »live« einfach nicht draufhaben, einen Mann zu verführen – außer zum Gähnen.

Eine Traumfrau ist weder das Abziehbild irgendeiner Laufsteg-Ikone noch eines Models aus der Shampoo-Werbung. Wie gesagt: Jeder Mann hat seinen eigenen Geschmack, und es gibt keine Frau, die so aussieht, dass sie jedem gefällt. Was allerdings ohne Zweifel bei jedem Mann ankommt – und zwar unabhängig von persönlichen Vorlieben bezüglich Haarfarbe, Figur, Größe usw. –, ist eine selbstbewusste und sexy Ausstrahlung.

Jede Frau kann ihre erotische Ausstrahlung zum Erblühen bringen, wenn sie

♀ ihren eigenen Typ entdeckt und ihn selbstbewusst zur Geltung bringt.

♀ weiß, wie man Stärken betont und Schwachstellen kaschiert.

♀ ein gutes Gefühl für das passende Outfit hat.

♀ ihn mit einer kleinen, privaten Dessouskollektion überraschen kann.

♀ den Zustand ihrer Haut und Haare nicht dem Zufall oder dem Wetter überlässt, sondern sich etwas Zeit für die Schönheitspflege nimmt.

♀ ein paar erotische Tricks auf Lager hat, um Männern einen kleinen Vorgeschmack auf das Hauptmenü zu geben.

Enge Jeans und Minirock: männerfreundliches Outfit

Schon Ihr Outfit kann darüber entscheiden, ob ein Mann Sie in die engere Wahl zieht oder schnell das Weite sucht. Nun kann ich als Mann Ihnen natürlich unmöglich irgendwelche Tipps zu Ihrem Outfit geben. Wenn es um Mode geht, haben Frauen ein sehr viel besseres Händchen. Abgesehen davon quellen Frauenzeitschriften vor Mode-Tipps nur so über.

Ich habe offen gestanden keine Ahnung, mit was für raffinierten Kleidern *Armani, Chanel, Jil Sander* oder *Kenzo* in der neuen Saison aufwarten. Eines kann ich Ihnen aber verraten: 99 Prozent der Männer legen keinen großen Wert darauf, ob Sie Designerklamotten oder No-Name-Wear tragen. Die Wahrheit ist: Sie merken es nicht einmal! Männer achten sehr viel mehr darauf, ob eine Frau »sexy« angezogen ist, als darauf, ob sie »gute« Klamotten anhat. Lohnt es sich, teure Markenkleidung zu kaufen? Wenn Sie sich selbst wohler darin fühlen, bestimmt! Wenn Sie auf Männerfang sind, können Sie sich das Geld ruhig sparen.

An erster Stelle steht, dass Ihr Outfit zu Ihrem Typ passt. Ob Sie es lieber bunt treiben und Farbenfrohes vorziehen oder sich eher für elegantes Schwarz entscheiden, ob Sie schlichte Jeansfashion oder *Laura-Ashley*-Romantik wählen – Hauptsache, Ihre Kleidung passt zu Ihnen. Wichtig ist auch, dass Sie sich in Ihrer Garderobe rundum wohl fühlen. Wenn

Sie superschicke Sachen anziehen, sich dabei aber wie verkleidet vorkommen, werden Sie das auch ausstrahlen. Und Unsicherheit gehört zu den Signalen, die fast jeder Mann empfangen kann. Passt Ihre Verpackung hingegen zum Inhalt, werden Sie sich zufrieden und gut fühlen – und das kommt natürlich auch bei Männern an.

Falls Sie sich nicht sicher sind, was Ihnen steht, sollten Sie sich einfach von einer Freundin beraten lassen. In einschlägigen Zeitschriften wie *Allegra*, *Cosmopolitan* oder *Elle* können Sie ebenfalls fündig werden. Je wohler Sie sich in Ihrer zweiten Haut fühlen, desto besser wird auch Ihre Ausstrahlung sein.

»Männerfreundliche« Kleidung ist nicht unbedingt der Hit. Kein Wunder, fahren Männer doch weniger auf modisch Anspruchsvolles als vielmehr auf eindeutig Erotisches ab. Die meisten Lover haben keinen Sinn für die Eleganz eines Abendkleids von *Chanel*. Auf Miniröcke reagieren sie hingegen mit reinster Verzückung. Wundern Sie sich also nicht, wenn die folgenden Tipps nicht gerade originell sind. Tatsache ist aber nun mal, dass neun von zehn Männern regelmäßig auf diese zugegebenermaßen stereotypen Outfit-Tricks hereinfallen:

♀ Weibliche Mode kommt normalerweise besser an als unisex.

♀ Zeigen Sie Haut: Viel nacktes Bein und gewagte Dekolletés, die freie Sicht auf Brust, Rücken und Schultern bieten, sind garantiert ein Treffer ins Schwarze.

♀ Miniröcke lassen Männerherzen ausnahmslos höher schlagen. Und zwar umso höher, je kürzer sie sind.

♀ Bei Jeans gilt – je enger, desto besser. (Wenn Ihre Jeans allerdings schon wieder so weit ist, dass sie von Ihren Hüften zu rutschen droht, ist das natürlich etwas ganz anderes.)

♀ Probieren Sie doch mal eine coole, speckige Lederjacke an. Steht sie Ihnen? Wenn ja, dann können Sie in Lederkluft und Motorradstiefeln selbst die härtesten Boys zum Schmelzen bringen.

♀ Locker sitzende Kleidung schürt Hoffnungen. Setzen Sie das Spiel mit der Schwerkraft bewusst ein, um männliche Fantasien zu wecken. Zum Beispiel durch Träger am Kleid, die fast von Ihrer Schulter rutschen, oder weite T-Shirts, die jedes Mal, wenn Sie sich nach vorne beugen, großzügige Einblicke gewähren.

♀ »Angedeutete Nacktheit« gehört zu den wirkungsvollsten erotischen Outfit-Tricks. Nicht nur das Dekolleté bietet hier viele Möglichkeiten. Auch der klassische Schlitz im Kleid sowie Blusen, an denen mindestens die oberen zwei bis drei Knöpfe offen bleiben, sind wahre Eyecatcher. Variationsmöglichkeiten für »angedeutete Nacktheit« bieten durchsichtige Stoffe. Hauchdünne T-Shirts oder Röcke, die gegen das Licht betrachtet nahezu verschwinden, sind bewährte Basics der Erotik.

♀ Setzen Sie auf sinnliche Stoffe: Mit Seide, Kaschmir, Leder oder Wildleder – wenn möglich auf nackter Haut – werden Sie jede Menge Männerblicke auf sich ziehen.

♀ Exotische Kleidung weckt besonders wilde Fantasien, sie ist aber nicht jedermanns Sache. Hosen aus Schlangenhaut, Kroko-Accessoires oder Pelze, ja eigentlich so ziemlich alles, was Sie von Ihrer letzten

Safaritour mit nach Hause gebracht haben, kann für erotische Zwecke eingesetzt werden. In alten Kulturen glaubte man, sich durch entsprechende Bekleidung die Eigenschaften von Tieren aneignen zu können. Wen wundert's da, dass Frauen im Wildkatzen-Look auch heute noch geheime Sehnsüchte wecken?

♀ Wenn Sie Leder und Pelz nicht viel abgewinnen können, sollten Sie auf natürliche Stoffe wie Leinen oder Baumwolle setzen. In Polyacrylsachen kommen Sie zum einen viel schneller ins Schwitzen, zum anderen nehmen synthetische Stoffe, die nicht atmen, Ihren natürlichen Duft nicht an, was Ihrem Lover die Lust am Schnuppern verdirbt.

Dessous: Erotisches für Untendrunter

Zu Urgroßmutters Zeiten hatte Unterwäsche nur eine Aufgabe zu erfüllen – sie musste warm sein und den Unterleib in Räumen schützen, in denen es ständig feucht war und zog. Heute gibt es gut funktionierende Heizungen und effektives Isoliermaterial – und Unterwäsche, die jede Menge Stoff für erotische Spielereien bietet.

Männer haben auf jeden Fall einen ausgesprochenen Sinn für die Unterwäsche von Frauen. Und tatsächlich ist die Verpackung ja oft genauso interessant wie der Inhalt. Durch die Auswahl der richtigen Stoffe und Farben können Sie Ihre Verführungskünste daher auf einfache Weise erweitern. Allerdings: Wer die Wahl hat, hat die Qual. Und die haben Sie, denn die Auswahl an Dessous ist heute riesengroß. Verführerisches für Untendrunter findet man heute längst nicht mehr nur in den Schmuddelecken düsterer Sexshops, sondern in jedem »anständigen« Kaufhaus. Der Markt boomt, da immer

mehr Frauen hemmungslos die Dessousabteilungen durch-
streifen – ob nun mit oder ohne Partner.

Verführerische Slips, BHs und Nachthemden gehören inzwischen zu den Klassikern der Damenbekleidung. Ob
schwarz oder weiß, ob farbenfroh, transparent, seidig glän-
zend oder schlicht – für jeden Geschmack ist etwas dabei.
Womit wir wieder beim Problem »Geschmack« wären. Gut
möglich, dass Ihr Lover auf andere Wäsche abfährt als Sie.
Vielleicht kaufen Sie raffinierte Spitzenunterwäsche, und er
träumt von Girls in Frotteehöschen à la *Nur Die*, weil nur die
romantische Erinnerungen an seine erste Liebe wecken.
Oder Sie greifen zu Tangas, weil Sie nicht wissen, dass er auf
Strapse steht.

Ein einfacher Tipp: Nehmen Sie Ihren Liebsten doch einfach mit zum Shoppen. Egal ob Sie schon 20 Jahre mit ihm
verheiratet sind oder ihn erst gestern kennen gelernt haben –
ein Streifzug durch die Dessousabteilung sorgt immer für
Unterhaltung und Spaß.

Suchen Sie aber noch nach dem richtigen Mann, kann es
nicht schaden, wenn Sie sich eine Grundausstattung zulegen.
Dabei sollten Sie allerdings ein paar Kleinigkeiten beachten:

♀ Finger weg von Omawäsche und Liebestötern!
♀ Lassen Sie sich beim Kauf von einer guten Freundin
  beraten oder erkundigen Sie sich nach privaten Verkauf-
  Events (zum Beispiel im Internet), für die Dessous-
  Vertreterinnen zu Ihnen nach Hause kommen. Dort
  können Sie im kleinen Kreis bei Kaffee und Prosecco
  alles testen, was Lust und Laune verspricht.
♀ Damit Ihre Unterwäsche schon das Vorspiel verschönert
  und müde Männer munter macht, sollten die Dessous

die Aufmerksamkeit auf die Zonen der Lust lenken und vor allem Busen, Po und Hüften betonen. Durch Spitzenwäsche können Sie diese Körperteile in einen ansehnlichen Rahmen stellen.

♀ Apropos »Formen betonen«: Mit Push-up-BHs lassen sich Ihre Rundungen optisch verstärken. Allerdings kann dies auch schnell zu Enttäuschungen führen, wenn die Verpackung nicht hält, was sie verspricht.

♀ Es gibt auch Männer, die auf einfache, weiße Baumwollslips oder Frotteehöschen abfahren. Laut Umfragen stehen jedoch Tanga und Strings bei den Herren besonders hoch im Kurs. Und auch Strapse sind unbedingt einen Versuch wert. Immerhin gelten sie als das Symbol für Erotik, was Unterwäsche angeht – und wenn Sie zu Hause ein wenig Moulin-Rouge-Atmosphäre zaubern wollen, kommen Sie ohne sie sowieso nicht aus.

♀ Ob Slips, Strapse oder BHs – durch Stoffe wie Seide oder Satin wird der visuelle Reiz noch erhöht.

♀ Wenn Ihnen glänzende und eng anliegende Unterwäsche steht, sollten Sie auch vor Gummi oder Latex nicht zurückschrecken. Damit sorgen Sie garantiert für eine Überraschung! Diese Materialien passen sich der Haut extrem gut an. Sie liefern den optischen Kick für gewisse Stunden und bieten auch dem Tastsinn neue Erfahrungen. Und schließlich müssen Sie ja nicht den ganzen Tag in dem Gummizeug herumlaufen.

♀ »Zeig mir deinen Slip, und ich sage dir, wie du liebst.« Vergessen Sie nicht, dass Ihre Unterwäsche sehr viel über Sie aussagt. Mit Baumwollschlüpfer bekleidet, werden Sie wohl nicht als wilde Verführerin eingestuft.

Böse Mädchen greifen eher zu Tanga, Latex und Strapsen. Doch entgegen herrschenden Vorurteilen können auch brave Mädchen Männern ordentlich den Kopf verdrehen.

Nicht in den Schminktopf fallen: Stehen Sie zu Ihrem Typ!
In Westeuropa verbringen Frauen morgens laut Statistik im Durchschnitt 24 Minuten vor dem Spiegel, um sich ihrer Schönheitspflege zu widmen. Natürlich gibt es auch einige, die den halben Vormittag im Badezimmer verbringen und deren Kosmetikrepertoire locker mit der Ausrüstung professioneller Maskenbildnerinnen aus Hollywood mithalten kann.

Schminken ist vielen Frauen eine Lust, für manche sogar eine richtige Sucht. Kein Wunder, denn durch Schminken kann man viel aus sich machen; oder wie der Schauspieler Pierce Brosnan es so charmant ausdrückte: »Eine Frau mit 40 Jahren kann heute so schön sein wie mit 20 – es dauert nur ein wenig länger.«

Die (Schönheits-)Pflege des Körpers liegt Frauen offensichtlich im Blut. Schon Kleopatra wendete duftende Salben und Bäder an. Afrikanische Frauen pflegen ihre Haut seit Jahrtausenden mit Sheabutter. Aber auch Männer verbrachten ihre Zeit gerne mal damit, sich anzumalen – nicht nur bei den Indianern, sondern zum Beispiel auch im alten Rom, wo Männlein und Weiblein gleichermaßen Wimpern und Augenlider schminkten. Kosmetika sind also keinesfalls eine Erfindung der Beauty-Industrie: Seifen, Cremes, Shampoos und Lotionen gab es schon lange vor *L'Oréal*, *Dior* und *Calvin Klein*.

Was spricht dagegen, dass Frauen sich pflegen und viel

Zeit mit Maniküre, Pediküre, Teint- und Haarpflege verbringen? Im Grunde nichts. Männer mögen es ja schließlich, wenn ihre Begleiterinnen gepflegt aussehen. Etwas anderes ist es jedoch, wenn der Kinofilm in zehn Minuten anfängt oder die Freunde bereits im Restaurant warten. Falls Sie dann immer noch seelenruhig mit dem Lackieren Ihrer Zehennägel beschäftigt sind, können Sie jeden noch so coolen Mann auf die Palme bringen.

Ein weiteres Problem: Viele Frauen tun (aus Männersicht) gern mal ein bisschen zu viel des Guten. Manche kommen aus dem Badezimmer und sehen aus, als wären sie soeben einem gigantischen Farbtopf entstiegen. Und spätestens dann bewahrheitet es sich, dass Schminken eine Kunst ist. Nicht umsonst müssen Visagisten einige Jahre üben, bevor sie den Umgang mit Make-up, Rouge und Co. so gut beherrschen, dass man sie an Modelgesichter lässt.

Ich persönlich stehe nicht auf grell geschminkte Frauen, die aussehen, als wären sie mit knapper Not dem Papageiengehege des heimischen Zoos entkommen. Neonfarbener Lidschatten und knallroter Lippenstift sind nun mal nicht mein Ding. Andererseits kenne ich aber auch Männer, bei denen alle Sicherungen durchbrennen, wenn sie bunt angemalten Girls gegenüberstehen. Auch hier ist die entscheidende Frage: Was passt zu Ihrem Typ? Wollen Sie Farbe bekennen oder setzen Sie lieber auf dezente Reize? Unterstreichen mintgrün gerahmte Augen Ihre verführerischen Blicke? Sollen die Lippen knallig rot sein – immerhin finden viele Männer das sexy – oder reicht ein Hauch aprikotfarbenes Glitzer-Lipgloss?

Für den »natürlichen Look« sprechen Studien mit 37 verschiedenen Gesellschaftsgruppen, die im Jahr 1983 begonnen wurden. Das Ergebnis bringt Helen Fisher, Professorin für Anthropologie an der Rutgers-Universität, New Jersey, folgendermaßen auf den Punkt: »Zeichen von Jugend und Frische wirken attraktiv: große Augen, volle rote Lippen und ein strahlender Teint, ein bisschen babylike, das funktioniert immer.« Hauptsache ist aber, dass das Ganze natürlich wirkt.

Genau darin besteht die Kunst: mit Make-up blendend, aber auch so natürlich auszusehen, als hätten Sie keins aufgetragen. Ach ja, und noch etwas: Je weniger Farbe an Ihnen klebt, desto weniger Spuren hinterlassen Sie auf seinem Hemdkragen oder Kopfkissen – und verhindern so vielleicht sogar die eine oder andere Katastrophe.

Parfum – ein Hauch von Lust und Leidenschaft

Der Duft der Frauen übt auf Männer einen außergewöhnlichen Reiz aus. Jede Frau hat ihren eigenen Geruch, und wenn Sie wissen, wie Sie diesen richtig zur Geltung bringen können, haben Sie eigentlich schon gewonnen. In der Erotik spielen Düfte eine große Rolle. Ebenso wie der Geruch einer leckeren Pizza den Appetit Ihres Lovers weckt, kann auch der Duft weiblicher Nähe dafür sorgen, dass ihm das Wasser im Mund zusammenläuft.

Liebe geht nicht nur durch den Magen, sondern vor allem auch durch die Nase, und dafür gibt es einige ganz konkrete Gründe.

DIE BIOLOGIE DER DÜFTE

Jeder Duft sendet Signale ans Gehirn. Ohne dass wir das verhindern könnten, werden Gerüche über die Riechzellen in der Nase blitzschnell an das limbische System im Gehirn weitergeleitet und rufen dort je nach Duft entsprechende Gefühle hervor. Sie kennen das ja bestimmt: Der aromatische Kaffeeduft, der aus der Küche Ihrer Freundin strömt, wird ganz andere Stimmungen in Ihnen wecken als der Geruch in einer Zahnarztpraxis.

Über den Geruchssinn Ihres Geliebten können Sie sich direkt in sein Unterbewusstsein einschleichen. Der richtige Duft löst ekstatische Gefühle in ihm aus. Wenn es um Lust und Liebe geht, können Gerüche Ihnen wirklich Tür und Tor öffnen. Der Grund dafür sind die so genannten Pheromone: Diese Lockstoffe werden vor allem von Insekten genutzt. Beispielsweise produzieren Schmetterlinge Pheromone, um einen Partner anzulocken. Ameisen nutzen diese Duftstoffe, um ihre Futterstellen zu kennzeichnen. Auch Säugetiere markieren ihr Revier mit geruchsintensiven Sekreten, die von speziellen Drüsen abgesondert werden. Wenn Sie einmal mit einer läufigen Hundedame Gassi gehen, werden Sie schnell merken, dass Sie bald sämtliche Rüden im Umkreis von einem Kilometer am Hals haben.

Im Tierreich spielen Pheromone für die Fortpflanzung eine große Rolle. Und spätestens seit 1998 – als Wissenschaftler der Universität Chicago ihre Erkenntnisse in der Zeitschrift *Nature* veröffentlichten – ist klar, dass Pheromone auch beim Menschen für erotische Aufregung sorgen.

Zwar nehmen wir Gerüche meist gar nicht bewusst wahr, doch sie beeinflussen uns stärker, als wir glauben. Vor allem bei der Partnersuche! Forscher haben entdeckt, dass Männer und Frauen, deren Immunsysteme unterschiedlich arbeiten, sich besonders stark zueinander hingezogen fühlen. Der Grund dafür: Mögliche Nachkommen entwickeln bessere Abwehrkräfte und haben somit eine höhere Überlebenschance.

Jede Frau hat ihren ganz typischen, eigenen Geruch, der sich noch mal intensiviert, wenn sie empfängnisbereit ist. Und auch wenn gut erzogene Männer sich nicht wie wild gewordene Rüden benehmen, so übt der weibliche Duft während dieser Zeit doch einen ganz besonders großen Zauber auf ihre Nasen aus.

GUTER SCHWEISS, SCHLECHTER SCHWEISS

Rein biologisch gesehen, ziehen Sie durch Ihren Geruch genau die Männer an, die genetisch optimal zu Ihnen passen. Wenn Sie einen Mann nicht riechen können, ist die Wahrscheinlichkeit groß, dass auch er nicht auf Ihren Geruch abfährt – und dann können Sie das Ganze sowieso vergessen. Doch wenn die »aromatische Wellenlänge« stimmt, ist schon viel gewonnen.

Ihre Pheromone sorgen dafür, dass Männer auf Sie fliegen wie die Motten zum Licht. Und das Beste dabei: Sie brauchen nichts weiter zu tun, als sich zu entspannen. Allerdings funktioniert dies nur, wenn Sie sich nicht in Parfumwolken hüllen, denn die lassen Ihrem individuellen Körperduft keine Chance.

Die Angst vor Körpergeruch beschert der Deo- und Parfumindustrie millionenschwere Gewinne. Niemand möchte gerne nach Schweiß stinken. Gerade Frauen benutzen daher lieber literweise im Labor hergestellte Düfte, als sich auf ihren Eigengeruch zu verlassen. Schade eigentlich – denn die körpereigenen Gerüche, die über die Schweißdrüsen abgesondert werden, können selbst zahme Männer in wilde Lover verwandeln.

Wenn Sie rundum relaxed sind, irgendwann innerhalb der letzten 24 Stunden mal unter der Dusche waren und Ihre letzten beiden Mahlzeiten nicht gerade aus Zaziki oder anderen Knoblauchbomben bestanden, brauchen Sie den Geruch Ihres Schweißes nicht zu fürchten. »Schlechter Schweiß« entsteht nur, wenn bestimmte Faktoren Ihren Körpergeruch negativ beeinflussen. Dazu gehören:

♀ Stress und Nervosität
♀ Genuss von Knoblauch und Zwiebeln
♀ Krankheiten
♀ Mangel an natürlicher Körperpflege
♀ Längeres Fasten (der Körper scheidet dabei verstärkt Gifte über die Haut aus)
♀ Regelmäßiger und/oder übermäßiger Alkohol-, Koffein- oder Nikotingenuss

Normalerweise ist die Angst vor dem Schweiß jedoch völlig unbegründet. Ganz im Gegenteil: Eine Frau, die verschwitzt vom Joggen kommt oder beim Sex ins Schwitzen gerät, tut nicht nur etwas für ihre Fitness – sie strahlt auch noch jede Menge kraftvolle Erotik aus.

Düfte verführerisch einsetzen

Auch wenn die Parfumindustrie es nicht gerne hört, aber den meisten Männern ist die Marke Ihres Parfums ziemlich egal. Obwohl es natürlich auch ausgesprochene Liebhaber bestimmter Duftnoten gibt (im Zweifelsfall immer danach fragen!), wird der allzu großzügige Parfumeinsatz nur sehr selten auf Begeisterung stoßen. Zum einen überdecken die chemischen Substanzen in Parfums Ihre persönliche Duftnote; zum anderen reagieren immer mehr Menschen – und damit natürlich auch Männer – allergisch auf kosmetische

Substanzen. Ein Husten- und Niesanfall ist aber sicher das Letzte, was Sie in einer heißen Liebesnacht gebrauchen können.

Männer mögen es einfach nicht, wenn ihrem Hemdkragen noch Stunden nach einer Umarmung der blumige Geruch eines Damen-Parfums anhaftet. In der richtigen Dosis können Duftstoffe hingegen sehr wohl für knisternde Sinnlichkeit sorgen:

♀ Nehmen Sie im Zweifelsfall lieber weniger als zu viel Parfum.

♀ Wählen Sie eine Duftnote, die sich gut mit Ihrem Eigengeruch verträgt. Vergessen Sie nicht: Aus biologischen Gründen sprechen die Boys vor allem auf Ihren ganz individuellen Duft an.

♀ Schon ein oder zwei Tröpfchen in der Armbeuge, der Kniekehle oder auf dem Handgelenk reichen für eine gute Mischung aus Eigen- und Parfumgeruch völlig aus.

♀ Auch ohne Parfum können Sie duftende Akzente setzen. Zum Beispiel durch eine Bodylotion, eine Tagescreme oder ein Shampoo. Männer schnuppern gerne an ihrer Geliebten herum. Wohlriechende Pflanzenessenzen, die in vielen Kosmetika enthalten sind, sorgen dafür, dass das Schnuppern Spaß macht. Gepflegte Haut und frisch gewaschenes Haar riechen aber sowieso immer gut. Auf künstliche und aufdringlich aromatisierte Kosmetikzusätze können Sie daher getrost verzichten.

♀ Duftwasser mit Maiglöckchenaroma mögen für Omi genau das Richtige sein – im Verführerinnensortiment haben diese Erfrischungstüchleinaromen jedoch nichts verloren.

Noch ein kleiner Tipp zum Schluss: Der amerikanische Neurologe Dr. Alan Hirsch hat in langjährigen Studien erforscht, welche Düfte Männer antörnen. Das Ergebnis: Lavendel, Moschus, Sandelholz und Zimt gehören zu den Topdüften, wenn Sie einen Mann verführen wollen. Auch Orange, Ingwer, Vanille und sogar Pfeffer wurden von den getesteten Männern als besonders aufregend eingestuft. Tatsächlich werden all diese Aromen in der Parfumindustrie eingesetzt. Die natürliche Alternative: Mischen Sie einige wenige Tropfen des entsprechenden ätherischen Öls in eine neutrale Bodylotion und tragen Sie diese auf die Körperstellen auf, die er vorrangig verwöhnen soll. Vorsicht: Im Intimbereich sollten ätherische Öle allerdings grundsätzlich nicht angewendet werden, da sie dort leicht zu Reizungen führen können.

Männer verführen:
alles nur eine Frage der richtigen Technik?

Ein sexy Outfit, ein gepflegtes Aussehen und der richtige Duft – all das kann wichtige Pluspunkte bringen und die Fangquote bei der Männerjagd deutlich verbessern. Doch so wichtig die Ausrüstung beim Jagen auch ist, noch mehr kommt es auf die richtige Technik an.

Ein guter Jäger kann selbst mit einem schlechten Gewehr treffen. Und so ist es kein Wunder, dass es Frauen gibt, die sich so ziemlich jeden Mann angeln können, obwohl sie weder besonders gestylt sind, noch besonders gut aussehen. Erfahrene Verführerinnen setzen zwar auch äußere Reize ein, doch sie wissen genau, dass die Kunst der Verführung viel mehr bedeutet, als sich nur sexy zu kleiden. Wenn Sie wollen, dass ein Mann Ihnen mit Haut und Haar verfällt, haben Sie nur eine Chance: Sie müssen die Macht der Psychologie nutzen!

Irgendeinen beliebigen Typen aufzureißen ist für eine Frau nicht schwer. Es genügt schon, sich zu später Stunde mit aufreizenden Klamotten in eine Bar zu setzen. Noch bevor Sie an Ihrem Cocktail nippen können, werden Sie schon einige eindeutige Angebote bekommen haben; denn Männer, die nur auf eine schnelle Nummer aus sind, gibt es wie Sand am Meer. Aber wahrscheinlich wollen Sie das gar nicht. Schließlich geht es ja nicht darum, irgendeinen Mann abzuschleppen, sondern sich einen wahren Prachtkerl zu angeln. Und das ist natürlich nicht ganz so einfach. Kleine Psychotricks verbessern Ihre Aussichten beträchtlich. Ganz egal, ob Sie ein flüchtiges Abenteuer oder eine längere Episode planen: Der Trick besteht immer darin, seine Aufmerksamkeit zu erregen – und zwar für länger als eine halbe Stunde.

Mit Minirock, rot angemalten Lippen, weit ausgeschnittenem Oberteil oder Highheels können Sie seine Blicke schon in den ersten Minuten auf sich ziehen. Doch Ihr Aussehen ist nur eine Eintrittskarte – viel wichtiger ist Ihr Verhalten! Nur dadurch können Sie sich sein Interesse dauerhaft sichern – und haben außerdem viel mehr Einflussmöglichkeiten. Klar, Ihre äußere Erscheinung lässt sich durch Outfit, Frisur, Haarfarbe, Diäten oder Jogging gründlich aufpolieren. Doch durch kleine Verhaltenstricks können Sie die Zügel sofort in die Hand nehmen, ohne vorher eine Stunde vor dem Spiegel oder ein Jahr im Fitnessclub verbringen zu müssen.

Mut zum Luder – ein Schnellkurs

Durch Ihr Benehmen können Sie jeden Mann verwirren. Und das sollten Sie, denn Männer langweilen sich schnell, wenn sie alles unter Kontrolle haben. Vergessen Sie nie, dass Männer von einem ausgesprochenen Jagdinstinkt geleitet werden. Die sicherste Art, diesen Instinkt am Leben zu halten, besteht darin, dass Sie für ihn ein Rätsel bleiben. Die perfekte Liebhaberin ist selten das brave Mädchen von nebenan. Es sind meist die frechen, undurchschaubaren Girls, die Männerherzen im Flug erobern.

Haben Sie den Mut, auch einmal eine Zicke zu sein! Tun Sie Dinge, die ihm gegen den Strich gehen! Es ist gar nicht schwer, sich wie ein »kleines Luder« zu benehmen. Es folgen die besten Luder-Tipps:

♀ Tauschen Sie Ihre Turnschuhe gegen schwarze Lackstiefel oder zehn Zentimeter hohe Highheels ein.

♀ Drehen Sie beim Autofahren die Stereoanlage auf und singen Sie lauthals mit.

♀ Lassen Sie Ihren Slip zu Hause und tragen Sie nichts unterm Rock, wenn Sie mit ihm ins Kino gehen.

♀ Wählen Sie Liebesstellungen aus, bei denen Sie oben sind.

♀ Stehen Sie zu Ihren Launen! Auch wenn Sie verabredet sind, sollten Sie das Date einfach wieder absagen, wenn Sie plötzlich keine Lust mehr darauf haben.

♀ Lassen Sie die Limo zurückgehen und bestellen Sie sich ein Glas Champagner, weil Sie es sich anders überlegt haben.

♀ Bringen Sie Ihren alten, geringelten Pyjama zur Altkleidersammlung und schlafen Sie von heute an im Seidennegligé.

♀ Behalten Sie mindestens drei große Geheimnisse für sich. Gerade was Ihre früheren Lover oder andere aktuelle männliche Bekanntschaften betrifft, sollten Sie sich in edles Schweigen hüllen.

♀ Verspäten Sie sich! Wenn Sie um 20.00 Uhr verabredet sind, erscheinen Sie nicht vor 20.30 Uhr. Spannen Sie ihn bewusst ein wenig auf die Folter.

♀ Apropos auf die Folter spannen: Auch wenn Sie schon einige heiße Nächte miteinander verbracht haben, sollten Sie ihm zwischendurch einmal eine Woche Sexentzug auferlegen. Das erhöht nicht nur die Spannung, sondern bietet ihm Gelegenheit, seine Akkus wieder aufzuladen.

♀ Gewitter reinigen die Luft. Wenn Sie wütend sind, dann schlucken Sie Ihre Wut nicht hinunter, sondern verleihen Sie ihr lautstark Ausdruck. Für den Zicken-Anfängerkurs reicht es, ihn im Auto anzubrüllen, wo Sie sonst niemand hört. Ihm im gut besuchten Feinschme-ckerrestaurant eine heftige Szene zu machen, die selbst an den Nebentischen für Aufregung sorgt, steht erst im Fortgeschrittenenkurs auf dem Programm.

♀ Geben Sie sich zwischendurch mal verschlossen. Ein Schweigegelübde ist nicht nur etwas für Nonnen, auch Luder können damit für Abwechslung sorgen. Wenn Sie einen Abend lang verstockt sind, wird er sich den Kopf darüber zerbrechen, was mit Ihnen los ist – und so haben Sie sich seine Aufmerksamkeit auf jeden Fall gesichert.

♀ Zuckerbrot und Peitsche zeigen in der Erziehung von Männern seit jeher ihre Wirkungen. Wenn Sie sich mal so richtig danebenbenommen haben, sollten Sie auch wieder nett zu ihm sein. Sogar sehr, sehr nett. Verwöhnen Sie ihn dann vor, während und nach dem Sex ausgiebig.

Warnhinweis: Wie alle Verführungsstrategien eignen sich die Luder-Tricks vor allem für die Anfangsphase. Setzen Sie sie nur als Flirt- und Fangmethoden ein. Als dauerhafte Beziehungsstrategie sind sie hingegen völlig unbrauchbar. Kein Mann will sein Leben mit einer Zicke verbringen. Aber um zwischendurch mal wieder etwas Pep in die Beziehung zu bringen, können kleine Zickereien nicht schaden.

Spieglein, Spieglein – Körpersprache-Tricks, die ankommen

In der Liebe kann der bewusste Einsatz der Körpersprache Ihnen viele Steine aus dem Weg räumen. Ohne viele Worte machen zu müssen, können Sie mit einigen kleinen körpersprachlichen Tricks schnell eine gemeinsame Wellenlänge erzeugen. Jeder Mensch reagiert unterbewusst auf Gesten, Haltungen und Körperbewegungen – sogar Männer! Auch wenn die meisten von ihnen nicht gerade Meister in der Kunst der Kommunikation sind, kommen weibliche Botschaften, die Übereinstimmung und Wesensverwandtschaft signalisieren, auch bei Männern blendend an.

SPIEGELN – DIE GRUNDTECHNIK

Durch eine einfache psychologische Technik können Sie in null Komma nichts für gute »Vibrations« sorgen. Indem Sie die Körperhaltung Ihres männlichen Gegenübers »spiegeln«, stellen Sie auf unterbewusster Ebene das Gefühl der Übereinstimmung her. »Spiegeln« ist im Grunde nichts anderes als eine Nachahmungstechnik. Sie wird in einigen Zweigen der Psychotherapie und auch im Geschäftsbereich bewusst eingesetzt, um Vertrauen zu schaffen und Nähe herzustellen.

Durch das Spiegeln der Körperhaltungen und Gesten können Sie Ihrem Partner signalisieren, dass Sie ganz seiner Meinung sind. Selbst wenn Sie kein Wort sagen, sorgen Sie damit für positives Feedback. Einfühlsame Menschen spiegeln oft ganz automatisch die Körperhaltung und Gesten ihres Gesprächspartners, doch lässt sich dies auch ganz gezielt einsetzen:

♀ Wenn er seinen Oberkörper nach vorne beugt, sollten Sie es ihm gleichtun und sich nicht nach hinten lehnen.

♀ Schlägt er die Beine übereinander, dann tun Sie dies ebenfalls.

♀ Greifen Sie (ungefähr) zur gleichen Zeit zu Ihrem Sektglas wie er und setzen Sie es auch (ungefähr) gleichzeitig wieder ab.

♀ Wenn er eine offene, aufrechte Körperhaltung einnimmt, sollten Sie sich ebenfalls gerade und selbstbewusst hinsetzen oder -stellen.

♀ Ist er eher von der schüchternen Sorte, wird er entsprechend sparsam mit seiner Körpersprache umgehen. Vermeiden Sie es in einem solchen Fall, mit Händen und Füßen zu reden und beim Sprechen auffällig zu gestikulieren. Passen Sie nicht nur die Körperhaltung, sondern auch Hand-, Arm- und Kopfbewegungen an seine Körpersprache an.

Natürlich sollten Sie es mit der Technik des Spiegelns nicht übertreiben oder nun gleich jede kleinste Bewegung Ihres

Lovers nachäffen. Ein wenig Fingerspitzengefühl ist hierbei wichtig. Beispielsweise können Sie seine Körperhaltung mit einer kleinen Zeitverzögerung übernehmen oder ein paar Variationen einbauen. Allzu vorsichtig müssen Sie allerdings nicht sein, denn erstaunlicherweise können Sie sehr weit gehen, ohne dass der andere Lunte riecht. Probieren Sie es einfach aus. Sie werden staunen, wie schnell Sie durch diesen einfachen Psycho-Trick stillschweigende Übereinkunft und Harmonie erzeugen können.

Spiegeln – die akustische Version

Eine weitere sehr effektive Möglichkeit, die »Spiegeltechnik« einzusetzen, bietet die Sprache. Menschen, die sich gut verstehen, gut miteinander auskommen und die gleichen Interessen haben, »sprechen die gleiche Sprache« – und zwar im wahrsten Sinne des Wortes. Sie werden feststellen, dass Sie und Ihre Freundin sehr ähnliche Worte und Wendungen benutzen, wenn Sie miteinander plauschen. Und auch Cliquen signalisieren ihre Zusammengehörigkeit nicht zuletzt durch ihre Sprache. Worte wie »super«, »geil« oder »cool« stehen sogar für ganze Generationen und zeigen die Übereinstimmung des jeweiligen Lebensgefühls.

Wenn Sie einen Mann um den Finger wickeln wollen, wird Ihnen das wesentlich leichter gelingen, wenn Sie seine Sprache sprechen. Dazu müssen Sie natürlich genau zuhören. Und wie schon beim Spiegeln der Körperhaltung gilt: nicht übertreiben. Auch wenn er vor jedem Satz »Äh« sagt oder alles »voll« peinlich, »voll« abgefahren oder »voll« irritierend findet, ist das noch kein Grund, dass Sie Ihre sprachliche Eleganz über Bord werfen. Ein wenig Anpassung kann aber durchaus hilfreich sein: Kommt Ihr Lover zum Beispiel aus

Spanien, sollten auch Sie ein wenig Spanisch sprechen können. Und selbst wenn Ihr Liebster in Ihrer unmittelbaren Nachbarschaft aufgewachsen ist, werden Sie feststellen, dass er sein ganz persönliches Vokabular entwickelt hat. Wenn Sie möchten, dass er sich bei Ihnen gut aufgehoben fühlt, sollten Sie dieses zumindest ansatzweise übernehmen.

So verleihen Sie Ihrer Ausstrahlung Flügel

Die Männerjagd wird durch ein gutes Aussehen zweifellos erleichtert. Doch noch viel wichtiger als das Aussehen ist die Ausstrahlung. Männer sind gar nicht so oberflächlich, wie es oft scheint. Es stimmt schon: Die meisten von ihnen finden Frauen mit einer tollen Figur, langen Haaren und mindestens ebenso langen Beinen ansprechend und reizvoll. Doch wenn es wirklich ernst wird, entscheiden Männer sich eher für eine Frau, die eine tolle Ausstrahlung hat, als für ein langweiliges »Püppchen«. Letzteres muss sich in der Regel mit One-Night-Stands zufrieden geben, während Powerfrauen langfristig gesehen immer die besseren Karten haben.

Weiblicher Sexappeal unterscheidet sich grundsätzlich von männlichem. Die männliche Ausstrahlung ist eher kühl, ernst, smart und unnahbar. Ein extrovertierter Mann wird von Frauen selten als erotisch empfunden. Männliche Idole sind eher von der Sorte »zugeknöpft und zurückhaltend« – sowohl verbal als auch körpersprachlich. Weiblicher Sexappeal hingegen besteht aus Lebendigkeit und Wärme. Frauen, die Eigenschaften wie Zärtlichkeit, Nähe und Geborgenheit vermitteln, sind bei Männern sehr beliebt. Außerdem profitiert die erotische Ausstrahlung einer Frau von einer Portion Extravaganz. Ein Schuss Temperament und Verspieltheit kommt bei Männern immer gut an. Typische Merkmale des weiblichen Sexappeals: Sinnlichkeit, ein offenes Lächeln, weit geöffnete Augen und eine lebendige Mimik.

Anthropologen haben beobachtet, dass der Gesichtsausdruck bei Männern sehr viel neutraler ist als bei Frauen. Viele Männer verfügen nur über eine relativ kleine Palette an Gesichtsausdrücken, während Frauen hier viel mehr Lebendigkeit und Beweglichkeit zeigen. Dieser Unterschied zwischen Mann und Frau ist übrigens schon im Babyalter sichtbar: Mädchen lachen und lächeln wesentlich häufiger als kleine Jungs.

Verlassen Sie sich also bei der Suche nach dem richtigen Mann voll und ganz auf Ihre weiblichen Reize, Ihr weibliches Verhalten und Ihre weibliche Intelligenz. Zwar gibt es auch Männer, die auf coole, leicht unterkühlte Frauen abfahren. (Greta Garbo oder Marlene Dietrich verkörpern diesen Frauentyp der Unnahbaren.) Doch die meisten Männer entscheiden sich im Zweifelsfall lieber für Frauen, die Wärme und Sinnlichkeit ausstrahlen – und das nicht nur hierzulande, sondern überall auf der Welt.

Lieb dich selbst, dann liebt dich »jeder«

Was sind das nur für Frauen, die weder besonders gebildet noch im klassischen Sinne »schön« sind, weder ein Cabriolet fahren noch Designerklamotten tragen, die weder schlank, blond noch vollbusig sind und sich dennoch vor Verehrern kaum retten können? Ich kann Ihnen auch nicht sagen, was das Geheimnis dieser Frauen ist, sie haben einfach das »gewisse Etwas«. Und ich denke, dass solche Frauen, die mit Männern immer Glück haben, eine große Stärke besitzen: Sie mögen sich selbst und sind entsprechend selbstbewusst!

Womit wir wieder beim Thema »Ausstrahlung« wären. Wie gesagt: Frauen mit einer guten Ausstrahlung sind attraktiv und wirken erotisch und anziehend auf jeden Mann. Und die Ausstrahlung ist ja nichts anderes, als das, was in jemandem steckt und nach außen hin sichtbar wird. So können Sie beispielsweise nur dann Gelassenheit ausstrahlen, wenn Sie innerlich cool sind. Das Gleiche gilt für Zufriedenheit, Humor, Sinnlichkeit usw. – nur was in Ihnen ist, kann auch nach außen dringen.

Ihre erotische Ausstrahlung hängt also stark davon ab, wie Sie sich selbst sehen, ob Sie uneingeschränkt »Ja« zu sich selbst sagen können. Die entscheidende Frage ist: »Lieben Sie sich selbst?« Wenn ja, dann werden das auch die Männer merken – und alles andere wird ganz, ganz einfach.

Eine aktuelle Umfrage der amerikanischen Zeitschrift *Self* ergab, dass knapp 70 Prozent der befragten Frauen der Ansicht waren, dass ihr Aussehen sich stark darauf auswirkt, wie sie sich fühlen und verhalten. So wie Männer sich immerzu über ihre Leistung definieren, scheinen Frauen ihr Aussehen zum Maßstab ihres Selbstwertgefühls zu machen. Leider wird dabei das Pferd von hinten aufgezäumt: An erster Stelle sollte immer das Wohlbefinden stehen. Ein gesundes Selbstbewusstsein ist in allen Lebens- und Liebeslagen ein gewaltiger Pluspunkt, und das hängt nicht davon ab, was Sie leisten oder wie Sie aussehen, sondern allein davon, ob Sie es schaffen, zu sich selbst zu stehen – mit all den kleinen Fehlern und Schwächen, die nun mal jeder Mensch hat.

Feminin, was heißt das überhaupt?

So wie »männliche Männer« bei Frauen die besten Karten haben, sind »feminine Frauen« in der Männerwelt sehr begehrt. Wenn Sie Ihre weibliche Seite in sich voll ausleben können, werden Sie nicht unter Männermangel leiden. Und wenn Sie über eine gesunde Portion Selbstbewusstsein verfügen, erst recht nicht. Das kommt auch deutlich zum Ausdruck, wenn man Männer nach ihren Vorlieben fragt.

»Wann fühlt ihr euch mit Frauen am wohlsten?« – Stimmen aus der Männerwelt

Felix (44, Regisseur):»Entspannte Frauen sind ein Segen. Mit gestressten und unzufriedenen Partnerinnen hat man selber auch nur Stress.«

Siegfried (41, Werbetexter): »Am besten kann ich die Zeit mit meiner Partnerin genießen, wenn sie sich rundum wohl in ihrer Haut fühlt. Dann ist sie auch besonders hingabefähig und kann auch beim Sex richtig loslassen. Und natürlich muss auch ich entspannt sein.«

Moritz (27, Heilpraktiker): »Frauen, die sich ständig Sorgen um ihr Aussehen machen, sind wahnsinnig anstrengend. Meine Exfreundin sah wirklich klasse aus – aber leider hatte ich wenig davon, weil sie jedes Mal die Krise bekommen hat, wenn sie auch nur ein paar Gramm zugenommen hat. So was kann ganz schön nerven.«

Thomas (30, Umwelttechniker): »Am liebsten sind mir Frauen, die Spaß beim Sex haben. Und das funktioniert nur, wenn sie auch selbstbewusst genug sind. Feminine Frauen sind für mich immer auch entspannte und selbstsichere Frauen. Ob ein paar Pickel, Orangenhaut oder ein

---

> zu kleiner Busen – das stört mich alles überhaupt nicht.
> Schließlich sehe ich auch nicht aus wie Brad Pitt – aber
> wichtig ist doch, dass beide loslassen können und sich mit-
> einander wohl fühlen.«

Als feminine Frauen gelten solche, die sich ihrer Weiblichkeit bewusst sind und diese auch ohne Wenn und Aber einsetzen können. Am problematischsten ist es, wenn Frauen
sich immerzu mit anderen vergleichen – und zwar immer nur
mit Konkurrentinnen, die besser aussehen oder jünger sind.
Dass das jede Menge Verunsicherungen und Minderwertig-
keitskomplexe erzeugt, ist kein Wunder. Aber glücklicherweise geht es auch anders.

LIEB DICH SELBST! DIE BESTEN TIPPS

♀ Verbringen Sie nicht zu viel Zeit damit, sich Gedanken
über Ihr Aussehen zu machen. Vergessen Sie nicht: Viel
wichtiger als Ihre Figur oder Ihr Gewicht ist Ihre
Ausstrahlung!

♀ Es gibt Männer, die dünne Frauen mögen, und solche,
die üppige bevorzugen. Ob klein, groß, zierlich,
superschlank, jung oder erfahren – jede Frau kann sich
(mindestens) einen interessanten Mann angeln, wenn
sie aufhört, mit sich selbst auf Kriegsfuß zu stehen.

♀ Seien Sie nett zu sich selbst! Tun Sie sich mindestens
einmal täglich etwas Gutes. Gehen Sie ins Kino, in die
Sauna, lesen Sie ein schönes Buch oder gönnen Sie sich
eine entspannende Massage – je wohler Sie sich fühlen,
desto besser kommen Sie auch bei Männern an.

♀ Vergleichen Sie sich nicht mit anderen. Jeder Mensch

ist einzigartig. Und jeder hat sowohl starke als auch schwache Seiten. Besinnen Sie sich auf Ihre Stärken und Vorzüge, statt Ihre wertvolle Energie mit Grübeleien zu verschwenden.

♀ Genießen Sie den Sex, denn Sex macht schön. US-Studien ergaben, dass Frauen, die mindestens einmal wöchentlich mit einem Mann auf die Matratze gehen, mehr Östrogen bilden als enthaltsame. Dieses weibliche Hormon fördert die Bildung von Kollagen, verbessert die Regenerationsfähigkeit der Haut und wirkt sogar Zellulitis entgegen, da es das Bindegewebe stärkt und den Lymphfluss in Schwung bringt.

♀ Experimentieren Sie mit Ihrem eigenen Körper. Wie soll ein Mann herausfinden, was Ihnen im Bett Spaß macht, wenn Sie es selbst nicht wissen? Legen Sie öfter mal eine Solonummer ein, denn nur so können Sie Ihre erotischen Bedürfnisse ausloten.

♀ Kaufen Sie sich nur Kleider, in denen Sie sich wirklich wohl fühlen. Ihr Outfit sollte Ihr Lebensgefühl wider-spiegeln. Wenn Sie eher der abenteuerliche Jeanstyp sind, werden Sie in Jeans und T-Shirt mehr Erotik ausstrahlen als in einem langen Abendkleid.

♀ Pflegen Sie Ihren Körper – aber nicht um des lieben Schönheitskults willen, sondern nur, um sich wohler und zufriedener zu fühlen! Verwöhnen Sie sich mit duftenden Bädern, wohlriechenden Cremes oder einem ausgiebigen Besuch im Dampfbad.

♀ Fitnesstraining, Aerobic, Jogging und eine gesunde Ernährung – all das sind effektive Mittel, um Ihr Wohl-befinden zu erhöhen und nebenbei noch etwas für Ihr Aussehen zu tun. Doch die Einstellung dabei ist wichtig.

An erster Stelle sollte der Wohlfühleffekt stehen und erst an zweiter Ihr Äußeres. Wenn Sie nur zum Joggen gehen und Diät halten, um besser auszusehen, wird das Ganze zur Qual. Und das macht Sie sicher nicht erotischer.

♀ Einige Wellness-Methoden lenken die Konzentration nach innen. Vor allem Yoga, Tai Chi, Bauchtanz oder African Dance machen jede Frau sexy – und zwar ganz ohne Make-up und Schönheitsoperationen. All diese Betätigungen erhöhen im wahrsten Sinne des Wortes das »Selbst-Bewusstsein«, indem sie das Körperbewusstsein verbessern und zu mehr Power und Gelassenheit verhelfen.

♀ Richten Sie nicht Ihr ganzes Leben auf die Bedürfnisse Ihres Partners aus. Kümmern Sie sich auch um sich selbst. Wie gesagt – die Hauptsache ist, dass Sie zufrieden und glücklich sind. Alles andere wird sich dann ganz von allein ergeben.

Bin ich sexy? Die Top-Antörner auf einen Blick

Was finden Männer an Frauen sexy? Schwer zu sagen, denn jeder Mann ist anders, und eine französische Redewendung lautet nicht umsonst »Chacun à son goût« (»Jeder nach seinem Geschmack«).

Paarforscher haben herausgefunden, dass Männer mehr auf Details achten, während Frauen eher den Überblick behalten. Wenn Frauen Schönheit bewerten, beziehen sie das ganze Bild ein – Kleidung, Haltung, Größe, kurzum die gesamte äußere Erscheinung. Männer hängen sich stattdessen eher an Kleinigkeiten auf – nasse Haare, eine schlanke Taille, ja selbst schon ein Frauenfuß können bei ihnen starke erotische Gefühle wecken.

Können Sie sich vorstellen, dass eine Frau beim Anblick eines Männerfußes schwach wird? Eben! Da liegt der Unterschied. Es scheint ganz so, als wären Männer noch viel stärker von archaischen Mustern geprägt. Alle noch so kleinen Signale, die Weiblichkeit bedeuten, bringen ihre Hormone auf Trab. Dazu gehören aber nicht nur die eindeutigen Zeichen wie nackte Beine, sondern auch subtilere wie wehendes Haar.

Im Folgenden finden Sie eine Liste der Top-Antörner. Darin sind Statements zusammengefasst, die Männer auf die Frage, was sie an Frauen sexy finden, bei Interviews zum Besten gaben. Auch wenn die Liste weder Anspruch auf Vollständigkeit noch auf Allgemeingültigkeit erhebt, ist sie doch recht informativ. Zum Beispiel finden Männer es sexy, wenn

♀ Sie nur in ein Handtuch gehüllt aus der Dusche kommen.
♀ Ihr BH-Träger unter dem Pulli hervorblitzt.
♀ Ihre Haut nach Sonne riecht.
♀ Ihre Haut nach Salz schmeckt.
♀ Sie mit geschlossenen Augen in der Sauna auf Ihrem Handtuch liegen und sich unbeobachtet wähnen.
♀ Sie ihm Ihr neues Piercing in der Brustwarze, dem Bauchnabel oder – für Mutige – im Intimbereich zeigen.
♀ Sie auch mal kurze Röcke und hohe Schuhe tragen.
♀ Ihr Kleid beim Fahrradfahren allmählich immer weiter nach oben rutscht.
♀ Sie ein rotes, rückenfreies Kleid tragen, das den Blick bis zu der Stelle ermöglicht, wo Ihr Rücken in den Po übergeht.
♀ Sie auf der Vespa oder im Geländewagen durch die Gegend düsen.

♀ Ihr hauchdünner Slip sich unter dem ebenso dünnen, durchsichtigen Rock abzeichnet.

♀ Sie mit feuchten Haaren ins Bett kommen.

♀ Sie noch ein paar Sandkörnchen im Bikini haben.

♀ Sie beim Tanzen alle Hemmungen fallen lassen.

♀ Ihre Muskeln gut durchtrainiert sind, ohne dass dies nach Bodybuilding aussieht.

♀ Sie mit regendurchnässtem T-Shirt nach Hause kommen.

♀ Sie mit einem großen Sonnenhut barfuß über die Wiese laufen.

♀ Sie mit fremden Männern flirten – aber nur ein bisschen.

♀ Sie bei einem Abendspaziergang spontan in den See springen – ohne Badeanzug, versteht sich.

♀ Sie nur in eine warme Kuscheldecke gehüllt vor dem offenen Kamin sitzen.

♀ Sie ihn mit einem erotischen Tattoo überraschen. (Greifen Sie zum Ausprobieren lieber zu Fun-Tattoos, die aufgeklebt oder aufgemalt werden und sich entfernen lassen!)

♀ Sie zur Abwechslung mal einen kleinen Striptease hinlegen.

Apropos Striptease: Der Striptease gehört zu den Klassikern des Verführungsrepertoires. »Striptease« setzt sich aus »to strip« (»sich ausziehen«) und »to tease« (»necken«) zusammen – und das zeigt schon, dass Sie das Ganze nie zu ernst nehmen sollten. Striptease ist nichts anderes als ein schönes Spiel mit weiblichen Reizen. Wenn Sie diese Entkleidungsnummer in Ihr erotisches Repertoire aufnehmen, wird Ihr

Partner sicher begeistert sein. Tun Sie dies aber nur, wenn Sie auch selbst Ihren Spaß dabei haben. Eines ist sicher: Frauen, die sich trauen, vor ihrem Lover zu strippen, werden sexuelle Hemmungen ein für alle Mal los sein, sofern sie überhaupt je welche hatten.

Ein privater Strip hat nichts mit den Darbietungen in rot beleuchteten, schummrigen Bars zu tun. Wenn Sie sich für Ihren Lover ausziehen, fühlt er sich bestimmt geehrt, denn wer kommt schon einmal in den Genuss einer exklusiven Solonummer? Damit die Kunst des Entkleidens gelingt, sollten Sie allerdings ein paar Basics aus dem Stripperinnen-Nähkästchen kennen:

♀ Üben Sie zunächst vor einem Spiegel. Ebenso wie Tänzerinnen üben auch professionelle Stripperinnen immer auf diese Weise, um objektives Feedback zu bekommen. Im Fortgeschrittenenstadium können Sie sich auch mit einer Videokamera aufnehmen, um die Wirkung zu testen.

♀ Im Grunde ziehen Sie sich beim Strip ja nur aus – etwas, das Sie ohnehin jeden Tag tun. Der Witz dabei ist jedoch, dass es vor seinen Augen und ganz bewusst passiert. Sie müssen dazu nicht gleich eine Bühne aufbauen. Auch wenn er Sie durch die halb offene Schlafzimmertür dabei beobachten kann, wie Sie sich langsam und verführerisch entblättern, wird sein Blut in Wallung geraten.

♀ Die erste Frage beim Striptease lautet: »Was habe ich überhaupt an, das ich später ausziehen werde?« Checken Sie Ihre »Ausrüstung«, denn mit den falschen Klamotten können Sie sich beim Striptease schon mal eine Muskelzerrung zuziehen – zum Beispiel, wenn es Ihnen nicht gelingt, elegant aus Ihrer knallengen Jeans herauszukommen.

♀ Absolute Don'ts beim Strip: Strumpfhosen, Schnür-schuhe, Blusen mit ewig vielen Knöpfen, hautenge Jeans, lustkillende Oma-Unterhosen und Rollkragen-pullis.

♀ Absolute Dos: weite Hosen oder Röcke, die sich problemlos öffnen lassen, Reißverschlüsse, BHs mit einfachem Hakenverschluss, Blusen mit wenigen Knöpfen, Dessous aus glatten Stoffen, die samtweich zu Boden fallen, lange, schwarze Handschuhe, Strapse sowie Stöckelschuhe oder Pumps, sofern Sie diese problemlos loswerden können.

♀ Eine dezente Beleuchtung hilft ungemein. Bei Neonlicht würde selbst eine erfahrene Table-Dancerin mit Topfigur die Flucht ergreifen. Für Strip-Anfängerinnen ist Kerzenschein ein heißer Tipp. Durch das warme, gedämpfte Licht können Sie nicht nur besser loslassen, Sie erhöhen auch den Erotikfaktor. Denn hier geht es weniger um nackte Tatsachen als vielmehr um verführerische Andeutungen.

♀ Ein Striptease ohne die richtige Musik ist nur eine halbe Sache. Strippen hat viel mit Tanzen zu tun, der Sound also enorme Bedeutung. Am besten eignen sich langsame und soulige Songs, da sie das Entblättern enorm erleichtern und dafür sorgen, dass nicht nur Männeraugen, sondern auch Männerohren auf sinnliche Schwingungen programmiert werden.

♀ Die wichtigste Regel beim Strippen lautet: Bloß keine Hektik! Verführerisch wirkt das Ganze nur dann, wenn

Sie total cool bleiben, während er immer heißer wird. Achten Sie auf langsame, fließende und elegante Bewegungen. Und vor allem – lassen Sie sich ganz viel Zeit, bis schließlich auch die letzte Hülle fällt.

♀ Übertreiben Sie bei jeder Pose ruhig ein bisschen – ein Striptease ist immer auch eine kleine Schauspielnummer. Setzen Sie viele Bewegungen ein, die ein Streicheln andeuten – fahren Sie langsam mit der flachen Hand über Ihren Bauch, Ihren Busen oder Ihre Oberschenkel.

♀ Spielen Sie mit Blicken – entweder mit schüchternen oder mit herausfordernden, je nachdem, worauf Sie gerade Lust haben.

♀ Nutzen Sie die Schwerkraft: Lassen Sie Ihren Rock oder Ihr Kleid einfach zu Boden gleiten und steigen Sie ohne Eile heraus. Lassen Sie alles, was Sie ausziehen, einfach liegen. Handschuhe, BH oder Strümpfe und Strapse können Sie auch kurz durch die Luft wirbeln und dann mit einer saloppen Bewegung zur Seite werfen.

♀ Je länger der ganze Strip dauert, umso aufregender wird es für ihn. Wenn dann die letzten Hüllen gefallen sind, ist es an ihm, Sie zu verwöhnen – und Sie können sich darauf verlassen, das wird er.

Tipp für Perfektionistinnen: Sie müssen kein Profi sein, um Ihren Lover durch einen kleinen Strip auf Touren zu bringen. Es reicht vollkommen, wenn Sie sich langsam ausziehen und dabei ein bisschen vor ihm herumtanzen. Schließlich ist das Ganze ja nur eines von vielen erotischen Spielchen. Wenn Sie das Ausziehen allerdings so gekonnt ausführen wollen, dass Sie jeden zukünftigen Mann in Ihren Bann ziehen, können

Sie einen kleinen Strip-Kurs belegen. Von der Grundposition über die Haltung bis hin zur Kunst, einen Mantel in Zeitlupentempo von den Schultern gleiten zu lassen – dort lernen Sie alles, was das Männerherz begehrt. Ein paar Stunden genügen vollkommen, und wenn Sie dabei Ihre exhibitionistische Ader entdecken, werden auch Sie dabei ganz sicher auf Ihre Kosten kommen.

Bei aller Liebe

Sex macht nur Spaß, wenn Sie dabei richtig loslassen können. Auch Ihr Partner hat wenig davon, wenn Sie anschließend vor lauter Angst, schwanger zu sein oder sich mit irgendwas angesteckt zu haben, hysterisch aus dem Bett springen und panisch die Flucht ergreifen. Einige Basics zu Verhütung, Sicherheit und Hygiene sollten Sie unbedingt beachten. Leider sieht es nämlich ganz so aus, als ob die Verantwortung, vor allem was das Verhüten angeht, ohnehin an Ihnen hängen bleibt.

Traurig, aber wahr: Männer machen sich kaum Gedanken über Empfängnis- oder Krankheitsverhütung. Und auch mit der Hygiene nehmen es viele nicht so genau. Sind sie erst einmal der mütterlichen Fürsorge entkommen, kann niemand mehr kontrollieren, ob sie sich auch gründlich hinter den Ohren gewaschen haben. Spätestens ab dann wollen Männer ihr Cowboy-Dasein unbeschwert genießen. Sich den Kopf über Kondome, Hepatitis oder ungewollten Nachwuchs zerbrechen zu müssen, das passt einfach nicht zum Bild des coolen Abenteurers. Umso wichtiger, dass Sie die Kontrolle behalten: Ist der Schaden erst einmal angerichtet, wird zwar auch er klug – aber dann ist es leider zu spät.

Vertrauen ist gut, Kontrolle ist besser!

Beim Sex hat Kontrolle zwar nichts verloren – hier sind Loslassen und Vertrauen angesagt. Doch *vor* dem Sex ist das etwas anderes. Ohne ein gewisses Maß an Vertrauen können Sie sich bei einer Sexaffäre bestenfalls einen schnellen Kick holen, falls Ihr Gewissen Ihnen die Freude an der kleinen Eskapade nicht ohnehin verdirbt. Am unkompliziertesten ist und bleibt Sex mit einem Partner, der schon seit vielen Jahren an Ihrer Seite ist. Sicher, auch er kann zum Gesundheitsrisiko werden, zum Beispiel dann, wenn er Ihnen einen Seitensprung verheimlicht. Doch im Großen und Ganzen wissen Sie, worauf Sie sich einlassen. Viel schwieriger wird's bei einer neuen Eroberung, über den Mann wissen Sie schließlich so gut wie gar nichts. Und auch wenn er Ihnen versichert, dass er erst vor kurzem einen Aids-Test gemacht hat – dürfen Sie ihm das glauben?

Bevor Sie Ihre Matratze allzu blauäugig mit einem Unbekannten teilen, sollten Sie bedenken, dass der durchschnittliche Mann sich weniger von seiner Vernunft, sondern vielmehr von seinen Trieben leiten lässt. Ist er erst einmal scharf auf Sie, dürfen Sie ihm einfach nicht mehr alles unbesorgt abnehmen, was er erzählt. Er würde alles sagen, um Sie ins Bett zu kriegen. Und selbst wenn das mit dem Aids-Test stimmt, gibt es doch noch genügend andere Gründe, einen klaren Kopf zu bewahren und für alle Fälle einige kleine Vorkehrungen zu treffen.

Safer Sex – so schützen Sie sich und Ihren Partner

Der erotische Austausch zwischen Mann und Frau gehört zu den aufregendsten Erfahrungen, die das Leben zu bieten hat.

Beim Sex können Sie Ihren Körper, Ihre Sinnlichkeit und die Nähe zu Ihrem Lover intensiv genießen. Doch wo gehobelt wird, da fallen Späne. Und wie für alle schönen Dinge gilt auch für die Erotik, dass es immer zwei Seiten gibt – die spaßige und die ernste. Wo zwei sich innig lieben, da kommen leider auch Bakterien, Pilze und Viren auf ihre Kosten. Und bekanntlich können diese kleinen Plagegeister unerfreuliche Folgen hervorrufen.

Spätestens seit AIDS hat es sich herumgesprochen: Gehen Sie ins Bett, mit wem Sie wollen, aber tun Sie es nie ohne Gummi! Während der »sexuellen Revolution« in den 1960er Jahren und der »freien Liebe« in den 70ern spielten Präservative höchstens eine Nebenrolle. Mehr Bedeutung bekamen sie in den 80er Jahren, als erstmals Fälle von AIDS auftraten. Infektionen mit HIV wurden zunächst vor allem für homosexuelle Männer zur Gefahr, traten später aber in allen Bevölkerungsgruppen auf. Zu einer HIV-Infektion kommt es, wenn das HI-Virus in die Blutbahnen gelangt. Und auch wenn Sie nichts davon merken, kann das beim Sex sehr schnell passieren. Oftmals entstehen dabei winzige Verletzungen, durch die kleine Blutgefäße einreißen. Dadurch kann infektiöses Blut oder Sperma in Ihre Blutbahn gelangen und zur Zeitbombe werden. Besonders riskant ist der ungeschützte Analverkehr, der am häufigsten zur Ansteckung führt.

AIDS hat vielen Menschen die Lust an der ungeschützten Liebe gründlich verdorben. Selbst HIV-Tests bieten nur scheinbar Sicherheit, da es fast drei Monate dauern kann, bis sich das Virus zweifelsfrei nachweisen lässt. Zuverlässig sind solche Tests also nur dann, wenn die mögliche Ansteckung schon ein ganzes Weilchen zurückliegt. Sie sollten sich die

Testergebnisse in jedem Fall grundsätzlich immer schwarz auf weiß zeigen lassen – in diesem Punkt ist blindes Vertrauen einfach nicht angesagt. Und wenn Sie wirklich auf Nummer sicher gehen wollen, hilft sowieso nur eins: Werden Sie sexlos glücklich oder besorgen Sie sich Kondome!

Zweifellos ist AIDS das schlagendste und wichtigste Argument für Kondome. Darüber hinaus gibt es aber eine ganze Reihe von Erkrankungen, die ebenfalls beim Geschlechtsverkehr übertragen werden. Die meisten von ihnen treten wesentlich häufiger auf als AIDS – und auch hier bietet das Kondom Schutz. Zu den Krankheiten, mit denen Sie sich beim Sex anstecken können, zählen:

♀ Syphilis: Sie wird von Bakterien ausgelöst und kann unbehandelt zum Tod führen.

♀ Tripper, auch »Gonorrhöe«, entsteht ebenfalls durch Bakterien und kann Unfruchtbarkeit hervorrufen.

♀ Genitalherpes ist relativ weit verbreitet. Das Leiden macht sich durch schmerzhafte Bläschen an den Geschlechtsorganen bemerkbar.

♀ Hepatitis B: Der Hepatitis-Virus kann Leberentzündungen und Leberzirrhose hervorrufen und ist deutlich infektiöser als HIV.

♀ Hepatitis C: In Deutschland sind etwa eine Million Menschen von dieser oft unterschätzten Krankheit befallen. Diese gefährliche Hepatitis-Variante tritt 20-mal häufiger auf als HIV.

♀ Pilzerkrankungen (Candidosen) befallen oft den Vaginalbereich und können durch Geschlechtsverkehr auf den Partner übertragen werden.

Natürlich ist Sex »unten ohne« immer noch am schönsten. Und in einer festen, gesunden Beziehung ohne Seitensprünge wird ein Kondom wohl eher als lästig empfunden. Aber denken Sie daran, dass so ein Ding auch Spaß machen kann!

Kleine Abenteuer, große Folgen oder: »Die besten Verhütungsmethoden auf einen Blick«

Wenn Sie sich nicht gerade ein Baby wünschen, sollten erotische Abenteuer natürlich nicht mit einer Schwangerschaft enden. Ob One-Night-Stand oder Gelegenheitslover – ein Mann, mit dem Sie keine feste Beziehung pflegen, kommt als Vater Ihrer Kinder kaum in Frage. Ein Kind, das unerwünscht auf die Welt kommt, hat nicht gerade die idealen Startvoraussetzungen für ein glückliches Leben. Biologisch gesehen gibt es nur einen Grund für Sex, und zwar die »Produktion« des Nachwuchses. Das biologische Arterhaltungsprogramm setzt alles daran, die Zukunft der Spezies Mensch zu sichern. Kein Wunder also, dass selbst sehr oberflächliche sexuelle Begegnungen immer wieder einmal mit ungewollten Schwangerschaften enden.

Nicht nur Ihnen, sondern auch Ihrem Partner sollte es sehr wichtig sein, sich Gedanken zur Empfängnisverhütung zu machen – und zwar vor dem Sex! Doch auch hier zeigen Männer oft wenig Verantwortungsbewusstsein. Das Risiko einer Schwangerschaft einzugehen ist das eine; später jedoch auch die Versorgung des »kleinen Unfalls« zu übernehmen ist etwas völlig anderes. Rechnen Sie lieber nicht damit, dass Männer in leidenschaftlichen und wilden Momenten so weit denken.

Heutzutage gibt es viele Möglichkeiten, Schwangerschaften zu verhindern – einige sind sehr zuverlässig, andere bieten so wenig Schutz, dass Sie die Sache gleich dem Zufall überlassen können.

♀ Zu den *natürlichen Methoden* zählt der Koitus interruptus (»Unterbrochener Geschlechtsverkehr« oder »Keine Angst, Schatz, ich pass schon auf«), bei der der Mann kurz vor der Ejakulation einen Rückzieher macht. Wenn Sie noch an den Weihnachtsmann glauben, können Sie es ruhig damit probieren. Mediziner raten jedoch dringend ab, da diese »Methode« äußerst unsicher ist. Gleiches gilt für die Kalendermethode (Tage zählen). Als sehr viel zuverlässiger gilt das Temperaturmessen: Da sich die Körpertemperatur beim Eisprung verändert, lässt sich dieser Zeitpunkt bestimmen. An diesen Tagen sollten Sie sich in Keuschheit üben, an den restlichen können Sie relativ (!) unbeschwert sein. Mithilfe kleiner Computer lässt sich die Zuverlässigkeit von Methoden, bei denen es darum geht, den Eisprung zu erkennen, noch deutlich erhöhen.

♀ Bei den so genannten *chemischen Verhütungsmethoden* werden Spermizide eingesetzt. Das sind Wirkstoffe, die den Samenzellen den Garaus machen. Diese Mittel stehen in jeder Apotheke in Form von Scheidenzäpfchen, Gels oder Emulsionen bereit. Allerdings lässt die Erfolgsquote dieser Präparate zu wünschen übrig. Abgesehen davon rufen die enthaltenen Wirkstoffe bei empfindlichen Frauen Reizungen und Brennen hervor.

♀ Die »Pille« gilt immer noch als Klassiker der Verhütungsmittel. Sie gehört zu den *hormonellen Methoden*. Im Gegensatz zu früher sind die heutigen Antibabypillen extrem niedrig dosiert, wodurch Nebenwirkungen selten geworden sind. Einige Präparate schützen sogar vor manchen Krebsarten. Eine weitere, praktisch hundertprozentig sichere Methode der hormonellen Verhütung sind kleine Stäbchen, die unter der Haut des Oberarms platziert werden und von dort aus winzige Hormonmengen abgeben. Sie wirken zwei bis drei Jahre.

♀ Von den *mechanischen Methoden* ist das Kondom am bekanntesten. Darüber hinaus gibt es Pessare, Diaphragmen und Frauenkondome, die im Prinzip ähnlich funktionieren: Mittels dieser »Barrieremethoden« werden die Samenzellen daran gehindert, den Weg in Richtung Eileiter einzuschlagen. Eine besondere Variante stellt die Spirale dar, die das Einnisten des befruchteten Eis verhindert. Sie schützt bis zu drei Jahre lang effektiv vor Schwangerschaft.

Kondomvariationen – von Noppen bis Erdbeere

Das Kondom bietet einmalige Vorteile, da es nicht nur vor Schwangerschaft, sondern auch vor vielen Erkrankungen schützt. Wenn Sie einen festen Partner haben und die Pille nehmen oder sich ein Baby wünschen, können Sie natürlich getrost auf Kondome verzichten. In allen anderen Fällen sind sie jedoch ein Muss.

Es gibt keinen Grund dafür, ins Stottern zu kommen, wenn Sie Sätze wie: »Schau mal, was ich hier in meiner Tasche habe ...« aussprechen. Seit AIDS gehören Pariser einfach zum guten Ton. Kein Lover, der noch alle Tassen im Schrank hat, wird auf die Idee kommen, Sie komisch anzuschauen, wenn Sie im entscheidenden Moment ein Kondom aus der Handtasche ziehen.

Zwar gibt es Männer, die in Anbetracht der kleinen, bunten Päckchen in Ohnmacht zu fallen drohen, doch genügend andere freuen sich sogar darüber. Denn erstens spricht eine Dame, die ein Kondom aus ihrer Tasche zaubert, bereits ein erotisches Versprechen aus. (Schließlich kann es jetzt nicht mehr lange dauern, bis das Ziel erreicht ist.) Zweitens wissen gerade erfahrene Männer, dass Kondome zur Palette der Sexspielzeuge gehören. Es kommt eben immer drauf an, was man draus macht.

Was Sie über die Dinger wissen sollten
Kondome schützen zuverlässig vor Geschlechtskrankheiten – aber nur, wenn sie richtig angewendet werden. Den besten Schutz bieten Kondome, die mit Nonoxynol-9 behandelt wurden. Dieser Wirkstoff tötet nicht nur Spermazellen, sondern auch noch so manch andere »kleine Bösewichter« ab. Nonoxynol-9 – das klingt ganz schön gefährlich, ist aber im Grunde völlig harmlos. Sollten bei Ihnen allergische Reizreaktionen auftreten, was sehr selten vorkommt, müssen Sie eben die Marke wechseln und auf Kondome ohne Spermizide zurückgreifen.

Gummis sollten nie mit Ölhaltigem in Berührung kommen. Ob Vaseline, Massageöl oder Handcreme – alle fetthaltigen Produkte machen den Latex brüchig; schon ein Viertelstündchen nach dem Kontakt mit Fett ist die Schutzwirkung dahin. Abgesehen davon halten Gummis kaum an eingeölten Gliedern. Haben Sie ihn vor dem Sex mit einer Ölmassage verwöhnt, dann sollten Sie also lange genug warten, bis das Öl in seine Haut eingezogen ist. Oder noch besser: Sie benutzen ein Frotteehandtuch, um sein bestes Stück von dem Öl zu befreien. Allzu große Vorsicht ist dabei nicht nötig – ganz im Gegenteil: Eine kleine, aber kräftige Massage regt die Durchblutung und damit auch sein Stehvermögen an.

Auf die Frage, wann er sich (oder noch besser Sie ihm!) das Präservativ überstülpen sollte, gibt es nur eine Antwort: Im Zweifelsfall lieber früher als später. Die meisten Männer sondern schon zu Beginn des Liebesspiels einige »Lusttropfen« ab. Daher sollte das Kondom angelegt werden, sobald der Penis erigiert ist. Achten Sie vor allem darauf, dass es an der Peniswurzel fest anliegt, damit es nicht ins Rutschen kommt. Die Schwachstelle bei der ganzen Sache ist aber eher das Rausziehen. Dabei sollten Sie seinen Penis samt Gummi an der Wurzel packen und gut festhalten, damit das Kondom weder stecken bleibt noch ausläuft, womit die ganze Aktion für die Katz wäre. Nach dem Samenerguss lässt die Erektion schnell nach – lassen Sie sich nach dem Liebesspiel daher nicht zu viel Zeit. Einschlafen oder noch ewig liegen bleiben, ohne dass das Kondom entfernt wurde, sollten Sie lieber lassen. Sobald aber der Pariser samt Inhalt entsorgt ist, können Sie ein ausgiebiges Nachspiel einlegen.

MEHR SPASS MIT GUMMI

Viele Männer mögen keine Kondome, schon allein deswegen, weil sie stark nach Gummi riechen. Darüber hinaus leidet aber vor allem die Empfindsamkeit: Das »pure Feeling« ist mit Kondom kaum zu bekommen. Sie kennen ja selbst den Unterschied zwischen einem Spaziergang in Gummistiefeln oder barfüßig.

Wenn Sie Kondome benutzen, sollten Sie darauf achten, dass der Sex nicht zur Pflichtübung wird. Durch aufregende Stellungen (siehe »Tantra-Stellungen für den gewissen Kick«, Seite 242) und ein wenig »Vaginalgymnastik« (siehe Seite 278) können auch mit Gummi locker intensive Empfindungen aufkommen.

Selbst Paare, die ohne weiteres auf Präservative verzichten könnten, da sie anderweitig verhüten, benutzen die Tütchen gelegentlich. Einfach so zum Spaß. Die Einstellung ist also enorm wichtig. Wenn Ihr Lover Kondome nicht mag, wird es schwierig, sie ihm schmackhaft zu machen. Unmöglich ist es aber nicht: Mit ein bisschen Humor und der nötigen Gelassenheit können Sie für positive Erfahrungen sorgen und so selbst hartnäckige Gummigegner bekehren. Die Industrie hilft dabei kräftig mit. Im Handel werden Kondome für alle Bedürfnisse und Geschmäcker angeboten:

♀ Bunte: Sie bieten vor allem optischen Spaß.

♀ Befeuchtete: Für alle, die auf Gleitkomfort Wert legen.

♀ Trockene: Falls Sie mit dem Feuchtwerden kein Problem haben.

♀ Genoppte: Sie intensivieren die Empfindungen etwas.

♀ Mit Reservoir, damit das Sperma Platz hat.

♀ Innen gerippt, damit er mehr spürt.

♀ Außen gerippt, damit es bei ihr zu spannenden Reibungen kommt.

♀ Geschmackvolle, die nach Schoko, Banane, Erdbeere usw. schmecken.

♀ Oben ausgebeulte, die Platz für die Eichel bieten und ihr im Kondom Entfaltungsmöglichkeiten lassen.

Das Entscheidende beim Sex mit Kondom ist die Perspektive. Sehen Sie das Präservativ nicht als Lustkiller, sondern als erotisches Spielzeug an – und schon werden beide ihren Spaß damit haben. Gehen Sie cool mit dem Verhüterli um. Hektisches Gezerre kann schnell die Lust verderben.

Falls Sie nicht zu den Frauen zählen, die ihren Lover gerne mit dem Mund verwöhnen, weil Sie finden, dass Penisse »nicht schmecken«: Hier können Kondome mit Erdbeer- oder Schokoaroma Abhilfe schaffen. Wenn Sie seinen kleinen Prinzen nur mit Gummimäntelchen in den Mund nehmen, wird er schnell zum ausgesprochenen Kondomliebhaber werden.

ANLEGEN MIT FINGERSPITZENGEFÜHL :...

… aber ohne Fingernägel, denn sie sind die häufigste Ursache für »Kondomunfälle«. Mit ein bisschen Erfahrung kann das Kondomanlegen zu einem aufregenden Teil des Vorspiels werden. Entscheidend ist hierbei gute Handarbeit. Wenn er es sich lieber selbst anlegen möchte, können Sie sich so lange entspannen. Im Zweifelsfall sollten Sie aber die Führung übernehmen, denn den meisten Männern macht es wesentlich mehr Spaß, wenn Frau ihnen die Arbeit abnimmt, auch weil sich das einfach viel besser anfühlt. Hier ein paar Kondom-Tipps für die Praxis:

♀ Sorgen Sie dafür, dass Sie immer ein paar Kondome parat haben. Gerade wenn Sie am wenigsten damit rechnen, geht es oft am heftigsten zur Sache. Auch auf Reisen gilt: Sicher ist sicher!

♀ Eine kleine Auswahl kann nicht schaden: Ein befeuchtetes, ein unbefeuchtetes, eins mit Geschmack und

vielleicht noch ein geripptes, und schon ist die Standard-
ausrüstung perfekt.

♀ Wenn es bei Ihrem Date allmählich ernst wird, sollten
Sie die Kondome aus Ihrer Handtasche hinaus- und in
Ihre Hosentasche hineinschmuggeln. Oder die
Handtasche in Bett- oder Sofanähe behalten. Fängt er
nämlich erst einmal an, Sie zu küssen und zu streicheln,
kann es ganz schön nerven, wenn Sie dann aufstehen
und zur Garderobe gehen müssen.

♀ Öffnen Sie die Verpackung nicht zu früh, sonst trocknet
das Kondom aus.

♀ Achten Sie schon beim Auspacken darauf, dass Sie nicht
mit den Fingernägeln ins Gummi ritzen.

♀ Ziehen Sie die Öffnung des Kondoms mit Daumen und
Zeigefinger etwas auseinander, um Platz für seinen
Prinzen zu schaffen. Drücken Sie das Reservoir mit
Daumen und Zeigefinger der anderen Hand zusammen,
damit keine Luft ins Kondom kommt. Setzen Sie den
Pariser dann an der Eichelspitze an und rollen Sie ihn
mit der anderen Hand langsam nach unten – und zwar
bis ganz, ganz unten! Jetzt noch einmal fachmännisch
den guten Sitz prüfen – und schon kann's losgehen.

Noch ein kleiner Psycho-Tipp: Das Selbstbewusstsein Ihres
Geliebten könnte leiden, wenn Ihre Nachttischschublade vor
Kondompackungen überquillt. Das erweckt den Eindruck,
als würden die Männer bei Ihnen am laufenden Band ein- und
ausgehen. Selbst wenn es so ist, sollten Sie das natürlich
nicht zeigen, denn der männliche Stolz ist ja recht empfindlich. Ein kleines Standardsortiment reicht sowieso vollkommen aus. Da die Dinger extrem anpassungsfähig sind, eignen

sie sich für nahezu jede Penisgröße. Für besonders groß oder besonders klein gebaute Männer gibt es inzwischen auch Small- oder XL-Ausführungen. Aber das bringt Ihnen natürlich nur etwas, wenn Sie schon wissen, was Sie unter der Gürtellinie Ihres Lovers erwartet.

VON DER KUNST, EIN KONDOM MIT DEM MUND ANZUZIEHEN

Einen Service der besonderen Art können Sie Ihrem Freund mit einem kleinen »Zaubertrick« bieten. Ziehen Sie ihm den Pariser mit Ihrem Mund an – und ich verspreche Ihnen, auch wenn Ihr Lover Kondome nicht ausstehen kann: Wenn Sie die folgende Technik beherrschen, wird er es sich anders überlegen!

Was kompliziert klingt, ist leichter, als Sie glauben: Packen Sie das Kondom vorsichtig aus und nehmen Sie es am Reservoirende in den Mund – halten Sie es dabei aber nur mit den Lippen und keinesfalls mit den Zähnen fest! Drücken Sie die Lippen zusammen, damit die Luft aus dem Reservoir entweicht. Wenn Sie zu dem Trick ansetzen, ist es nicht nur wichtig, dass seine Erektion sich sehen lassen kann, sondern auch, dass Sie für die nötige Stabilität sorgen. Halten Sie also seinen Penis am Schaft mit einer Hand fest. Beugen Sie dann Ihren Kopf über sein bestes Stück und legen Sie das Kondom auf seiner Eichel an. Üben Sie mit Ihren Lippen Druck aus, während Sie mit ihnen das Kondom nach unten über seinen Penis rollen. Natürlich werden Sie nur ein Stück weit kommen – jedenfalls sollten Sie nicht bis zum Würgereflex gehen. Sobald das Anlegen mit dem Mund unangenehm wird, übernimmt die Hand den Rest.

Aromatisierte Latex-Kondome eignen sich für diesen Trick am besten. Keinesfalls sollte das Kondom mit Spermiziden behandelt sein, da diese ganz schön bitter schmecken und sogar eine pelzige Zunge hervorrufen können.

Damit die »orale Anziehnummer« gut klappt, sollten Sie vorher etwas üben. Ein Griff ins Gemüsefach kann da hilfreich sein: Als Trainingsobjekte eignen sich zum Beispiel Zucchini oder Schlangengurken. Oder auch Bananen, die allerdings grün und unreif sein sollten, damit Sie anschließend kein Bananenmus im Kondom haben.

Eine saubere Sache – der kleine Hygiene-Knigge

Das Schöne beim Sex ist, dass man sich dabei nahe kommt. So nah, dass man den Liebsten mit allen Sinnen wahrnimmt – auch mit der Nase und mit der Zunge. Damit das sinnliche Erlebnis nicht zum Abtörner wird, sollten Sie beim Sex an die Hygiene denken. Sicher gibt es auch mal heiße Momente, in denen Mann und Frau im Turbotempo übereinander herfallen. Die Frage: »Sag mal, wann warst du eigentlich das letzte Mal unter der Dusche?« passt natürlich nicht zu Quickies. Doch selbst hier können unangenehme Gerüche einem schnell die Lust nehmen. Erst recht gilt das aber für lange Liebesnächte, in denen die Nähe des Partners längere Zeit »ertragen« werden muss.

Damit Sie und Ihr Partner den Sex unbeschwert genießen können, sollten Sie einige Hygiene-Basics beachten. Gepflegte, saubere Haut, gewaschene Haare und Fingernägel sowie ein Atem, der weder nach Knoblauch noch nach zwei leeren Zigarettenschachteln riecht – all das macht die intimen Stunden zu zweit wesentlich angenehmer. Eigentlich sollte das eine Selbstverständlichkeit sein, wären da nicht einige Herren der Schöpfung, die es besonders männlich finden, direkt von der Baustelle kommend mit ihrer Süßen ins Bett zu schlüpfen.

Wie Sie waschfaule Männer austricksen

Ein echter Indianer kennt keinen Schmerz – und keine Seife! Dass Männer es mit der Reinlichkeit nicht so genau nehmen, ist leider immer noch eine Tatsache. Allerdings tut sich hier einiges. Seit Frauen zunehmend sagen, was ihnen stinkt, und tagtäglich Werbung für Duschgels und Deos mit knackigen Boys über den Bildschirm flimmert, hat der deutsche Mann die Körperpflege für sich entdeckt.

Viele Männer legen heute Wert auf eine gepflegte Haut, eine gute Rasur und ein ansprechendes Aftershave. Manche rasieren sich außerdem Brust, Achseln oder Beine, färben sich die Haare und gehen gar zum Liften. Doch natürlich bleiben immer noch genug Männer übrig, die beim Anblick von Wasser und Seife verächtlich die Nase rümpfen. Zu dumm – denn eine »Seifenallergie« ist nicht nur unappetitlich, sie kann auch ausgesprochen gefährlich werden: An der Innenseite der Vorhaut am Penis sondern Drüsen das so genannte Smegma ab. Diese ölige Substanz ist zwar immer erst einmal farb- und geruchlos, wird aber schnell käseähnlich und riecht entsprechend übel, wenn die Intimpflege vernachlässigt wird. Über kurz oder lang kann ein Mangel an Hygiene sogar Peniskrebs hervorrufen, wobei unbeschnittene Männer besonders gefährdet sind.

Dabei wäre alles so einfach: Etwas warmes Wasser genügt, um Vorhaut, Eichel und Kranzfurche von all dem zu befreien, was dort nichts verloren hat. Gerade vor dem Sex ist das wichtig. Und wenn er es nicht tut, müssen Sie eben für die nötige Sauberkeit sorgen!

Das Problem ist nur: »Wie sag ich's meinem Manne?« Der direkte Angriff kann leicht in die Hose gehen. Auch wenn er Ihnen nicht ganz sauber vorkommt, sollten Sie es sich verkneifen, ihn unverhohlen zum Duschen aufzufordern. Mit Sätzen wie: »So Schätzchen, ich würde sagen, du nimmst jetzt erst mal eine Dusche und wäschst dich ordentlich« treiben Sie ihn leicht in die Enge. Er wird sich vielleicht vorkommen, als wäre er bei einem Freudenmädchen, denn auch die fordern ihre Freier vor dem Sex obligatorisch zum Waschen auf. Oder schlimmer noch: Er fühlt sich mütterlich bevormundet, was seine Lust schnell in den Keller stürzen lässt.

Die Lösung: Machen Sie das Waschen zum Event! Locken Sie ihn nach einem heißen Strip unter die Dusche oder in die Wanne. Das Wichtigste dabei: Begeben Sie sich mit ihm gemeinsam ins feuchte Nass. Dabei sollten Sie die Aufmerksamkeit nicht auf seine Sauberkeit, sondern auf Ihre Lust lenken! Erwecken Sie bei ihm den Eindruck, dass Sie vor allem zum Schmusen in die Wanne wollen.

Zu einem erotischen Badezimmertrip gehören:
- ♀ Kerzenlicht
- ♀ Zwei Gläser Sekt oder Champagner
- ♀ Ein schöner Schwamm zum Einseifen
- ♀ Nackenkissen (sind zwar nicht unbedingt nötig, aber sehr komfortabel)
- ♀ Musik – je nach Stimmung entweder Blues, Chopin oder die Stones (Stellen Sie Ihr Stereogerät aber bloß nicht auf den Badewannenrand: Wasser und Elektrisches kann Kicks erzeugen, auf die weder Sie noch Ihr Partner scharf sein dürften.)
- ♀ Wohlriechende Badezusätze (Ein Glas heiße Milch mit

Honig pflegt Körper und Seele. Sie können die Mischung zusätzlich mit fünf bis zehn Tropfen ätherischem Sandelholz- oder Vanilleöl anreichern.)

Last but not least ist auch das, was Sie in der Wanne tun, wichtig. Einschlafen ist schön – aber wahrscheinlich nicht das, was er erwartet. Ein paar Streicheleinheiten über und vor allem unter der Wasseroberfläche dürften seinen Wünschen schon wesentlich näher kommen. Ganz nebenbei können Sie Vorhaut und Eichel dabei gründlich reinigen. Und wenn Sie einen Hang zur Gymnastik haben, können Sie auch ein Schäferstündchen in der Wanne einlegen. Aus gynäkologischen Gründen spricht nichts dagegen – aus orthopädischen schon eher.

Lustduschen – die Alternative zur Wanne

Sie haben keine Badewanne oder sind stolz darauf, dass Sie nicht zu den wasserverschwenderischen Durchschnittsbürgern zählen, die täglich immerhin über 120 Liter Wasser durch den Abfluss spülen? Kein Problem! Auch die wasser- und zeitsparende Dusche bietet genug Möglichkeiten, um Lust und Hygiene unter einen Hut zu bringen.

Mit einem Naturschwamm, einer milden Waschlotion und einer Bürste können Sie für Aufregung sorgen. Knobeln Sie vorher aus, wer wen zuerst waschen soll. Falls Ihr Lover nicht auf die Idee kommt, dass der Wasserstrahl des Duschkopfs lustfördernd eingesetzt werden kann, können Sie seinen Horizont ja ein wenig erweitern, indem Sie ihm vormachen, wie es geht.

Falls er vor Ihnen auf die Knie geht, sollten Sie das nicht als Aufforderung ansehen, ihm die Haare zu waschen, sondern es einfach nur genießen. Umgekehrt freut sich jeder Mann natürlich immer und überall über eine kleine Verwöhneinheit mit Zunge und Lippen. Auch wenn Sie sonst eher etwas pingelig sind – was die Hygiene oder unerwünschte Gerüche betrifft, brauchen Sie sich unter der Dusche sicher keine Sorgen zu machen.

Noch ein kleiner Warnhinweis: Duschen ist nicht ungefährlich. Schon wer allein unter der Dusche steht, muss aufpassen, dass er nicht auf der Seife ausrutscht und beim Stürzen Duschvorhang samt Gestänge von der Decke reißt. Wenn Sie abenteuerlustig sind und unter der Brause ausgefallene Stellungen im Stehen testen wollen – andere sind hier schwer möglich –, so sollten Sie unbedingt eine rutschfeste Unterlage benutzen!

Hygiene-Tipp fürs Kaufhaus

Ganz egal ob Sie auf Boxershorts oder heiße Slips stehen – schenken Sie Ihrem Lover grundsätzlich Baumwollunterwäsche. Synthetisches fördert das Schwitzen im Genitalbereich. Über Polyester, Nylon und Co. freuen sich vor allem Pilze und Bakterien. Ganz abgesehen davon kann Synthetisches für Untendrunter beim Mann sogar bewirken, dass sich die Spermienzahl verringert.

Frauen sind in Naturfasern ebenfalls wesentlich besser aufgehoben. Achten Sie beim Dessouskauf daher nicht nur auf die Optik, sondern auch aufs Material.

Sauber ja, aber porentief rein?

Im Gegensatz zu Männern tun Frauen bei der Hygiene oft zu viel des Guten. Es stimmt schon – Männer legen Wert darauf, dass Frauen gut riechen. Und ebenso wie die männlichen leiden natürlich auch die weiblichen Genitalien unter mangelnder Pflege. Außerdem fühlt es sich einfach besser an, wenn Sie wissen, dass Sie sich von Kopf bis Fuß nicht nur sehen, sondern auch riechen lassen können. Doch selbst wenn Sie sich danach sehnen, dass Ihr Lover Sie mit oralen Tricks in Ekstase versetzt – zu aggressiven Seifen brauchen Sie deswegen noch lange nicht zu greifen. Ein Waschlappen und warmes Wasser – das ist alles, was Sie für Ihre Sauberkeit benötigen. Wenn Sie auf Nummer sicher gehen wollen, können Sie zusätzlich noch eine milde, pH-neutrale Waschlotion verwenden. Während Seifen und herkömmliche Duschgels (und übrigens auch Schaumbäder) die Haut und insbesondere die empfindliche Schleimhaut angreifen, sind pH-neutrale Mittel völlig harmlos.

Alles in allem können Sie sich ruhig auf die Natur verlassen. Sowohl der natürliche Körpergeruch als auch die gesunde Scheidenflora schrecken Männer bestimmt nicht ab – ganz im Gegenteil. Intimlotionen oder -sprays sollten Sie daher ebenso aus Ihrem Badezimmer verbannen wie Vaginalduschen. All diese Mittel schädigen nur die natürliche Scheidenflora, was über kurz oder lang die Entstehung von Infektionen fördert.

Ein wenig Schweiß ist ebenfalls kein Grund, in Panik zu geraten. Die meisten Männer mögen es sehr, wenn nicht nur sie, sondern auch ihre Geliebte auf der Matratze ein bisschen ins Schwitzen kommt. Schließlich ist das ein deutliches Zeichen dafür, dass sie die ganze Arbeit nicht ihm allein überlässt.

Fingernägel oder: »Von wegen süßes Kätzchen«

Lange Fingernägel sind ein Sexsymbol, besonders rot lackiert. Warum so vielen Männern lange Fingernägel gefallen, ist allerdings ein Rätsel. In früheren Zeiten repräsentierten lange Fingernägel Reichtum – sie waren ein Privileg der Damen aus gutem Hause, denn die Nägel von Frauen, die auf dem Feld arbeiten mussten, hatten keine großen Wachstumschancen.

Heute lässt die Länge der Fingernägel längst nicht mehr auf die Gesellschaftsschicht schließen. Bleibt noch die Möglichkeit, dass Frauen, die ihre Krallen so offen zeigen, bei manch einem Mann Wildkatzen-Assoziationen wecken und unterbewusst die begehrte Mischung aus Wildheit und Anschmiegsamkeit in Aussicht stellen.

Einige Paare lieben es, wenn es beim Sex ein bisschen heftiger zur Sache geht. Kratzen und Beißen gehören bei ihnen zum Standardprogramm. Und schon im Kamasutra – dem traditionellen Liebeslehrbuch aus dem alten Indien – werden die Vorzüge langer Fingernägel beschrieben. »Lange Nägel verleihen der Hand Anmut«, heißt es da. Und an anderer Stelle: »Erreicht die Leidenschaft ein bestimmtes Maß, so soll das Kratzen mit den Nägeln erfolgen. Bei folgenden Gelegenheiten ist es angebracht: Beim Ersten Mal, (...) beim Versöhnen mit der schmollenden Liebsten und wenn sie betrunken ist.«

Wer da wen kratzen soll, bleibt allerdings unklar. Trotzdem können Sie davon ausgehen, dass Männer einiges aushalten – besonders wenn sie sich der sexuellen Ekstase nähern. Und ein paar Kratzer am Rücken oder Po Ihres Lovers werden ihn sicher nur noch mehr auf Touren bringen.

Allerdings gibt es auch Situationen, in denen Sex keine

Spuren hinterlassen sollte – weder Lippenstift am Hemdkragen noch Knutschflecken oder gar Kratzspuren. Außerdem stehen auch manche Männer, die keinen Seitensprung zu verheimlichen haben, manchmal eher auf süße Kätzchen als auf Raubkatzen. Sie ziehen es vor, gekrault zu werden, und können gut auf Kratzer, die einer anschließenden Wundversorgung bedürfen, verzichten.

Im Grunde ist es ziemlich egal, ob Sie nun lange oder kurze Fingernägel haben. Viel wichtiger ist, wie Sie sie einsetzen. Sie sollten immer aus dem Bauch heraus entscheiden, welche Situation nach Zartgefühl und welche nach Temperament verlangt. Eines sollten Ihre und seine Fingernägel aber in jedem Fall sein: sauber! Da die Hände beim Sex zu den wichtigsten Werkzeugen zählen und intimste Bereiche erkunden, sollten sie immer gepflegt sein.

Mehr Spaß im Bett und auf dem Küchentisch

Was macht befriedigenden und guten Sex aus? Warum haben manche Paare einen Riesenspaß daran und können nicht oft genug miteinander ins Bett gehen, während Sex für andere – übrigens die Mehrzahl – früher oder später in Stress ausartet?

Die meisten Probleme entstehen, wenn Paare nicht (oder zu wenig) miteinander kommunizieren.

»Magst du es, wenn ich dich hier anfasse?«

»Ist das zu fest?«

»Findest du diese Stellung auch so aufregend?«

»Kannst du dir etwas mehr Zeit nehmen, um mich zu streicheln?«

Ein paar offene Fragen und ebenso offene Antworten – und schon wären viele sexuelle Probleme aus der Welt geschafft. Doch wie Sie wissen, ist es gar nicht so leicht herauszufinden, was Ihr Lover wirklich will. Und nur wenn er Spaß mit Ihnen hat, werden Sie auch Spaß mit ihm haben! Mit Frauen, die sich beim Sex so still und stumm wie umgeworfene Schaufensterpuppen benehmen, langweilen Männer sich früher oder später bestimmt. Und keine Frau sollte es je so weit kommen lassen, dass ihr Partner sie nur noch zur Selbstbefriedigung benutzt. Es ist äußerst wichtig, dass Sie selber Spaß an der Sache haben. Denn erstens kommen Sie nur so auf Ihre Kosten, und zweitens sind Frauen, die Sex lieben, für jeden Mann besonders attraktiv.

Was können Sie tun, um selbst mehr Freude am Sex zu haben und Ihrem Süßen gleichzeitig einen Service zu bieten, den er so schnell nicht wieder vergessen wird? Klar, Sie brauchen mehr Infos. Wissen ist Macht – und das gilt natürlich auch, wenn es um Erotisches geht. Doch woher das Wissen nehmen, wenn Ihr Lover Ihnen seine intimsten Geheimnisse und Sehnsüchte nicht verrät?

In Frauenzeitschriften finden Sie jede Menge Tipps zum Thema »Männer verführen«; allerdings haben sie den Nachteil, dass sie fast immer von Frauen geschrieben sind. Und auch wenn Sie sich mit Ihren Freundinnen über die schönste Nebensache der Welt austauschen, bleibt die Perspektive doch rein weiblich. So gesehen ist es völlig normal, dass die meisten Frauen nur ahnen können, was in Männerköpfen wirklich vor sich geht.

Auf den folgenden Seiten werde ich Ihnen im Detail verraten, was Männer wirklich wollen. Wenn Sie Ihren Partner fragen, was ihm im Bett gefällt, wird er sich diplomatisch herausreden und irgendetwas Unverbindliches sagen, zum Beispiel: »Ich mag eigentlich alles, was du machst, Schatzi.«

Ob Ehemann oder One-Night-Lover – kein Mann will seine Bettgefährtin kritisieren und sie mit »plumpen« Aufforderungen vor den Kopf stoßen. »Nimm deine Hand weiter nach oben, sonst spür ich nichts«, »Du machst es nicht schnell genug« oder »Könntest du mal kräftig an meinen Brustwarzen saugen?« – solche Sätze werden Sie selten zu hören bekommen. Nicht nur, weil die meisten Männer Kommunikationsblockaden haben, sondern ganz einfach auch deshalb, weil sie sich blöd vorkämen, so etwas zu sagen. Das ist natürlich verständlich, aber auch schade, denn so fehlt Ihnen das Feedback, das Sie brauchen, um Fehler zu erkennen und wichtige Kleinigkeiten dazuzulernen.

Nutzen Sie daher die Möglichkeit herauszufinden, wie Sie Männern im Bett den Kopf verdrehen können, indem Sie die folgenden Kapitel aufmerksam lesen. Hier bekommen Sie jede Menge Insider-Tipps – und zwar aus der männlichen Perspektive. Ob Sie diese dann anwenden, um mehr Spaß mit Ihrem Ehemann oder einem knackigen Kurzzeit-Lover zu haben, bleibt natürlich ganz Ihnen überlassen.

Wie Sie jeden Mann und gleichzeitig sich selbst beglücken

Sie erfahren nun mehr darüber, wie Sie den Sex für Ihren Lover und für sich selbst zum reinen Vergnügen machen. Dabei sollten Sie eines nicht vergessen: Es geht immer darum, dass beide ihren Spaß haben! Wenn Sie sich wie ein Sexobjekt vorkommen, das nur dazu dient, seine Lust zu befriedigen, ist das sicher nicht der Fall. Natürlich mögen Männer es, wenn Frauen ungehemmt und hingabefähig sind und sich im Bett »sexy« benehmen. Doch die Grenze ist erreicht, sobald Sie sich ausgenützt fühlen.

Je mehr Sie darüber wissen, wie Sie ihm eine kleine Freude machen können, desto leichter wird es auch für Sie sein, sich beim Sex fallen zu lassen und ihn zu genießen. Denn die Angst, etwas falsch zu machen, ist der häufigste Grund für Hemmungen und Probleme im Bett. Erinnern Sie sich noch an Ihre ersten Fahrstunden? Solange Sie bei den einfachsten Handgriffen nachdenken mussten, machten andere Verkehrsteilnehmer einen großen Bogen um Sie, und Sie fühlten sich unsicher. Doch sobald Sie gelernt hatten, mit dem Knüppel umzugehen, wurde alles ganz easy.

Der Stoff, aus dem perfekte Liebhaberinnen sind

Jede Frau ist anders, und jede hat ihre ganz eigenen Stärken. Ob zart, temperamentvoll, cool, anschmiegsam oder wild – Sie müssen Ihre ganz eigene Art entdecken, die Liebe zu genießen. Und so gesehen gibt es auch »die perfekte Liebhaberin« nicht.

Natürlich haben Männer ebenfalls individuelle Eigenschaften. Doch gibt es einige Punkte, die fast immer genannt werden, wenn man sie danach fragt, was eine Frau haben muss, damit sie gerne mit ihr ins Bett gehen. Im Folgenden finden Sie einzelne Aussagen, die beispielhaft allgemein gültige Facts wiedergeben:

Sebastian (36, Designer): »Im Bett sollten Frauen wissen, was sie wollen. Meine letzte Freundin war sehr schüchtern; sie hatte viele Hemmungen, und es war immer ein Riesenproblem, einigermaßen entspannten Sex mit ihr zu haben. Eigentlich hat es nur funktioniert, wenn sie vorher mindestens ein Gläschen Sekt getrunken hatte.«

▷ *Selbstbewusstsein und Lockerheit* gehören zu den wichtigsten Eigenschaften, die die Liebe versüßen. Selbstbewusste Frauen lieben sich selbst und akzeptieren auch ihre Fehler (siehe auch unter »Lieb dich selbst, dann liebt dich ›jeder‹«, Seite 135). Damit ist die Voraussetzung für Lockerheit und Entspannung gegeben, zwei wichtige »Liebesdiener«. Verkrampfter Sex macht einfach keinen Spaß. Selbstbewusstsein und eine entspannte Grundhaltung lassen sich nicht von heute auf morgen herbeizaubern, aber durchaus entwickeln.

Zum Beispiel durch die Sicherheit, die entsteht, wenn man über das richtige Handwerkszeug verfügt. Apropos Handwerkszeug …

Albert (23, Sportstudent): »Wenn eine Frau hilflos an meinem Penis herumfummelt und nicht so genau weiß, was sie eigentlich damit anfangen soll, kann es ganz schön peinlich werden. Ich versuch das ›Vorspiel‹ dann möglichst kurz zu machen und schnell zur Sache zu kommen, sonst macht es mir einfach keinen Spaß.«
▷ *Das richtige Handwerkszeug, sprich eine gute Technik* hilft ungemein. Ob beim Kuchen backen oder beim Männer beglücken – das »Gewusst, wie« entscheidet, ob die Sache gelingt oder gründlich danebengeht. Die folgenden Kapitel bieten Ihnen viele Anregungen, die zu einer perfekten Technik verhelfen.

Thomas (38, Programmierer): »Ich bin jetzt schon seit knapp sechs Jahren mit Angelika zusammen. Im Großen und Ganzen läuft es sehr gut, aber sexuell gesehen ist unsere Beziehung ein bisschen eingeschlafen. Irgendwie fehlt der Kick – es läuft immer gleich ab, und da wird Sex mit der Zeit natürlich zur Routine.«
▷ *Experimentierfreude und Offenheit* sind ebenfalls wichtige Faktoren, die den Spaß am Sex enorm fördern. Eine »gute Liebhaberin« ist vor allem deshalb gut, weil sie sich nicht mit Routine zufrieden gibt, sondern immer wieder Lust hat, etwas Neues auszuprobieren. Sie ist offen für andere Techniken und Spielchen und liebt es, Männer immer wieder einmal zu überraschen.

Jo (48, HNO-Arzt): »Nach langem Leerlauf habe ich seit kurzem endlich wieder eine nette und gut aussehende Frau kennen gelernt. Das Einzige, was mich jetzt schon stört, ist ihr unglaublicher Ernst. Sie macht sich viel zu viele Sorgen, zum Beispiel über ihr Make-up, ihre Beine, die sie zu dick findet, usw. Neulich habe ich Kondome besorgt, die wirklich äußerst albern aussehen – ich fand sie so lustig, dass ich sie einfach kaufen musste. Leider hat sie beim Anblick der Dinger nur gequält gelächelt. Meine Lust war dann jedenfalls dahin.«

▷ *Eine ordentliche Portion Humor* sorgt beim Sex für die nötige Lockerheit und eine gelassene Atmosphäre. Es heißt, dass Männer, die eine Frau zum Lachen bringen, auch kein Problem damit haben, sie zum Orgasmus zu bringen. Aber was tun, wenn die Frau keinen Spaß versteht? Die sexuelle Begegnung zwischen Mann und Frau kann zärtlich, innig, ekstatisch, meditativ, aber durchaus auch einmal sehr lustig sein. Schließlich gibt es genug Situationen, in denen irgendetwas »Peinliches« passiert. Ein erfrischendes Lachen ist dann der beste Weg, um die Stimmung zu retten.

Neue Farben für die Liebe

Nach einer aktuellen Studie des Kinsey-Instituts nimmt die Häufigkeit von Sex in den westlichen Industrienationen seit den 1950er Jahren kontinuierlich ab. Es sieht fast so aus, als ob Sex allmählich aus der Mode kommt. Ein jüngst erschienener Artikel in der Zeitung *USA Today* berichtet, dass etwa 40 Millionen Amerikaner in einer Ehe leben, in der ein Minimum an Sex stattfindet. Und auch hierzulande dürfte die Zahl der Ehen, in denen Sex nur noch eine kleine Nebenrolle spielt, beträchtlich sein.

Zugegeben, die Leidenschaft lässt bei Paaren im Lauf der Jahre naturgemäß nach. Vom Magnetismus, der frisch Verliebte noch rund um die Uhr aneinander kleben lässt, ist nach zehn oder 20 Ehejahren nicht mehr viel zu spüren. Amerikanische Paartherapeuten haben entdeckt, dass es vor allem die Männer sind, bei denen die Lust auf Sex mit der Zeit flöten geht. Volle Terminkalender, Probleme im Job, der drohende Verlust des Arbeitsplatzes, starke Frauen mit hohen Erwartungen und sogar Freizeitstress – all das lässt nur noch wenig Zeit und Lust, um die wichtigste Nebensache der Welt in Ruhe zu genießen.

Am schlimmsten aber ist die Routine. Das gilt für den grauen Alltag, der zur Gefahr für unsere Lebensfreude werden kann, und erst recht für Sex: Auch hier bedeutet Routine den Anfang vom Ende.

Um die Liebe lebendig zu halten, brauchen Sie und Ihr Lover immer wieder einmal neue Erfahrungen. Es muss ja nicht gleich die Latexausrüstung sein, aber mit etwas Fantasie, ein paar neuen Sextechniken, einem Quickie auf dem Autorücksitz, einer neuen Umgebung oder einer außergewöhnlichen Stellung können Sie schnell neue Farben in die Zweisamkeit zaubern.

Damit Sex für beide ein Abenteuer bleibt, müssen Sie dafür sorgen, dass Ihr Liebhaber nicht mit der Zeit »einschläft«. Männer neigen zu einem gewissen Phlegma, und es ist gar nicht so leicht, ihre Aufmerksamkeit wachzuhalten. Klar – beim ersten Mal ist das kein Problem. Wollen Sie ihn aber auch beim tausendsten Mal noch dazu kriegen, dass er Sie begehrt, Ihnen zu Füßen liegt und nach mehr bettelt, hilft nur eins:

Vertrauen Sie Ihrer erotischen Intelligenz!

Alle Frauen dieser Welt teilen ein Geheimnis. Dieses wurde und wird von Müttern an ihre Töchter weitergegeben. Es ist der Zauber des »ewig Weiblichen«, das in jedem Mann – vom Burschen bis zum Greis – heißes Begehren weckt. Das Dumme ist nur: Frauen müssen sich der Macht ihrer Weiblichkeit erst einmal bewusst werden, um sie erfolgreich einsetzen zu können. Und das funktioniert nur, wenn sie auf ihre erotische Intelligenz vertrauen.

Der »erotische Intelligenzquotient« ist bei Frauen normalerweise deutlich höher als bei Männern. Und Erotik beinhaltet sehr viel mehr als Sex. Mit Sex haben Männer kein Problem – das schaffen sie meist ganz gut –, aber mit der Erotik sieht es schon anders aus. Hier geht es nicht um schnelle Beckenbewegungen, bei denen selbst Kaninchen besser abschneiden als durchtrainierte junge Männer. Erotische Intelligenz setzt sich aus vielen Faktoren zusammen. Dazu gehören:

- ♀ Sinnlichkeit
- ♀ Einfühlungsvermögen
- ♀ Körperbewusstsein
- ♀ Leidenschaft
- ♀ Hingabe
- ♀ Fantasie
- ♀ Sensibilität
- ♀ Intuition
- ♀ Charme

Fällt Ihnen etwas auf? Genau: Alle genannten Eigenschaften trifft man bei Frauen sehr viel häufiger an als bei Männern.

Männer nehmen die Dinge gern in die Hand. Sie wollen »Macher« sein, wollen auch in der Liebe die Kontrolle behalten. Machen Sie nicht den gleichen Fehler. Hören Sie beim Sex nicht auf Ihren Kopf, sondern immer nur auf Ihr Herz. Entscheiden Sie aus dem Bauch heraus und vertrauen Sie darauf, dass Ihre Intuition im Grunde immer ganz genau weiß, was Sie und Ihr Partner gerade brauchen.

Wenn Sie sich gemeinsam mit Ihrem Lover aufmachen, um höchste Gipfel der Ekstase zu erklimmen, gibt es nur einen Bergführer, auf den Sie sich hundertprozentig verlassen können: Ihre Sinnlichkeit, Ihre Fantasie und Ihr Gefühl. Oder anders ausgedrückt: Ihre erotische Intelligenz!

Erotische Appetizer – Kerzenschein, Sandelholzduft und Chianti

Eine gute Oper erkennt man schon an der Ouvertüre. Ob das Fünf-Gänge-Menü etwas taugt oder nicht, wird schon bei der Vorspeise klar. Und auch in der Kunst der Verführung entscheidet bereits der erste Schritt darüber, wie die ganze Sache weitergeht. Mit der richtigen Vorbereitung lässt sich ein guter Anfang machen.

Dass Männer immer und überall »können«, ist ein verbreiteter Irrtum. Es stimmt schon, dass der Sinn für Romantik bei den Herren der Schöpfung meist zu wünschen übrig lässt. Trotzdem wollen auch sie sich beim Sex gerne rundum wohl fühlen. Bei grellem Neonlicht, in schlecht gelüfteten, muffigen Zimmern oder in Räumen, in denen derart viel Ramsch und Abfall liegen, dass man die Farbe des Teppichs nur noch erraten kann, fühlen auch Männer sich unbehaglich – nicht alle, aber viele. Deshalb sollten Sie auf die Umgebung achten, wenn Sie die Kunst der Verführung einsetzen wollen. Sie müssen weiß Gott keine Innenraum-Designerin sein. Die wichtigsten Basics, die dazu nötig sind, um eine sexy Atmosphäre zu schaffen, finden Sie in den folgenden Tipps – ansonsten sollten Sie sich einfach auf Ihr kreatives Gespür verlassen.

Atmosphärische Erotikkiller auf einen Blick

Auch Männer müssen in Stimmung sein, damit sie den Sex genießen können. Der Stimmungskiller Nummer eins heißt »Stress«. Nach einem harten Tag noch eine coole Nummer zu schieben, das fällt Männern ganz schön schwer. Wenn Ihr Lover morgens den Bus verpasst hat, vormittags Streit mit einem Mitarbeiter hatte, mittags in der Kantine versalzene Nudeln essen musste, um kurz darauf zu erfahren, dass der ersehnte Auftrag doch noch geplatzt ist, wird seine Stimmung abends bestimmt im Keller sein. Dann lässt sich die Stimmung nur noch mit einigen atmosphärischen Zaubertricks retten. Besonders wichtig: Hüten Sie sich vor typischen Erotikkillern – denn die können selbst lustvolle Männer in schlecht gelaunte Miesepeter verwandeln. Hier eine kleine Liste mit den wichtigsten Don'ts:

♀ Fragen Sie ihn nicht, ob er die Steuererklärung jetzt endlich fertig gemacht hat.

♀ Sie können sich ruhig erkundigen, wie sein Tag war, aber bohren Sie nicht nach, wenn er sich zugeknöpft gibt.

♀ Meiden Sie vor dem Sex grundsätzlich Themen wie Pilzerkrankungen, Tampons, Dauerwellen, Enthaarungscremes oder Hautprobleme.

- ♀ Vermeiden Sie es, ihn zuzutexten – sorgen Sie lieber für etwas Ruhe.
- ♀ Schalten Sie den Fernseher beim Essen aus.
- ♀ Schenken Sie nicht zu viel Alkohol ein, denn der macht selbst aus härtesten Jungs ziemliche Schlaffis, erst recht, wenn sie sowieso schon gestresst sind.
- ♀ Vermeiden Sie lange Telefonate. Falls jemand anruft, halten Sie sich kurz. Haben Sie nämlich erst einmal eine Stunde mit Ihrer Mutter telefoniert, ist er längst eingeschlafen. Noch besser: Sie schalten das Telefon gleich ganz aus.
- ♀ Drängeln Sie nicht. Lassen Sie ihm etwas Zeit, erst einmal abzuschalten und die Alltagssorgen hinter sich zu lassen, bevor Sie mit Ihren Verführungskünsten loslegen.

So sorgen Sie für Stimmung

Eine romantische Stimmung, ein angenehmes, sinnliches Drumherum, eine dezente Beleuchtung – das ist nicht nur für Frauen, sondern auch für Männer wichtig, um von Alltag auf Zweisamkeit umzuschalten. Zwar legen viele Männer unheimlich viel Wert darauf, cool zu erscheinen, doch für warme, erotische Stimmungen sind auch sie offen. Vor allem dann, wenn es etwas zu sehen gibt. Männer haben einen ausgesprochenen Hang zum Visuellen. Sie werden nicht nur Augen für Sie haben, sondern für alles, was Erotik ausstrahlt – für schwarze Netzstrumpfhosen, die unterm Rock hervorblitzen, für eine schöne Flasche Chianti auf dem Tisch, für Seidenkissen, die das ganze Bett bedecken, oder das Massageöl, das auf Ihrem Nachttischchen wartet.

Gefühle und Stimmungen beeinflussen das Spiel der Liebe

enorm. Ein Sonnenuntergang an einem warmen Sandstrand, ein Kaminfeuer in einer schneebedeckten Hütte – wer würde da nicht schwach werden? Sie können aber auch in den eigenen vier Wänden für Stimmung sorgen und aus der Liebe sogar ein kleines Ritual machen. Sex sollte zum Event werden und mindestens (!) genauso aufregend sein wie ein Konzertbesuch oder ein Ausflug in den Zoo. Routine, die Männern (und Frauen) den Spaß verdirbt, sollten Sie deshalb gar nicht erst aufkommen lassen.

Licht aus – Kerzen an

Grelles Licht ist eine Beleidigung für die Liebe. Nichts gegen einen kleinen Quickie in einer sonnendurchfluteten Südseebucht – wo zwei knackige, gebräunte Körper aufeinander treffen, hat selbst der anspruchsvolle Voyeur seinen Spaß –, aber im Schlafzimmer ist helles Licht einfach fehl am Platz. Schließlich sind Liebesgemächer keine OP-Säle, hier muss Mann nicht alles ganz genau sehen. Denken Sie daran: Männer schauen beim Sex gerne. Und ganz egal, ob sein Blick auf Ihren Busen, Bauchnabel oder Schamhügel fällt – gedämpftes Licht ist immer schmeichelhafter. Ihr Lover muss nicht jeden noch so kleinen Pickel erkennen können – und Sie wollen seine sicher auch nicht genauer betrachten. In gedämpftem, warmem Licht gehen kleine Schönheitsfehlerchen, Narben, Hautunreinheiten, Zellulitis und die meisten Falten förmlich unter. Außerdem lässt sich damit das Gefühl vermeiden, auf dem Präsentierteller zu liegen, und die ganze Umgebung sieht gleich viel ansprechender aus.

Zögern Sie also nicht lange: Drehen Sie alle Glühbirnen, die mehr als 40 Watt haben, aus der Fassung. Oder noch besser: Tauschen Sie sie durch farbige Birnen aus. Gelbes, oran-

180

gefarbenes und ruhig auch ein wenig rotes Licht bringen Erotik in jeden Raum – immerhin ist Rotlicht nicht ohne Grund zum Symbol für professionellen Sex geworden. Zudem beeinflussen Farben die Stimmung, und gerade warme Farben wie Rot und Orange galten schon im Tantra, der altindischen Liebeskunst, als bunte Lustmacher.

Neben farbigen Glühbirnen und Dimmern können auch Kerzen für eine reizende Stimmung sorgen. Ja, Sie haben richtig gelesen: Kerzenschein kommt nicht nur bei Frauen, sondern auch bei Männern gut an. Kaum ein Liebesfilm kommt in der Schlüsselszene ohne Candle-Light-Dinner aus. Kein Wunder, denn das warme Kerzenlicht erinnert an Sonnenuntergänge, prasselndes Kaminfeuer und ähnlich romantische Dinge. Stellen Sie also Kerzen auf! Auf dem Tisch, dem Nachtkästchen und rund ums Bett. Achten Sie dabei auf eine ausreichende Entfernung zu Bett, Laken oder anderem Entzündlichen, denn auch eine noch so heiße Nummer sollte nicht mit einem Feuerwehreinsatz enden.

Bitte nicht stören!

Wenn Sie nicht gerade Pornofilmdarstellerin sind oder einen ausgesprochenen Hang zum Exhibitionismus haben, gilt: Sex ist eine intime Angelegenheit. Sie geht nur zwei Menschen etwas an, nämlich Sie und Ihren Liebsten. Der Horror eines jeden Mannes, der es endlich geschafft hat, von seiner neuen Eroberung mit nach Hause genommen zu werden, sieht so aus: Mitten im Gefecht geht die Tür auf – und da steht er: der Mitbewohner, der fünfjährige Sohn oder, noch viel schlimmer, der Ehemann! Oder es ist der Schäferhund, der seinen Türklinkentrick immer dann vorführt, wenn es gerade am wenigsten passt. Es reicht aber schon, wenn das Handy nicht mehr zu klingeln aufhört. Störungen beim Sex sind selten lustig, eher nerven sie und können – je nachdem, wer der Störenfried ist – sogar zum emotionalen Super-GAU werden. Im Bett reicht manchmal eine kleine Ablenkung aus – und Sie können wieder ganz von vorne anfangen.

Die einfache Lösung: Schalten Sie Ihr Handy aus, stecken Sie das Telefonkabel aus, schauen Sie noch einmal in Ihren Terminkalender, ob sich nicht doch jemand angekündigt hat, und hängen Sie ein Schild an die Tür, auf dem »Bitte nicht stören« groß und deutlich für jedermann zu lesen ist. Wollen Sie wirklich sicher sein, dass Sie ungestört bleiben, sollten Sie das Zimmer oder die Wohnungstür absperren und den Schlüssel innen stecken lassen!

Luft und Duft

Es muss bei Ihnen ja nicht gleich wie auf einer Almwiese duften, aber die Mischung aus Zigarettenrauch, kalter Asche und gebratenen Zwiebelringen lässt jeden noch so willigen Lover erschaudern. Lüften Sie also. Und damit die Nacht ein rundum sinnliches Erlebnis wird, können Sie zusätzlich betörende Düfte einsetzen, um auf sehr subtile Weise eine erotische Atmosphäre zu erzeugen. Kein anderes Sinnesorgan spricht so sehr auf angenehme Reize an wie die Nase.

Düfte für die Liebe spielen im Fernen Osten schon seit Jahrtausenden eine wichtige Rolle. Im Tantra werden Räucherstäbchen eingesetzt, um sexuelle Energien zu wecken. Wenn es um die Liebe geht, sollten Sie zu Sandelholz, Moschus und Patschuli greifen, denn diese Duftnoten fördern die männliche Lust nachgewiesenermaßen besonders stark.

Falls Ihnen die Vorstellung, Ihr Wohnzimmer mit Räucherstäbchenduft zu füllen, nicht behagt, gibt es noch eine elegantere Lösung: Aromaöle oder genauer gesagt ätherische Öle. Sie enthalten konzentrierte Pflanzenaromen. Einige davon werden Damenparfums beigemischt, da sich in Tests gezeigt hat, dass sie bei Männern erotische Gefühle wecken. Gerade im Bereich der Erotik lässt sich die Aromatherapie sehr effektiv einsetzen. Wenn Sie wissen, welche Duftöle sich prinzipiell eignen, um Männerfantasien anzukurbeln, müssen Sie nur noch herausfinden, welche davon bei Ihrem Süßen besonders gut wirken. Die besten ätherischen Öle für Lust und Liebe sind:

♀ Lavendel (Lavendula officinalis)
♀ Patschuli (Pogostemon patchouli)
♀ Sandelholz (Santalum album)
♀ Ylang-Ylang (Unona odorantissimum)
♀ Zimt (Cinnamomum ceylanicum)
♀ Orange (Citrus aurantium)
♀ Vanille (Vanilla planifolia)
♀ Pfeffer (Piper nigrum)

Die Anwendung ist höchst simpel: Stellen Sie eine Duftlampe mit etwas Wasser in eine Zimmerecke, geben Sie vier bis fünf Tropfen eines ätherischen Öls Ihrer Wahl hinein – jetzt müssen Sie nur noch die Augen schließen und genießen. Ätherische Öle sind sehr teuer, sofern es sich nicht um chemische oder naturidentische, sondern wirklich um natürliche Produkte handelt. Auf der anderen Seite genügen winzigste Mengen, um selbst große Räume zu beduften. Damit der Geruch nicht aufdringlich wird, sollten Sie sich bei der Dosierung zurückhalten. Wie gesagt: Einige wenige Tropfen reichen vollkommen.

Falls Sie keine Duftlampe besitzen, tut's auch ein Stövchen mit einem Schälchen darauf. Achten Sie darauf, dass immer genug Wasser in der Schale ist. Vorsicht: Ätherische Öle haben's in sich, vermeiden Sie unbedingt jeden Kontakt mit Schleimhäuten, und wenden Sie ätherische Öle immer stark verdünnt an, wenn Sie sie für Kosmetika, zum Beispiel für Massageöl, einsetzen wollen.

Ebenso wichtig wie ein guter Duft ist die richtige Raumtemperatur. Wenn schon jemand Gänsehaut bekommt, dann bitte von zärtlichen Küssen auf den Nacken und nicht wegen Kälte. Sie ist ein echter Liebeskiller, und kalte Füße stören nicht nur den Schlaf, sondern auch den Beischlaf.

Legen Sie ein paar mollige Wolldecken bereit, zum Beispiel für den Fall, dass ein kleines Intermezzo auf dem Esstisch stattfindet. Zwei sollten es mindestens sein, denn wenn Ihr Lover sich gerade »eine Etage tiefer« aufhält, bedeckt seine Decke bestenfalls noch Ihre Beine. Wollen Sie obenherum nicht frieren, benutzen Sie die zweite Kuscheldecke.

HEISSE UND COOLE SOUNDS

Mit dem passenden Sound können Sie sich und Ihren Lover noch besser in paradiesische Zustände katapultieren, denn ebenso wie Düfte haben auch Klänge eine starke Wirkung auf unsere Stimmungen. Wahrscheinlich wissen Sie heute noch ganz genau, welche Musik gerade aktuell war, als Sie Ihre erste große Liebe erlebt haben.

Falls Sie Ihren Liebsten schon länger kennen, wissen Sie sicher, welche Musik er gern hört. Bei einem neuen Lover ist das schon schwieriger. Vielleicht gefällt ihm Musik, die Ihnen gar nicht zusagt. Die Wahrscheinlichkeit, dass Sie mit der ersten CD, die Sie einlegen, einen Volltreffer landen, ist daher eher klein. Welche Scheiben sollte man also bereitlegen? Die Beatles, Chopin, Madonna? Mozart, Frank Sinatra, Britney Spears oder doch lieber die Red Hot Chili Peppers? Oder ist es besser, zu den musikalischen Erotikklassikern zu greifen? Beispielsweise zu Ravels »Bolero« aus »Die Traumfrau« mit Bo Derek oder zu Joe Cockers Hit »You can leave your hat on«, zu dem Kim Basinger in »9 ½ Wochen« ihren legendären Strip hingelegt hat? Letztlich bleibt die Wahl der Musik immer Geschmackssache. Allerdings gibt es einige allgemeine Tipps zum Thema »Sound«:

♀ Für ein romantisches Dinner zu zweit eignet sich klassische Musik – irgendetwas, das entspannt und das Gemüt beruhigt, zum Beispiel die Violinkonzerte von Mozart, Brahmssonaten oder »Die Goldberg-Variationen« von Johann Sebastian Bach. Diese Stücke gefallen normalerweise auch Männern, die mit klassischer Musik sonst eher nichts am Hut haben.

♀ Wenn es zur Sache geht, gibt es zwei Varianten, die sanfte und die wilde. Haben Sie eher Lust auf zärtlichen Sex, sollten Sie ruhige, fließende, soulige Musikstücke wählen – Blues zum Beispiel oder Kuschel-Rock. Mögen Sie es eher härter, ist afrikanische Trommelmusik ein heißer Tipp. Auch argentinischer Tango, der lyrische und leidenschaftliche Passagen enthält, hat es in sich – er ist aber nicht jedermanns Sache.

♀ Im Allgemeinen mögen Männer etwas härtere, rhythmischere Musik als Frauen, die eher auf softere Sounds abfahren. Im Zweifelsfall hilft nur eins: Fragen Sie ihn, was er hören möchte.

♀ Wenn die Musik mitten im schönsten Liebesspiel

plötzlich aufhört, weil die CD zu Ende ist, kann das ganz schön störend sein. Drücken Sie also lieber die »Repeat-Taste«. Falls die CD dann zum dritten Mal von vorne läuft, können Sie ja immer noch eine andere einlegen. (Wenn Ihr Lover so lang durchhält, können Sie sich übrigens gratulieren.)

NICHT ZU UNTERSCHÄTZEN: DIE LIEBE LIEGEWIESE

Wenn Sie Ihr Auto nur brauchen, um zweimal in der Woche zum Einkaufen zu fahren, reicht Ihnen sicher ein Kleinwagen älteren Baujahrs. Reisen Sie aber gerne und oft, werden Sie sich wohl ein größeres und komfortableres Auto gönnen. Mit Betten ist es ähnlich: Brauchen Sie es lediglich zwischendurch einmal für ein kleines Abenteuer oder wollen Sie eine richtige Liebeswiese, auf der Sie mit Ihrem Lover lange, ekstatische Nächte verbringen können?

Genau genommen ist das Bett die einzige Ausrüstung, die Sie für die Kunst der Liebe brauchen. Zumindest wenn Sie Sex nicht lieber überall anders haben wollen als dort. Alles Weitere können Sie Ihren Händen, Ihrem Mund, Ihrem Körper und Ihrer Fantasie überlassen. Kuscheln, massieren, küssen und natürlich auch lieben – all das macht auf einer wackeligen Pritsche auf Dauer aber keinen Spaß. Es lohnt sich also durchaus, etwas mehr Geld für ein gutes Bett auszugeben. Hinzu kommt, dass Sie besser schlafen und süßer träumen werden. Es sind alles in allem drei wichtige Gründe, die für ein großes und bequemes Bett sprechen:

1. Die Gastfreundschaft: Natürlich gibt es Gründe, eine Neueroberung nach dem Sex aus dem Haus zu jagen oder männlichen Besuch zum Übernachten zumindest aufs Sofa zu verbannen. Aber wenn Sie verliebt sind und eine aufregen-

de und schöne Liebesnacht mit Ihrem Lover verbracht haben, möchten Sie sicher auch gemeinsam mit ihm einschlafen. Außerdem ist es nicht sehr gastfreundlich, ihn um 4.00 Uhr morgens nach Hause zu schicken. Doch was bleibt Ihnen übrig, wenn Ihre Matratze nur 80 Zentimeter breit ist und Sie noch ein paar Stunden Schlaf brauchen?

2. Die Bandscheiben: Es spricht nichts dagegen, auf dem Küchentisch, dem Teppich oder dem Autorücksitz miteinander zu schlafen. Wenn Ihr Lover jedoch Bandscheibenprobleme hat, können Sie diese Orte vergessen. Bedenken Sie: Vor allem Männer sind von Rückenleiden betroffen. Und in einem solchen Fall wird er sich über eine rückenfreundliche Matratze sicher sehr freuen. Übrigens sollte es Ihnen Ihr eigener Rücken ebenfalls wert sein.

3. Der Sex: Last but not least bietet ein großes, gemütliches Bett alle Möglichkeiten, Sex in sämtlichen aufregenden Variationen entspannt zu genießen.

In welcher Art von Bett es zur Sache gehen soll, ist Männern ziemlich egal. Ob schlichter japanischer Futon, romantisches Himmelbett, gluckerndes Wasserbett oder verchromtes Designermodell – Hauptsache, die Größe stimmt. Auch der Standort ist nicht so wichtig: Steht ein Bett mitten im Zimmer, weckt dies vielleicht schon von Anfang an erotische Fantasien, doch in einer gemütlichen Ecke eines Raumes lässt es sich ebenso gut liegen (und lieben).

Von Bedeutung ist hingegen die richtige Atmosphäre im Schlafgemach. Wenn Sie Erotik pur wollen, sollten Sie die entsprechende Bettwäsche aufziehen. Schwarze oder weinrote Seidenbezüge, weiße Musselinwäsche oder orientalische Muster »à la Kamasutra« sorgen für eine knisternde Stimmung. Nach der indischen Liebesschule gelten rote, orange-farbene und gelbe Stoffe als besonders erotisierend. Ein paar Seidentücher, Laken, Decken, Blumen neben dem Bett und vor allem jede Menge Kissen, die Ihnen die eine oder andere Liebesstellung erleichtern – damit lässt sich ein 08/15-Schlaf-zimmer ganz einfach und schnell in ein Liebesnest aus Tau-sendundeiner Nacht verwandeln.

Erotik-Videos als Appetizer?

Männliche Singles verbringen viel Zeit damit, sich nackte Frauen anzugucken, Erotik und Sex laufen beim Mann nun einmal zu 80 Prozent über das Sehen ab. Wenn er keine Part-nerin hat, behilft er sich eben mit erotischer Konservenkost aus TV, Video und Internet. Jeder private Sender lässt spätes-tens ab der Geisterstunde eindeutig Zweideutiges über den Bildschirm flimmern. Peep-Shows, Pornokinos, Table-Dance-Bars – die visuell ausgerichtete Erotikbranche klagt weiß Gott nicht über niedrige Umsätze.

So kann eine gemeinsame Video-Session durchaus als net-te Vorspiel-Variante eingesetzt werden. In Zeiten von Video und DVD ist es für eine erwachsene Frau kein Problem, sich in einer Videothek einen erotischen Film auszuleihen. Heut-zutage wird niemand mehr darüber staunen, wenn Frau Manns genug ist, für sich und ihren Lover ins entsprechende Regal zu greifen. Wählen Sie dabei nach Ihrem Geschmack, schließlich müssen es ja nicht gleich Hardcore-Pornos der heftigsten Sorte sein. Auch softere Filme reichen als kleiner optischer Appetizer völlig aus.

Einige der Machwerke aus den 1970er und 80er Jahren genießen inzwischen Kultstatus. Ob Jane Fonda mit auftou-pierten Haaren als »Barbarella« durchs All fliegt oder Laura

Gemser sich als »Black Emanuelle« in karibischem Sand suhlt, für ihn gibt es auf jeden Fall etwas zu gucken – und für Sie etwas zu lachen. Spätestens bei den schon über 30 Jahre alten, höchst albernen Schulmädchen-Report-Filmen made in Germany wird auch er bis über beide Ohren grinsen. So haben Sie beim Videoschauen gemeinsam eine Menge Spaß, und die Bilder werden ihre Wirkung auf seinen Hormonspiegel dennoch nicht verfehlen. Darüber hinaus können Sie sich in vielen Erotikfilmchen auch die eine oder andere Anregung holen.

Der richtige Zeitpunkt für sexy Filme? Nach dem Dinner und/oder nach dem gemeinsamen Baden, aber noch vor dem Petting und erst recht vor dem Hauptmenü – spätestens da sollte die Flimmerkiste ausgeschaltet und die Aufmerksamkeit wieder aufs Wesentliche gerichtet werden.

Oder doch lieber Aphrodisiaka?

Wenn Sie kein Videofan sind und trotzdem gerne seinen Appetit auf Sex steigern möchten, sollten Sie es unbedingt mit Aphrodisiaka probieren. Denn bei Männern läuft Liebe nicht nur über die Optik ab, sie geht auch durch den Magen. In Form von Mittelchen zum Essen oder Trinken sorgen Aphrodisiaka (benannt nach Aphrodite, der griechischen Göttin der sinnlichen Liebe) für einen Lustkick. Je nach Inhaltsstoffen regen sie die Durchblutung der Geschlechtsorgane an, wecken die Leidenschaft auf psychischem Wege, kurbeln die Produktion der Lusthormone an oder steigern sogar die Potenz.

Doch Vorsicht: Auf die meisten Aphrodisiaka, die auf dem Markt sind, können Sie getrost verzichten. Die Zahl der Liebesmittel, die nachweislich, ob direkt oder indirekt, auf die Liebeslust wirken, ist sehr übersichtlich.

Einige Aphrodisiaka sind hingegen nicht nur wirkungslos, sondern auch noch gefährlich. Von den folgenden Mitteln sollten Sie beziehungsweise er also die Finger lassen.

♀ Spanische Fliege: Eine Käferart, die pulverisiert wird. Die Anwendung kann kräftige Nierenkoliken und Schlimmeres hervorrufen.

♀ Nashornpulver: Auch wenn es immer wieder zur Potenzsteigerung angeboten wird, es ist wirkungslos. Und denken Sie auch an die armen Nashörner.

♀ Getrocknete Ameisen: Ganz schön eklig und garantiert ohne Wirkung.

♀ Bilsenkraut: Das Kraut hat tatsächlich psychische Wirkungen, belastet aber vor allem den Kreislauf. In einer Überdosis kann es sogar zum Tod führen.

♀ Schlangenblut: Viel Spaß bei der Jagd – der Erfolg ist jedenfalls gleich null.

♀ Yohimbe: Yohimbe ist ein Grenzfall. Die afrikanische Rinde gilt als »Viagra aus der Naturapotheke« und wirkt nachweisbar aphrodisierend. Allerdings belastet Yohimbe das Herz. Ohne ärztlichen Rat sollten Sie daher unbedingt die Finger davon lassen.

Empfehlenswerte Aphrodisiaka

♀ Ingwer: Die tropische Wurzel enthält Scharfstoffe und Gingerole, die den ganzen Organismus auf Trab bringen und die Lust fördern. Am besten lassen Sie sich von ihm zum Sushi einladen. In der japanischen Küche wird Ingwer häufig verwendet und sogar roh in Scheiben geschnitten serviert.

♀ Muskatnuss: In großen Mengen kann dieses scheinbar harmlose Küchengewürz Rauschzustände hervorrufen und zum ultimativen Kollaps führen. In kleinen Dosen hingegen wirkt Muskatnuss potenzsteigernd und weckt erotische Gefühle.

♀ Kakao: Kaum zu glauben, aber wahr – eine heiße Schokolade kurz vor dem Liebesspiel schmeckt nicht nur lecker, sondern sorgt auch für lustvolle Stimmungen. Im Kakao stecken Substanzen, die das Getränk für Erwachsene ebenso verlockend machen wie für Kinder. Theobromin und Phenylethylamin wirken stimmungsaufhellend und regen die Lusthormone im Gehirn an. Geben Sie zwei Esslöffel »echten« Kakao (nicht das kakaohaltige Zuckerpulver) in eine Tasse. Fügen Sie ein wenig heiße Milch hinzu und rühren Sie die Mischung um, bis sich das Pulver aufgelöst hat. Kochen Sie die zähflüssige Schokolade unter Rühren mit der restlichen Milch auf und süßen Sie den Kakao mit Zucker.

♀ Brennnessel: Hatten Sie schon einmal eine Blasenentzündung? Wenn ja, dann haben Sie sicher Unmengen von Brennnesseltee getrunken. Er regt die Blasen- und Nierenaktivität an und verbessert die Durchblutung der Geschlechtsorgane. Kurzfristig kann dieser Tee die Potenz erhöhen – eine große Tasse vor dem »Zubettgehen« schadet also sicher nicht. Wundern Sie sich aber nicht, wenn Ihr Liebesspiel immer wieder unterbrochen werden muss: Die entwässernde Wirkung des Tees wird Ihren Lover alle 20 Minuten auf die Toilette zwingen.

♀ Sabalpalme: Die Beeren der Karibikpflanze (Serenoa serrulata) gehören zu den wirkungsvollsten natürlichen Potenzmitteln. Was schon die karibischen Ureinwohner wussten, wurde jetzt auch von Forschern bestätigt: Es funktioniert! Allerdings ist eine einigermaßen schmackhafte Zubereitung zeitaufwändig: Lassen Sie die getrockneten Sabalfrüchte (aus der Apotheke) drei Wochen lang in Rum ziehen. Das Rezept: Geben Sie vier Esslöffel Sabalfrüchte, einen halben Liter Rum und drei Esslöffel Rohrzucker in eine luftdicht abschließbare Flasche. Schütteln Sie das Ganze immer wieder einmal durch. Bevor Sie Ihrem Lover ein bis zwei Schnapsgläschen voll servieren, sollten Sie die Flüssigkeit noch durch ein feines Sieb abseihen.

♀ Rotwein: Er passt nicht nur gut zu einem romantischen Dinner, sondern schützt auch gegen Herzinfarkt und macht müde Männer munter. Jeder Rotwein eignet sich, egal ob Chianti, Bardolino oder Beaujolais, doch achten Sie auf die Menge. Zur Steigerung der Libido empfehlen Ärzte nicht mehr als ein oder höchstens zwei Gläser (0,3 Liter bei einem 85-Kilo-Mann), danach geht es mit jedem Schluck rapide abwärts.

Touch me! – Ran an den Mann

Richtig aufregend wird das Date, wenn es dann zu körperlichen Berührungen kommt. »Zufällige Berührungen« – das haben Anthropologen entdeckt – finden zwischen Mann und Frau schon in der frühen Flirtphase statt: Ihre Hand umschließt seine, während er ihr Feuer gibt, oder sein Arm berührt ihren »zufällig« beim Spazierengehen – und eh man sich's versieht, gehen die beiden Hand in Hand und sind ein Pärchen.

Berührungen spielen in der Kunst der Verführung die wichtigste Rolle, da die Haut sehr sensibel auf Streicheleinheiten reagiert. Zärtliche Körperkontakte tun jedem Menschen gut. Amerikanische Wissenschaftler haben herausgefunden, dass Berührungen sogar eine heilende Wirkung haben. Wenn ein Kind sich bei einem Sturz ordentlich den Kopf anhaut, streichelt die Mutter über die betroffene Stelle, und schnell ist der Schmerz vergessen. Um Ihrem Liebsten mit ein paar Streicheleinheiten eine Freude zu machen, müssen Sie nicht erst warten, bis er sich verletzt. Vor allem dann, wenn Sie sich schon länger kennen, sollten Sie auch im Alltag für Berührungen sorgen.

Tipps für »alltägliche« Berührungen
Psychologen haben entdeckt, dass Partnerschaften, in denen Mann und Frau sich häufig berühren, besser funktionieren. Kommt es etwa in einer Ehe nur selten zu körperlichem Austausch – und damit ist nicht nur Sex gemeint –, steigt die Wahrscheinlichkeit einer Scheidung. Nutzen Sie daher jede Gelegenheit, Ihren Partner auch im Alltag zu berühren – das wirkt sich übrigens sogar positiv auf die Erotik aus:

♀ Gehen Sie bei Spaziergängen Hand in Hand.
♀ Legen Sie, wenn Sie auf dem Sofa sitzen, Ihren Arm um seine Taille oder über seine Schulter.
♀ Fassen Sie ihn öfter mal in aller Öffentlichkeit an den Po (der in der Hose steckt, versteht sich); zum Beispiel, indem Sie Ihre Hand in seine hintere Jeanstasche stecken. Dieses recht ungezwungene, körpersprachliche Signal zeigt ihm, dass Sie ihn sexuell anziehend finden. Darüber hinaus werden Konkurrentinnen schnell das

Feld räumen, denn wer seinen Lover in dieser Weise berührt, lässt keinen Zweifel an seinem Besitzanspruch.

♀ Umarmen Sie Ihren Süßen möglichst oft. Bei der Begrüßung, beim Abschied und auch zwischendrin immer wieder.

♀ Sie können aus dem Umarmen auch einmal eine Erotikübung machen: Umarmen Sie Ihren Liebsten ganz eng und lange. Spüren Sie, wie sich das für Sie anfühlt, ob die Nähe Ihnen gut tut oder ob Sie etwas mehr Abstand brauchen. Besonders reizvoll wird die Umarmung übrigens, wenn Sie, er oder beide nackt sind.

Hand anlegen – die Kunst der erotischen Massage

Massagen bieten Ihnen eine ganz unverfängliche Möglichkeit, an den Mann ranzukommen. Gerade wenn Sie noch nicht zusammen im Bett waren und der Flirt ein wenig ins Stocken geraten ist, kann eine kleine Massage das Eis schnell brechen: »Du siehst ein bisschen verspannt aus – soll ich dich kurz massieren? Zieh schon mal dein Hemd aus und mach's dir auf dem Bett gemütlich, ich komme gleich.« Einen solchen Satz können Sie jederzeit ungezwungen aussprechen. Viel eher als: »Wollen wir zusammen ins Bett gehen und die Sau rauslassen?« Schließlich ist eine Massage zunächst nichts anderes als eine kleine Behandlung, ein Service, eine Gefälligkeit, aber noch keine Einladung zum Sex. (Obwohl in jedem Mann, der von einer Frau eine Massage angeboten bekommt, diese Hoffnung aufkeimt.)

Auch in langjährigen Beziehungen sind Massagen eine tolle Sache. Ist einmal der Alltag eingekehrt, bieten sie die Chance, den anderen bewusst zu berühren und sich selbst berühren zu lassen. Zudem können kleine Massage-Sessions dabei helfen, Berührungsängste und Hemmungen zu verlieren, indem diese einfach »weggeknetet« werden.

(K)EINE FRAGE DER TECHNIK

Finden Sie es nicht auch besonders entspannend, wenn Sie von Ihrem Partner nach einem anstrengenden Tag ein bisschen gedrückt und durchgeknetet werden? Darauf fahren natürlich auch Männer ab. Es geht nichts über eine ordentliche Rückenmassage – die manchmal auch nahtlos in das Liebesspiel übergehen kann.

Für eine Massage brauchen Sie weder riesige Muskeln, noch müssen Sie ausgefeilte Massagetechniken kennen. Die Basics der Schwedischen Massage reichen völlig aus. Dazu gehören Kreisen, Kneten, Streichen. Mit diesen einfachen Techniken können Sie zum Beispiel verkrampfte Schultern lockern. Oder auch erotische Gefühle unter der Gürtellinie wecken – je nachdem.

Geben Sie etwas Öl auf Ihre Handflächen (zum Anwärmen) und bearbeiten Sie mit großräumigen Kreis- und Ausstreichbewegungen seinen Rücken, seine Brust, seine Oberschenkel und auch seinen Po. Kleinere Körperstellen behandeln Sie nur mit den Fingerspitzen. Der typische Knetgriff hingegen – der, mit dem kräftige Hände zarter Damen James Bond regelmäßig auf der Leinwand verwöhnen – eignet sich nur für die Nackenpartie, die Waden und die Oberschenkel. Zerbrechen Sie sich nicht den Kopf über die »richtige« Technik, wie beim Sex gilt auch hier: Verlassen Sie sich auf Ihr Bauchgefühl!

Wenn Sie ordentlich Kraft aufwenden, gehören Kneten und kräftiges Kreisen nicht gerade zu den soften Massagetechniken. Doch es hilft nichts: Wenn sich Verspannungen lösen sollen, muss die Durchblutung kräftig angeregt werden. Auch wenn die meisten Männer einiges vertragen – verausgaben Sie sich nicht, denn schließlich brauchen Sie für den Umgang mit seinem besten Stück noch Kraftreserven.

Entspannende Massagen können aber für den weiteren Verlauf Ihrer Liebesbeziehung wichtig sein, denn viele Männer »sperren« sich gegen Berührungen, die ihnen im wahrsten Sinne des Wortes unter die Haut gehen. Oftmals haben diese Männer kein Problem damit, beim Sex hart zuzulangen, doch zärtliche Berührungen können sie nicht genießen. Hier können powervolle Massagen Wunder wirken. Indem Sie kräftig zugreifen, aktivieren Sie seine brachliegenden Sensoren. Bringen Sie ihn hart an die Schmerzgrenze, und schon bald wird er stöhnen, röcheln, lachen, vielleicht sogar weinen – aber auf jeden Fall aufmachen. Und erst dann wird die Nähe zu ihm wirklich interessant.

... UND AUF DIE SOFTE ART

Als Frau sollten Sie sich eins merken: Zu Männern dringen Sie am besten durch, wenn Sie erst einmal ordentlich zupacken – kneten Sie ihm den Nacken und die Waden, dass ihm Hören und Sehen vergeht. Lassen Sie dann allmählich zärtlichere Massageeinheiten folgen, bis Sie schließlich zum Streicheln übergehen.

Zu den beliebtesten Massagetechniken der sanften Schule gehört das Federn. Streichen Sie dabei ganz leicht über seine Brust, seinen Rücken, seinen Bauch, seine Lenden und Beine, bis Sie den ganzen Körper verwöhnt haben. Ob Sie dabei Ihre Handflächen oder Fingerspitzen benutzen, spielt keine Rolle, wichtig ist die zarte Berührung wie mit einer Feder. Für diese Massage können Sie übrigens auch eine Pfauenfeder verwenden. Lassen Sie sich nicht abhalten, selbst wenn er kitzelig ist, denn Lachen ist ebenfalls eine gute Abkürzung auf dem Weg ins Bett.

PROFI-TIPPS FÜR EROTISCHE MASSAGEN

Wenn es um die Art von Massage geht, die ihn in prickelnde Stimmung versetzen soll, können Sie sich von den folgenden Profi-Tipps anregen lassen:

♀ Nehmen Sie sich Zeit! Eine gute Massage sollte nach einem Drehbuch ablaufen. Immer schön ein Körperteil nach dem anderen: erst den Rücken, dann die Beine. Arbeiten Sie sich langsam über Brust und Po, schon recht erogene Zonen, vor, und heben Sie die Massage von Bauch und Penis für den prickelnden Schluss auf.

♀ Alles, was zum Thema »erotische Appetizer« gesagt wurde (siehe Seite 177), gilt natürlich auch für den Rahmen einer Massage. Dezentes Licht, Kerzenschein, Wärme, Decken, leise Musik und betörende Düfte unterstützen die entspannende Wirkung. Zusätzlich brauchen Sie unbedingt noch ein großes Handtuch, mit dem Sie Ihr Bett vor Ölflecken schützen.

♀ Apropos Öl: Für ein erotisierendes Massageöl eignet sich Mandelöl ideal als Basis. Für einen angenehmen Duft geben Sie zu zwei Esslöffeln des Basisöls fünf bis sechs Tropfen ätherisches Sandelholzöl. Eine andere

Mischung, über die sich fast jede Männernase freut:
zwei Esslöffel Mandelöl, drei Tropfen ätherisches
Orangenöl und drei Tropfen Ylang-Ylang-Öl. Alternativ
können Sie Ihr Massageöl mit ein paar Tropfen Zimtöl
anreichern.

♀ Ein bisschen Schmerz, vor allem Entspannungsschmerz,
kann durchaus anregend sein. Achten Sie bei der
Massage aber auf seine Reaktionen, die hörbaren und
sichtbaren. Nur so werden Sie erkennen, wann es Zeit
wird, von der erotischen Massage allmählich zur puren
Erotik überzugehen.

♀ Ein heißer Tipp: Geben Sie ihm eine Fußmassage! Die
Fußsohlen reagieren äußerst sensibel auf Berührungen.
Drücken, kneten und kreisen Sie vorsichtig mit den
Fingerkuppen, beziehen Sie dabei die ganze Fußsohle
ein. Bei einer Fußreflexzonenmassage werden die
Verbindungen genutzt, die zwischen bestimmten Zonen
am Fuß und den jeweils zugehörigen Organen oder
Körperregionen bestehen, um diese zu stimulieren. Sie
wissen nicht, über welche Zonen an der Fußsohle Sie
seinen Unterleib in Schwung bringen können? Dann
machen Sie sich auf die Entdeckungsreise!

♀ Bauen Sie Spannung auf! Massieren Sie zuerst Rücken,
Nacken und Arme, dann Waden und Oberschenkel. Sie
können dann wahlweise von der Brust über den Bauch
allmählich abwärts tauchen oder sich ausgiebig seinem
Po widmen, um schließlich zu den richtig heißen Zonen
vorzudringen. Verwöhnen Sie seinen Penis aber erst
ganz am Ende mit einer kleinen Ölmassage. Vorsicht: Im
Intimbereich sollten Sie nur reines Mandel- oder
Sesamöl verwenden. Verzichten Sie hier unbedingt auf

ätherische Öle wie Sandelholz, Lavendel oder gar Pfeffer.

♀ Verwöhnen Sie Ihren Lover ruhig einmal, aber lassen Sie nicht zu, dass er die Pascharolle übernimmt. Eine zärtliche Massage tut Ihnen genauso gut wie ihm. Gerechtigkeit muss sein: Wenn Sie »mit ihm fertig sind«, muss er ran. Doch die meisten Männer lieben es sowieso, ihre Partnerin zu massieren, denn sie wissen ganz genau, wozu eine solche Massage führen kann.

Streicheln, Petting, Handarbeit

Ein aufregendes Vorspiel ist der beste Anfang für eine heiße Liebesnacht. Viele Paare lassen sich jede Menge Zeit für einen ausgedehnten Auftakt. Genau genommen beginnt alles schon mit der Gestaltung des Abends: Ein schöner Kinofilm, ein Glas Champagner, ein Candle-Light-Dinner, zärtliche Massagen – das alles gehört dazu und hilft dabei, in die richtige Stimmung zu kommen. Doch manchmal läuft es ganz anders: Wenn Sie die Finger schon im Taxi kaum voneinander lassen können und entsprechend aufgeladen nach Hause kommen, kann es durchaus schön und passend sein, ihm die Kleider schon im Flur vom Leib zu reißen und sich kurzerhand auf ihn zu stürzen.

Soll es aber langsamer zur Sache gehen, taucht oft die Frage auf, was eine Frau vor dem Geschlechtsverkehr denn so alles mit ihrem Süßen anstellen könnte. Antworten darauf gibt es viele, denn natürlich hat jeder Mann andere Bedürfnisse. Manche mögen kurze Vorspiele, andere hingegen sind wahre Genießer und kosten jede Minute aus. Als grobe Faustregel gilt: Junge Männer, kurzes Vorspiel, ältere Männer, langes Vorspiel.

Ob nun lang oder kurz, immer geht es darum, sich gegenseitig anzuheizen, und zwar auch durch Berührungen unterhalb der Gürtellinie. Diese werden im Lexikon unter »erotische sexuelle Stimulierung ohne Geschlechtsverkehr« oder kürzer »Petting« geführt. Ja, und Petting steht auch bei Männern hoch im Kurs. Manche von ihnen würden lieber auf den Geschlechtsverkehr als auf eine heiße Pettingnummer verzichten. Andere wiederum wollen vor allem eins: mit ihrer Eroberung schlafen – ihr männlicher Jagdinstinkt treibt sie an, bis sie diese »Trophäe« sozusagen erbeutet haben. Doch bestimmt werden auch diese Männer sich nicht beschweren, wenn Sie sie mit Händen und Lippen verwöhnen, bis ihnen schwindelig wird. Und auch aus anderen guten Gründen können Sie gern einmal auf die gute, alte Handarbeit ausweichen: zum Beispiel, wenn kein Verhütungsmittel in der Nähe ist, Sie während Ihrer Tage nicht mit ihm schlafen wollen oder ihn noch nicht gut genug kennen und sich erst einmal rantasten wollen.

Wenn Sie ihn durch Petting manuell und/oder oral zum Orgasmus beamen, kann das durchaus ein aufregender Ersatz für den Geschlechtsverkehr sein. Ebenso lassen sich intime Streicheleinheiten im Vorspiel einsetzen – allerdings sollten Sie dann rechtzeitig die Hauptrunde einläuten, bevor es zu spät ist. Last but not least können Sie Petting auch zwischen zwei Runden betreiben, damit sich die Lust auf mehr nicht verliert.

Vorspielvarianten, die seine (und Ihre) Lust wecken
Das Vorspiel beim Sex lässt sich mit den Horsd'œuvres beim Menü vergleichen – hier wie dort gibt es einfache und raffinierte Varianten. Im Folgenden lernen Sie ein paar Möglich-

keiten kennen, um Ihren Lover und nebenbei auch noch sich selbst auf Touren zu bringen. Ob Sie mit den Fingerkuppen oder den Handflächen arbeiten, ob die Berührungen zart oder etwas kräftiger ausfallen sollen – all das werden Sie ganz von selbst herausfinden, wenn Sie Ihre Hände auf Entdeckungsreise schicken. Im Folgenden finden Sie dazu einige Anregungen.

RAUS AUS DEN KLAMOTTEN

♀ Ein kleiner, aber feiner Strip öffnet beim Vorspiel Tür und Tor zum gemeinsamen Glück. Ziehen Sie sich einfach langsam vor ihm aus und lassen Sie sich überraschen, was dann passiert.

♀ Sie können sich auch von Ihrem Lover ausziehen lassen: Legen Sie sich aufs Bett oder stellen Sie sich vor ihn hin und laden Sie ihn dazu ein, Ihnen aus den Kleidern zu helfen. Das »Entkleiden der Dame« ist für viele Männer ein sehr aufregender Teil des Vorspiels.

♀ Oder übernehmen Sie die Initiative! Verbieten Sie ihm, sich zu rühren, und ziehen Sie ihm nach und nach alle Klamotten aus. Wichtig: Lassen Sie sich dabei jede Menge Zeit.

♀ Überhaupt sind Ausziehspielchen bei Männern sehr beliebt. Ob Strip-Poker, »Mensch ärgere dich nicht« oder Würfeln – die Regel ist einfach und immer gleich: Wer verliert, muss ein Kleidungsstück ausziehen. Vergessen Sie aber nicht, die Heizung ordentlich aufzudrehen: Wenn Sie Pech im Spiel haben, müssen Sie vielleicht im Slip herumsitzen, während er noch nicht einmal einen Socken ausgezogen hat.

Ran an die erogenen Zonen

♀ Konzentrieren Sie sich beim Streicheln auf seine erogenen Zonen. Diese Hautstellen sind mit besonders vielen Nervensensoren ausgestattet und reagieren auf Zuwendungen aller Art mit wahren Wonneschauern.

♀ Kraulen Sie ihn ausgiebig an Po und Oberschenkeln.

♀ Hauchen Sie ihm zarte Küsse in den Nacken.

♀ Knabbern Sie an seinen Fingern oder lutschen Sie sie genüsslich ab.

♀ Küssen Sie ihn ausgiebig und spielen Sie mit Ihrer Zunge an seinen Lippen.

♀ Seine Füße sind besonders sensibel. Mit einer kleinen, zarten Fußmassage werden Sie seine Lust schnell wecken und für den richtigen Kitzel sorgen.

♀ Nehmen Sie sich viel Zeit, um seinen Bauch und seine Leistengegend zu streicheln und zu küssen, bevor Sie Ihre Aufmerksamkeit auf die Stelle lenken, die noch ein paar Zentimeter tiefer liegt.

Massagen und Spielereien mit Öl

♀ Konzentrieren Sie sich auch bei sinnlichen Massagen auf die Zonen der Lust. Massieren Sie nicht nur Rücken und Nacken, sondern auch intimere Körperstellen wie den Po und die Innenseite der Oberschenkel. Bei den meisten Männern gehört auch die Brust zu den erogenen Zonen.

♀ Schließen Sie eine erotische Massage-Session mit einer kleinen Penismassage ab. Ölen Sie sein bestes Stück dabei mit einem guten Massageöl ein. Und glauben Sie mir: Penis und Eichel vertragen relativ viel Druck. Lassen Sie Ihre eingeölten Hände langsam am

Penisschaft auf und ab gleiten. Seine Hoden können Sie ebenfalls mit dem Öl massieren, allerdings müssen Sie dabei sehr viel zarter vorgehen.

♀ Falls Sie nach dem Petting noch Größeres vorhaben, sollten Sie für die Massage statt Öl lieber ein Gleitmittel benutzen. Dadurch werden die Gefühle nicht nur beim Sex, sondern auch schon beim Vorspiel intensiver. Gleitmittel sind im Sex-Shop oder über den Internet-Versand erhältlich. Für den »Handgebrauch« können Sie ölhaltige Gleitcremes verwenden. Besser sind jedoch Marken auf Wasserbasis, die keinerlei Öl enthalten, vor allem wenn Sie beim Sex ein Kondom benutzen wollen (Ölhaltiges zersetzt den Latex!). Außerdem lassen sich diese Produkte problemlos abwaschen. Für Boys mit empfindlicher Haut empfehlen sich farb- und geruchlose Gleitmittel. Schon das Auftragen der Creme kann zum Kick werden: Gießen Sie etwas davon auf Ihre Fingerkuppen und tragen Sie sie mit kleinen kreisenden Bewegungen auf Eichel und Penisschaft auf. Gießen Sie dann ein wenig Gleitmittel in Ihre Handflächen, umfassen Sie mit einer Hand seinen Penis und lassen Sie abwechselnd die rechte und die linke Hand an ihm entlanggleiten – »ziehen« Sie dabei von der Penisbasis in Richtung Eichel. (Wenn Sie einmal eine Bäuerin beim Melken beobachtet haben, wissen Sie, wie die Bewegung aussehen soll.)

♀ Die Body-Body-Massage: Sie können Ihren Liebsten auch einölen, ohne Ihre Hände zu gebrauchen. Allerdings brauchen Sie ein riesengroßes Handtuch als Unterlage, denn das folgende Spielchen ist eine sehr ölige Angelegenheit. Ziehen Sie sich und ihn aus und bitten Sie ihn, sich auf den Bauch zu legen. Ölen Sie dann Ihren Busen, Ihren Bauch und Ihre Oberschenkel mit Mandelöl ein. Gehen Sie ruhig großzügig mit dem Öl um, es soll auch noch für seine Haut reichen: Anschließend legen Sie sich flach auf Ihren Lover und versuchen, seinen Rücken und Po mit Ihrem Körper einzuölen. Das funktioniert natürlich nur, wenn Sie mit Ihrem Busen und Bauch an seinem Rücken auf und ab gleiten und kreisende Bewegungen machen. Sie können darauf wetten, dass er diese »Haut-zu-Haut-Massagetechnik« äußerst sexy finden wird. Und sicher wird er sich sehr freuen, wenn Sie ihn bitten, sich umzudrehen, damit Sie ihm auch noch Brust, Bauch, Lenden und Oberschenkel einölen können. Setzen Sie auch dabei wieder ausschließlich Ihren Body ein – das Öl mit den Händen einzumassieren gilt nicht! Es könnte allerdings sein, dass diese Art von Vorspiel schnell ein Ende hat, weil er es einfach nicht mehr aushält …

STREICHELN, KÄMPFEN, KNEIFEN

♀ Streicheln spielt beim Vorspiel die Hauptrolle. Nutzen Sie die Sensibilität Ihrer Hände, um seinen ganzen Körper zu erkunden. Wagen Sie sich in alle Bereiche, die es zu erforschen gibt. Je weniger Tabus, desto aufregender wird es für beide.

♀ Hat Ihr Lover eine sehr behaarte Brust, müssen Sie vorsichtig sein. Sie dürfen ihn ruhig ausgiebig kraulen, aber rupfen Sie ihm dabei nicht die Haare aus, das kann ziemlich ziepen. Wenn er sich die Brust nicht rasiert hat, können Sie davon ausgehen, dass er stolz auf seine Behaarung ist.

♀ Nutzen Sie jede Möglichkeit, Ihren Lover zu verwöhnen, auch in Augenblicken, in denen er gar nicht an Sex denkt. Zum Beispiel, wenn Sie gemeinsam vor dem Fernseher sitzen oder im Bett liegen und lesen. Ganz schnell kann dann das schönste Petting in Gang kommen.

♀ Streicheln kann auch durch die Kleidung hindurch ganz schön aufregend sein. Und vor allem hat dies den Vorteil, dass es viele Gelegenheiten dazu gibt – ob beim Autofahren, im Restaurant (unter dem Tisch) oder im Fahrstuhl: Kein Mann wird sich beschweren, wenn Sie ihm zwischendurch mal die Hand auf die Hose legen und ein wenig reiben.

♀ Ergreifen Sie die Streichelinitiative! Normalerweise läuft das Vorspiel so ab, dass beide Partner sich gegenseitig streicheln. Das ist schön, doch es gibt auch andere Varianten: Bitten Sie ihn, vollkommen passiv zu bleiben und sich kein bisschen zu bewegen. Im Zweifelsfall fesseln Sie ihn ans Bett, damit er sich wirklich nicht rührt. Fangen Sie dann an, Ihr »Opfer« mit Händen, Lippen und Zunge ausgiebig zu verwöhnen. Für viele Männer ist es eine völlig neue, aufregende Erfahrung, nichts zu machen und einfach alles geschehen zu lassen. Und damit keine Einseitigkeit aufkommt, sollten Sie natürlich auch einmal die Rollen tauschen: Er streichelt, Sie genießen!

♀ Männer sind im Allgemeinen stärker als Frauen. Doch mit einigen Catchgriffen können Sie das leicht ausgleichen. Legen Sie sich ruhig auch mal mit Ihrem Lover an. Es muss ja nicht gleich ein Boxkampf über zwölf Runden werden – aber eine kleine Rauferei bietet eine reizvolle Alternative zum Streichelvorspiel. Mit einem Überraschungsangriff haben Sie gute Chancen, im Bodenkampf die Oberhand zu gewinnen. Und im Gegensatz zum griechisch-römischen Ringen dürfen Sie bei einer Rangelei ja auch unter die Gürtellinie greifen.

♀ Eine ganze Menge Männer empfinden es als lustvoll, wenn ihre Brustwarzen berührt werden, tatsächlich gehören sie häufig zu den wichtigsten erogenen Zonen. Allerdings hat die Mehrzahl der Männer dies an sich selbst noch gar nicht entdeckt. Was diese Art von Berührung angeht, so gibt es nur zwei Sorten von Männern: die, die total drauf abfahren, und die, die nichts damit anfangen können. Einen Versuch ist es aber auf jeden Fall wert, denn die Chancen stehen ungefähr fifty-fifty. Streicheln Sie seine Brustwarzen, saugen Sie daran und machen Sie dann ruhig etwas Druck. Sie können recht kräftig an seinen Brustwarzen ziehen, drücken oder sie zwischen Daumen und Zeigefinger drehen und kneifen. Die Lustgefühle kommen bei den meisten Männern erst auf, wenn es ein bisschen wehtut. Und wenn Sie genau die Grenze zwischen Lust und Schmerz erwischen, wird er Ihnen zu Füßen liegen.

Zehn kleine Fingerlein: manuelle Variationen rund um den Penis

Wenn Sie nicht wissen, wie Sie Ihrem Lover kraft Ihrer Hände eine kleine Freude machen können, bringen Sie nicht nur ihn, sondern auch sich selbst um ein schönes Vergnügen. Mit der richtigen Technik können Sie jeden Mann zum Stöhnen und Zittern bringen – und ich verspreche Ihnen, dass auch Sie Ihren Spaß haben werden! Auf geht's …

Sagen wir es ruhig offen und ehrlich: Einen Mann mit der Hand zu befriedigen kann ziemlich anstrengend sein. Echte Männer brauchen nun einmal kräftige Reize – und einer der häufigsten Fehler von Anfängerinnen besteht darin, dass sie einfach zu soft mit ihren Kerlen umgehen. Ein bisschen Kraft brauchen Sie. Lassen Sie daher keine Gelegenheit für ein kleines Training aus, denn Übung macht schließlich die Meisterin.

Sie dürfen ruhig kräftig zupacken, wenn Sie Ihren Lover manuell zum Höhepunkt bringen wollen, doch auf keinen Fall sollten Sie sich dabei verkrampfen. Sex ist schließlich nur schön, wenn beide Partner sich dabei entspannen können. Durch das »Gewusst-wie« lässt sich bei der Masturbation viel Kraft sparen. (»Masturbation« heißt übrigens nicht nur Selbstbefriedigung, sondern bedeutet auch manuelle Stimulation des Partners.) Wenn Sie einige einfache Tipps beherzigen, wird Ihnen die Befriedigung Ihres Süßen sehr leicht von der Hand gehen:

1. Schon der erste Schritt – das Auspacken seines besten Stücks – ist wichtig. Tasten Sie sich erst einmal heran, bevor Ihr Lover sich ausgezogen hat (oder Sie ihn). Bewegen Sie Ihre Handfläche dorthin, wo Sie seinen Penis vermuten. Der Handballen sollte dabei ungefähr auf der Eichel liegen, die Finger weisen Richtung Hoden. Machen Sie nun eine Faust, mit der Sie – mit relativ viel Druck – an seinem Penis auf und ab fahren. Wenn alles gut geht, werden Sie spüren, wie sein bestes Stück allmählich erwacht. Bei sehr potenten Männern kann der Penis durch Stimulation innerhalb von 20 Sekunden erigieren. Selbst wenn sich nicht viel tut, sollten Sie irgendwann damit beginnen, ihm die Hose aufzuknöpfen, um die

Intensität Ihrer manuellen Zuwendung noch ein wenig zu erhöhen. Ob sein kleiner Freund schon steif, halb erigiert oder noch schlaff ist – befördern Sie ihn niemals durch den geöffneten Hosenstall nach außen. Die Gefahr, dass er im Reißverschluss hängen bleibt, ist hoch – und das kann ganz schön wehtun.

2. Benutzen Sie vor allem Ihre dominante Hand. Wenn Sie Rechtshänderin sind, sollten Sie rechts neben ihm liegen – dann müssen Sie sich nur noch ein bisschen über ihn beugen, und schon können Sie Ihre rechte Hand optimal einsetzen. Sind Sie Linkshänderin, schaffen Sie das mit links.

3. Wenn es zu anstrengend wird, sollten Sie die Hand wechseln. Kurze Pausen lassen sich durchaus für die eine oder andere orale Verwöhneinheit nutzen.

4. Bitten Sie Ihren Lover, Ihnen zu zeigen, wie er sich selbst befriedigt. Er selbst weiß am besten, was sich gut anfühlt. Setzen Sie Ihre Hand dann in der gleichen Höhe an und legen Sie sie in der gleichen Weise um seinen Penis, wie er es macht.

5. Vermeiden Sie ruckartige Bewegungen. Lassen Sie Ihre Hand dynamisch, aber immer fließend und ohne Hektik auf und ab gleiten.

6. Sie sollten unbedingt genug Druck machen. Penisse halten mehr aus, als Sie glauben. Ein kräftiger »Händedruck« ist daher Gold wert, vor allem wenn Sie noch etwas anderes vorhaben, als den ganzen Abend mit ihm auf dem Bett zu verbringen.

7. Variieren Sie den Druck! Der wesentliche Unterschied zwischen Selbstbefriedigung und Ihrem Liebesdienst besteht darin, dass nicht er, sondern Sie die Kontrolle haben. Und das sollten Sie ausnutzen. Gehen Sie nicht wie ein Robo-

ter vor, sondern verlassen Sie sich auf Ihr Bauchgefühl. Drücken Sie mal fester, mal nur ganz leicht, mal eher wie beim Hobeln, dann wieder sanft wie beim Streicheln. Wenn Sie die ganze Zeit über festen Druck ausüben, wird er schnell fertig sein, und dann ist die ganze Spannung sofort dahin.

8. Auch das Tempo ist ein entscheidender Faktor. Je schneller Sie die pumpenden Bewegungen durchführen, desto früher endet der Spaß. Haben Sie das Gefühl, dass Ihr Lover bald kommt, sollten Sie eine kleine Zeitlupenphase einlegen. Wenn Sie mehrmals zwischen schnellen und langsamen Phasen abwechseln, können Sie das Spiel ewig hinauszögern und seine Erregung so immer weiter steigern. Die »Explosion« am Ende wird umso beeindruckender sein, je länger das Ganze dauert.

9. Hören Sie nicht zu früh auf. Wenn Sie Ihre Hände einsetzen, um ihn zum Orgasmus zu bringen, sollten Sie nicht stoppen, sobald die erste Vorhut der Ejakulation nach außen dringt. Gönnen Sie ihm seine drei bis fünf Hauptkontraktionen und noch ein paar schwächere anschließend. Die meisten Männer werden erst dann richtig schwach, wenn ihr Penis nach der Ejakulation noch ein bisschen weitergerieben wird. Keine Angst: Sie werden sofort merken, wenn es ihm reicht, denn das wird er Ihnen recht deutlich zu verstehen geben.

10. Stellt sich nur noch die Frage, wo das Sperma, das immerhin bis zu 28 Zentimeter weit geschleudert wird, landen soll. Auf Ihrer neuen Seidenbluse? Auf seinem T-Shirt? Oder doch lieber auf seinem Bauch? Zwar lassen sich Spermaflecken mit lauwarmem Wasser leicht auswaschen, doch mehr Spaß macht das Ganze ohnehin, wenn Sie beide nackt sind. Ein kleines Handtuch in Reichweite, mit dem Sie sich und ihn

ein wenig abreiben können, kann auf keinen Fall schaden. Viele Männer finden es übrigens enorm spannend, wenn das Sperma auf dem Bauch oder Busen der Frau landet. Darüber hinaus fassen sie dies als großen Vertrauensbeweis auf. Und dann gibt es noch Männer, die von der Idee, ihr Sperma über ihre Freundin zu spritzen, absolut fasziniert sind. Allerdings haben Sie ja die Wahl, wohin die Ladung gehen soll, und es wird Ihnen nicht schwer fallen, dies anhand der Richtung, in die sein Kleiner weist, zu bestimmen.

Grundsätzlich gibt es zwei Möglichkeiten des Handjobs: die mit oder die ohne Gleitmittel.

Varianten ohne Gleitmittel

Die einfachste und wahrscheinlich auch effektivste Art, es Ihrem Lover ordentlich zu besorgen, besteht darin, dass Sie sich zeigen lassen, wie er's macht. Niemand weiß so gut wie er, was ihm gefällt. Jeder Mann onaniert ein bisschen anders. Aber im Prinzip läuft es ungefähr so ab, dass er seinen Penis mit einer Hand umschließt und die ganze Vorhaut auf und ab schiebt – rhythmisch und relativ schnell. Der Daumen liegt dabei auf der einen, die vier restlichen Finger der Hand auf der anderen Seite des Penis, und der kräftige Griff umschließt den Penisschaft. Da die Vorhaut sehr elastisch ist, können die Finger problemlos am Penis auf und ab gleiten, ohne dass der Mann den Griff dafür lösen muss.

Die Standardmethoden: Es gibt verschiedene Griffe, die aber alle Variationen des Themas »Rauf und runter« sind. Zum Beispiel können Sie seinen Penis so fassen wie eine Kerze, die vor Ihnen auf dem Tisch steht (die Handkante zeigt nach unten, der Daumen nach oben). Oder Sie drehen Ihre Hand, als wollten Sie ein Glas Wasser ausschütten; umgreifen Sie seinen Penis dabei so, dass Ihr Daumen nach unten weist und der kleine Finger an der Eichel anliegt. Dieser Griff ruft bei manchen Männern intensivere Empfindungen hervor und ist allemal einen Versuch wert.

Der Fingerring (I): Bilden Sie mit Daumen und Zeigefinger einen Ring. Die anderen Finger werden gestreckt. (In arabischen Ländern gilt diese Geste als herbe Beleidigung, in den USA signalisiert man mit ihr »Alles okay«.) Umschließen Sie seinen Penis kurz unterhalb der Eichel mit diesem Fingerring und bewegen Sie damit seine Vorhaut auf und ab – ein lockeres Handgelenk ist dabei übrigens eine große Hilfe.

Fünf-Uhr-Tee-Griff: Bei der zuvor beschriebenen Standardmethode umfassen Sie seinen Penisschaft mit der ganzen Hand. Dabei kommt es zu einem intensiven Hautkontakt, da Ihre ganze Handfläche seinen Penis berührt. Der »Fünf-Uhr-Tee-Griff« bietet im Gegensatz dazu nur einen Hauch von Kontakt, doch auch dieser punktuelle Druck hat durchaus seinen Reiz. Stellen Sie sich vor, Sie würden in feiner Gesellschaft Tee trinken. Sie umfassen den Henkel der Tasse dabei nur mit Daumen, Zeige- und Mittelfinger. Den Ring- und kleinen Finger spreizen Sie elegant nach oben ab. Genau diesen Griff wenden Sie nun an seinem kleinen Freund an. Fassen Sie ihn so an, als wäre er ein zu groß geratener Henkel – legen Sie den Daumen auf die Oberseite, Zeige- und Mittelfinger auf die Rückseite (am Vorhautbändchen oder »Frenulum«, eine besonders sensible Stelle am Penis). Mit dieser Technik können Sie sehr schnelle, kleine Bewegungen nach oben und unten ausführen und zwischendurch einmal für Abwechslung sorgen.

Für die folgenden Penisspiele sollten Sie ein gutes Gleitmittel benutzen. Sie können auch ein hochwertiges Pflanzenöl wie Mandel-, Kokos- oder Jojobaöl verwenden. Von Creme ist eher abzuraten, da sie zu schnell einzieht. Bei den folgenden Techniken ist es wichtig, dass möglichst wenig Reibung entsteht. Da der Penis im Gegensatz zur Vagina nicht von selber feucht wird, kommen Sie nicht ohne Hilfsmittel aus. Wie Sie schon wissen, vertragen sich ölhaltige Gleitcremes nicht mit Kondomen. Viele Paare benutzen daher Produkte auf Wasserbasis. Sollte das Mittel in der Hitze des Gefechts ein wenig eintrocknen, genügt etwas Spucke, um den Glitscheffekt wiederherzustellen. Damit der Penis und vor allem die empfindliche Eichel nicht leiden, sollten Sie mit der Dosierung großzügig sein. Als Faustregel gilt: Je härter es zur Sache geht, je schneller und kräftiger Ihre Handbewegungen werden, desto mehr Gleitmittel brauchen Sie.

Feuerholz: Behandeln Sie den Penis Ihres Liebsten wie ein Neandertaler seinen Stock, den er benutzt, um ein Feuer zu entzünden. Dabei knien Sie am besten zwischen seinen Oberschenkeln. Legen Sie dann die linke Handfläche an seine von Ihnen aus gesehen linke Penisseite, die rechte Handfläche an die rechte Seite. Die Daumen weisen nach oben, die anderen Finger liegen nebeneinander und zeigen in Richtung seines Bauches, die Hände bleiben gestreckt. Reiben Sie seinen Penis nun mit Ihren Handflächen, die sich dabei entgegengesetzt bewegen. Führen Sie kleine und schnelle Bewegungen aus – gerade so, als wollten Sie tatsächlich ein Feuerchen entfachen.

Die Eichel polieren: Auch für die folgende Technik brauchen Sie sehr viel Gleitmittel. Gießen Sie es in Ihre rechte

Hand. Halten Sie seinen Penis mit der linken am Schaft fest und führen Sie dann mit der rechten Handfläche kleine Kreisbewegungen direkt auf seiner Eichel aus. Diese »Polier- Bewegung« ist nur etwas für Männer, deren Eichel nicht allzu empfindlich auf Druck reagiert. Gerade anfangs sollten Sie dabei hauchzart vorgehen. Sie werden schnell merken, wie viel Ihr Süßer verträgt.

Der richtige Dreh: Ebenfalls nur mit viel Gleitmittel genießbar – der Trick mit dem Dreh. Umgreifen Sie seinen Penis mit der ganzen Hand und führen Sie die normale Rauf-und-runter-Bewegung durch, allerdings mit einem kleinen Unterschied: Jedes Mal wenn Ihre Hand nach oben gleitet und die Eichel erreicht, drehen Sie das Handgelenk ein bisschen, fahren dann nach unten bis zur Wurzel und bewegen die Hand wieder zurück. Die Synchronisation der Aufs und Abs sowie der Drehbewegungen am höchsten und tiefsten Punkt erfordert etwas Übung. Probieren Sie das Ganze vorher an einer Gurke, einer Zucchini oder noch besser an einem Dildo aus.

Der Fingerring (II): Ziehen Sie seine Vorhaut weit nach hinten, indem Sie die Haut am unteren Teil des Penisschafts – also kurz oberhalb des Hodens – nach unten ziehen. Dadurch wird die Eichel freigelegt und der ganze Penis empfindsamer. Mit der freien Hand – in die Sie viel, viel Gleitmittel geben sollten – bilden Sie wieder den Fingerring mit Daumen und Zeigefinger. Fahren Sie nun mit dem Fingerring an der Eichel auf und ab. Lassen Sie Daumen und Zeigefinger dabei schnell und leicht über die Eichel gleiten. Das Gleitmittel verhindert, dass es dabei zu »Reibereien« kommt, auf die jeder Mann gut verzichten kann. Trotzdem sollten Sie vor allem anfangs sehr vorsichtig mit der empfindlichen Spitze seines Zauberstabs umgehen. Sobald das Gleitmittel einzutrocknen droht, wird es höchste Zeit für eine neue Portion.

BALLSPIELE ODER: »WARUM SIE AUCH AN SEINEN HODEN DENKEN SOLLTEN«

Der Hoden ist das männliche Gegenstück zu den Eierstöcken der Frau. Auffälligstes Merkmal der männlichen Keimdrüsen, die die Spermien produzieren, sind zwei eiförmige Organe – nicht umsonst spricht man daher auch von seinen »Eiern«. Diese führen im Gegensatz zum »stolzen« Penis ein trauriges Schattendasein. Viele Frauen kümmern sich zwar rührend um sein bestes Stück, lassen den Hoden dabei aber oft völlig unbeachtet.

Schade – denn eine gute Behandlung seiner Eier verschafft jedem Mann einen unvergesslichen Kick. Wenn Sie ihn mit einer Hand befriedigen, können Sie seine Lustgefühle enorm steigern, wenn Sie die freie Hand einfach nur auf seinen Hoden legen. Noch besser kommt es an, wenn Sie seine Eier mit Ihrer Hand sanft umschließen. Die Handfläche liegt dabei am unteren Teil des Hodens an, die Finger zeigen nach oben und werden leicht geschlossen. So haben Sie alles sanft im Griff.

Es ist zwar richtig, dass der Hoden sehr schmerzempfindlich ist, doch dies gilt vor allem für Schläge und Tritte. Und solange Sie gut miteinander auskommen, werden Sie Ihren Lover ja nicht in die Eier treten wollen. Beim Liebesspiel ist der Hoden vor allem eines – lustempfindlich. In der Anfangsphase der sexuellen Erregung kann das sanfte Streicheln der unteren Hodenseite wahre Wunder wirken. Anfangs sollten Sie natürlich immer vorsichtig sein. Sobald Ihr Partner aber Vertrauen gewonnen und verstanden hat, dass Sie ihm nicht wehtun wollen, kann ein etwas festerer Griff nicht schaden. Hier ein paar Ballspiel-Tipps:

♀ Schicken Sie Ihre Fingerspitzen auf Entdeckungsreise. Tasten Sie seine Eier vorsichtig ab und achten Sie auf seine Reaktionen.

♀ Bilden Sie mit Daumen und Zeigefinger der linken Hand einen Ring, mit dem Sie den oberen Teil des Hodensacks umschließen – so als wollten Sie eine Plastiktüte zuhalten. Dadurch tritt der Hoden leicht nach außen. Jetzt können Sie mit der rechten Hand sanft über die Haut des Hodensacks streicheln.

♀ Verteilen Sie jede Menge Gleitmittel in Ihren Händen und massieren Sie seinen Hoden vorsichtig, indem Sie ihn zwischen die Handflächen nehmen und diese sanft hin und her bewegen.

♀ Wenn Sie ihn mit dem Mund verwöhnen, haben Sie wahrscheinlich mindestens noch eine Hand frei. Mit der Kombination aus Oralsex und Hodenstreicheln bringen Sie garantiert jeden Mann auf Hochtouren.

ZWEI HANDJOBS DER EXTRAKLASSE

Die Basics der »manuellen Therapie« kennen Sie jetzt. Doch Ihrer Fantasie sind keine Grenzen gesetzt, und sicher werden Ihnen mit der Zeit immer mehr Spielarten einfallen, die sich eignen, um ihm durch Handarbeit eine kleine Freude zu machen. Dazu zwei Anregungen:

Sorgen Sie für Stellungswechsel: Normalerweise liegt Mann auf dem Rücken, während seine Liebste ihm den Penis massiert. Viel aufregender kann es aber sein, wenn er auf dem Sofa sitzt und Sie sich vor ihn auf den Boden setzen oder knien. Unter der Dusche können Sie ihn von hinten umarmen, einen Arm um seine Hüfte legen und die andere Hand benutzen, um ihn zu befriedigen. (Mit etwas Seife ist auch der Rutscheffekt beachtlich.) Oder Sie liegen auf dem Rücken, und er kniet über Ihnen, während Sie ihn verwöhnen. Da sein Penis dabei auf Sie gerichtet ist, müssen Sie sich natürlich überlegen, ob Sie die Handnummer nicht lieber nur als Vorspiel einsetzen wollen.

Gewagt, aber spannend: Anale Kitzel! Eine oft vernachlässigte, äußerst erogene Zone ist der Po, aber auch der Anus. Mit einem beherzten Griff an oder noch besser in den Po können Sie bei vielen Männern für einen besonders heißen Kitzel sorgen. Der Grund dafür: Wenige Zentimeter im Inneren des Mannes befindet sich die Prostatadrüse. Diese wird oft mit dem G-Punkt der Frau verglichen, da sie extrem empfindliche Nervenenden besitzt und durch Berührungen geradezu elektrisiert wird.

Eine kleine Massage der Prostata kann Männern blitzschnell zu einer Erektion und/oder zu einem besonders intensiven Orgasmus verhelfen. Viele Männer berichten, dass das Eindringen weiblicher Finger in den Anus Gefühle bei ihnen ausgelöst hat, die sie nie zuvor erlebt hatten. Allerdings sind Intimität und gegenseitiges Vertrauen bei Techniken rund um den Popo natürlich Grundvoraussetzung.

Wenn Sie mutig genug sind, sollten Sie es auf jeden Fall einmal versuchen. Doch Vorsicht: Es gibt auch Männer, denen der Gedanke, dass ihre Partnerin ihren After berührt oder gar in sie eindringt, alles andere als geheuer ist. Beobachten Sie also immer seine Reaktionen und fallen Sie nicht gleich mit der Tür ins Haus. Hier einige Tipps für anale Freuden:

♀ Sauberkeit und Hygiene sind bei analen Spielen besonders wichtig. Ihr Liebster sollte daher frisch geduscht sein.

♀ Achten Sie darauf, dass Ihre Fingernägel kurz und Ihre Hände sauber sind.

♀ Obwohl in einem kürzlich entleerten Darm weniger Mikroorganismen herumschwirren als im Mund, ist einigen Frauen der Gedanke, seinen Darm zu berühren, unangenehm. Besorgen Sie sich in einem solchen Fall Fingerlinge oder medizinische Handschuhe, für ihn ist das Gefühl damit genauso toll. Sollte Ihr Geliebter eine Vorliebe für Latex haben, können Sie ihm mit diesem »Doktorspielchen« sogar eine besondere Freude machen.

♀ Ob mit oder ohne Handschuh – verwenden Sie immer etwas Gleitcreme (auf Wasserbasis), wenn Sie in ihn eindringen.

♀ Lassen Sie sich Zeit. Streicheln Sie erst seinen Po, nähern Sie sich dann allmählich seinem Anus und streicheln Sie diesen kreisförmig, bevor Sie mit einem oder zwei Fingern langsam und behutsam auf die Reise nach innen gehen.

♀ Den heißen Punkt – die Prostata – finden Sie einige Zentimeter innerhalb des Darmes. Wenn Ihre Fingerkuppe in Richtung seines Bauchnabels zeigt, werden Sie die kleine, kugelartige Erhebung schnell aufspüren. Streicheln Sie die Drüse mit kreisenden Bewegungen.

♀ Wenn Sie ihn unter Hochspannung setzen wollen, sollten Sie Ihren Finger hin und wieder sanft und dann auch ruhig ein bisschen stärker vibrieren lassen.

♀ Waschen Sie sich nach analen Streicheleinheiten grundsätzlich die Hände.

♀ Falls Ihnen das Eindringen in seinen Allerwertesten zu aufdringlich erscheint, können Sie auf eine »Light-Version« ausweichen: Zwischen Hoden und After befindet sich der Damm (das »Perineum«). Diese Zone wurde im alten China als »Punkt der ewigen Lebens-quelle« bezeichnet. Taoistische MeisterInnen in der Kunst der Liebe wussten, dass diese Stelle besonders stark auf Reize reagiert. Probieren Sie es einfach aus: Massieren Sie den Dammbereich mit der Daumenkuppe oder Zeige- und Mittelfinger. Lassen Sie Ihre Finger dabei langsam kreisen und üben Sie ruhig etwas Druck aus. Mit etwas Öl oder Gleitcreme geht die Massage noch leichter von der Hand – und die Wirkung kann sich sehen (und hören) lassen.

»Küss mich!« – Mund- und Lippenspiele

Küsse sind im Repertoire der erotischen Spielereien das, was das Milchschaumhäubchen auf dem Cappuccino ist – eine wunderbare Verzierung, die auch noch prima schmeckt. Oft heißt es, dass Küssen für Frauen wichtiger sei als für Män-ner, aber Tatsache ist, dass es jede Menge Männer gibt, die allein durch ein paar heiße Küsse in Sekundenschnelle einen Steifen kriegen. Und dabei sprechen wir hier noch nicht ein-mal über Oralsex – diese Küsse, die unter die Gürtellinie ge-hen, kommen erst später dran. Zunächst geht es um den Kuss von Mund zu Mund – und der ist wichtiger, als Sie den-ken: An der Art des Küssens erkennt Mann nämlich schon, ob die Nacht aufregend oder eher anstrengend werden dürfte.

Der Kuss zwischen zwei Liebenden ist eine sehr intime Angelegenheit. Entwicklungsgeschichtlich gesehen geht sein Ursprung auf die Nahrungsübergabe zurück. Kleinkinder wurden nach der Stillzeit von ihrer Mutter mit vorgekauter Nahrung von Mund zu Mund gefüttert. In Zeiten von *Hipp* und *Alete* mag das unappetitlich klingen – aber auf jeden Fall zeigt es, dass schon die prähistorische Form des Kusses eine vertrauensvolle und sehr wichtige Angelegenheit war. Dass Küsse auf den Mund und insbesondere Zungenküsse ohne gegenseitige Nähe und Vertrauen undenkbar sind, sieht man auch daran, dass keine Prostituierte je auf die Idee käme, einen Kunden auf den Mund zu küssen. Und das, obwohl sie sonst Dinge mit ihm anzustellen bereit ist, die manch eine Ehefrau, wenn sie davon wüsste, kurzerhand ohnmächtig werden lassen würde.

Der Kuss ist auch deshalb eine so prickelnde Angelegenheit, weil er als Liebesversprechen gilt – und versprochen ist schließlich versprochen. Ob Sie das Knutschen mit Ihrem Lover nur als Vorspeise oder schon als Teil des Hauptgerichts sehen, ist eher Geschmackssache. Auf jeden Fall wäre es schade, wenn Sie das Küssen nur den Teenagern überlassen würden, die ja bekanntlich Stunden damit zubringen können. Küsse sind nämlich nicht nur hocherotisch, sondern auch noch gesund.

Fit durch Küssen

Der Kuss gehört zur Liebe wie Ketchup zu den Pommes. Doch im Gegensatz zu den Kartoffelstäbchen mit der roten Soße sind Küsse überaus gesund. Wissenschaftler haben entdeckt, dass beim Küssen Endorphine ausgeschüttet werden. Diese Hormone bauen Stress ab, kurbeln Herz und Kreislauf an und sind wahre Glücksbringer, da sie für gute Stimmung sorgen.

Mit jedem leidenschaftlichen Zungenkuss verbrauchen Sie rund 20 Kalorien. Außerdem trainieren Sie durch die Schmuserei über 30 Gesichtsmuskeln. Vor allem aber können Zungenküsse das Immunsystem in Schwung bringen, da der Austausch der unterschiedlichen Bakterienvölker von Mann und Frau abwehrstärkend wirkt. So gesehen sind intensive Zungenküsse besser als jede andere Schluckimpfung.

Knutsch-Tipps für die perfekte Liebhaberin

Es gibt einige Männer, die eisern behaupten, dass Küssen ihnen einfach keinen Spaß macht. Das liegt nicht unbedingt daran, dass diese Männer immer nur das eine wollen, sondern eher daran, dass ihnen aufregende Erfahrungen fehlen und sie daher noch nicht auf den Geschmack gekommen sind. Je besser Sie küssen, desto eher können Sie einen Mann bekehren. Vor allem aber werden Sie sich beim Schmusen wohler fühlen, wenn Ihnen das Küssen leicht von den Lippen geht. Und wie so oft, gilt auch hier wieder: Küssen ist zu mindestens 50 Prozent eine Frage der Technik und weiß Gott nicht nur Begabungssache.

Was macht einen guten Kuss aus? Ganz egal ob Sie zärtlich, leidenschaftlich oder wild küssen – einige Punkte sollten Sie dabei immer beachten:

♀ Lassen Sie sich von Ihrer Neugier und Experimentierfreude leiten. Beobachten Sie, wie er auf das reagiert, was Sie machen. Der Kuss ist wie ein Tanz, bei dem Sie sich einmal führen lassen und dann wieder selbst die Führung übernehmen. Vertrauen Sie Ihrer Spontaneität und Ihrer Gabe zur Improvisation.

♀ Nehmen Sie den Kaugummi vorher raus!

♀ Beschränken Sie Ihre Küsse nicht auf seinen Mund. Auch Hals, Wangen, Stirn, Augenlider, Nacken und viele, viele andere Körperstellen freuen sich über ein paar Bussis.

♀ Die richtige Spannung der Lippen ist das A und O. Einerseits sollten Sie die Lippen nicht wie eine pensionierte und verbitterte Schuldirektorin zusammen-kneifen, andererseits aber auch nicht so locker lassen, dass Ihre Lippen sich so schlabberig anfühlen wie die eines komatösen Frosches. Sie sollten weich und entspannt, locker geöffnet, aber doch ein kleines bisschen gespannt sein – wie sollten Männer solchen Frauenlippen widerstehen? Und falls Sie den Schmollmundtrick beherrschen, dann lassen Sie sich nicht zurückhalten, denn auf den fallen garantiert 90 Prozent aller Männer herein.

♀ Der Zungenkuss ist der intimste aller Küsse – zumindest oberhalb der Gürtellinie. Mit leicht geöffnetem Mund und entspannter Kiefermuskulatur können Sie ganz schön lang durchhalten – der Rekord beim Küssen liegt immerhin bei knapp 30 Stunden. Um Ihren Prinzen wachzuküssen, genügen aber schon einige Minuten. Wenn die Technik stimmt, können Zungenküsse atemberaubend sein. Schicken Sie Ihre Zunge auf Entdeckungsreise. Erkunden Sie seine Lippen (außen und innen), fahren Sie mit Ihrer Zungenspitze an seinen Schneidezähnen entlang und kitzeln Sie ihn ruhig ein bisschen am Gaumen. Allerdings sollten Zungenküsse nie zum Würgen reizen. Noch ein Tipp: Bleiben Sie cool. Nervöses Züngeln ist eher etwas für Schlangen und Eidechsen und nichts für in sich ruhende Verführerinnen.

♀ Saugen macht Spaß. Leider übertreiben manche Frauen und auch Männer die Sache oft. Vermeiden Sie zu starkes Saugen an seinen Lippen oder seiner Zunge. Erstens ist das wahnsinnig anstrengend, und zweitens wird er Ihren Kalorienverbrauch kaum zu würdigen wissen, wenn seine Lippen schon blau angelaufen sind.

♀ Was für das Saugen gilt, sollten Sie auch bei der Feuchtigkeit eines Kusses beachten. Übertreiben Sie nicht. Nichts gegen den Austausch von Körperflüssigkeiten – aber Ihr Kuss sollte nicht an die Niagarafälle erinnern. Es lohnt sich, Zungenküsse zwischendurch zu unterbrechen und mal runterzuschlucken, denn zu viel Spucke törnt (die meisten) Männer ab.

♀ Vor einer heißen Kuss-Session sollten Sie einen Blick in den Spiegel werfen. Klebt Petersilie zwischen Ihren Zähnen? Wenn ja, dann benutzen Sie einen Zahnstocher oder Zahnseide. Eins von beiden sollten Sie bei Dates jeder Art in der Handtasche haben.

♀ Apropos Mundhygiene: Kein Mann küsst gerne, wenn ihm dabei ein Schwall Knoblauch- oder Zigarettengeruch entgegenschlägt. Selbst Zähneputzen hilft da kaum noch. Etwas anderes ist es, wenn Sie sich mit Ihrem Liebsten eine Knoblauchpizza geteilt haben – in dem Fall sind beide immun. Ansonsten hilft es, wenn Sie kandierten Ingwer kauen oder zur Not ein

Pfefferminzbonbon lutschen. Und wenn sein Atem Ihre Nase beleidigt, sollten Sie ihm das Pfefferminzbonbon beim Küssen einfach neckisch in den Mund schieben.

♀ Noch ein letztes Wort zur Mundhygiene: Niemand muss mit einem Lächeln wie in der Zahnpastawerbung durchs Leben gehen, aber gepflegte Zähne sind auf jeden Fall ein Kuss-Anreiz. Greifen Sie also regelmäßig zur Zahnbürste und lassen Sie sich vom Zahnarzt gelegentlich den Zahnstein entfernen. Das schützt vor Karies und beseitigt möglicherweise schlechten Atem. Gegen eine kleine Gebühr können Zahnärzte Ihre Zähne sogar ein wenig aufbleichen und Tee-, Kaffee- oder Nikotinflecken verschwinden lassen.

♀ Eine Nebenwirkung durchküsster Nächte sind Knutschflecken. Diese blauroten Blutergüsse entstehen natürlich nicht wirklich durch Küsse, sondern durch Saugen. Mit den Knutschflecken ist es wie mit den Oliven: Manche lieben sie heiß und innig, andere können ihnen nicht das Geringste abgewinnen. Ob Knutschflecken nur etwas für Teenies sind oder auch Erwachsenen Freude bereiten, indem sie sichtbar an heiße Liebesnächte erinnern, muss jeder für sich wissen. Sie werden schnell erkennen, ob Ihr Süßer genervt oder stolz wirkt, wenn er am nächsten Tag mit einem Halstuch das Haus verlässt. Eins ist jedoch sicher: Bei außerehelichen Eskapaden sind Knutschmale streng tabu, weil viel zu verräterisch.

Kussgeheimnisse aus dem Kamasutra

Das Kamasutra ist ein Standardwerk der Erotik. Diese vor rund 1500 Jahren entstandene Schrift gilt heute als »Bibel der

Liebeskunst«. Sehr biblisch geht es darin allerdings nicht zu. Das Lehrbuch (sanskr. »Sutra«) handelt nämlich nahezu ausschließlich von der Liebe und dem Lebensgenuss (sanskr. »Kama«). Im alten Indien wurde die Liebe als eine Kunst aufgefasst, die es zu üben und zu kultivieren galt.

Im Kamasutra finden Sie jede Menge Tipps zum Thema »Lust und Liebe«. Einige sind völlig veraltet und klingen für moderne Ohren eher drollig. Doch viele andere erotische Tipps sind heute noch genauso aktuell wie damals. Dies trifft besonders auf die vielen Kusstechniken zu, die im Kamasutra genau beschrieben werden. Im Folgenden finden Sie eine kleine, aber feine Auswahl für Ihr Kuss-Repertoire:

♀ Es gibt vier verschiedene Küsse, die die Liebe süß wie Honig machen: Beim waagerechten Kuss werden die Lippen der Liebenden gerade und waagerecht aufeinander gesetzt. Beim schrägen Kuss müssen Mann und Frau den Kopf etwas neigen, sodass die Lippen schräg aufeinander treffen. Beim geneigten Kuss halten Sie das Kinn Ihres Liebsten und neigen sein Gesicht nach oben, sodass Ihr Kuss von oben kommt. Beim drückenden Kuss pressen beide ihre Lippen und besonders die Unterlippen fest aufeinander.

♀ In welcher Reihenfolge Sie Ihren Liebsten küssen, umarmen und beißen sollen, kann nicht festgelegt werden. Die Leidenschaft lässt sich nicht von Regeln leiten.

♀ Eine Frau, die ihren Liebsten küsst, wenn er noch schläft, entzündet seine Leidenschaft, da sie ihm auf diese Weise zeigt, wie sehr sie sich nach ihm sehnt.

♀ Soll Ihr Kuss leicht wie ein Hauch sein, dürfen Sie seine Lippen nur flüchtig und zart berühren.

♀ Soll Ihr Kuss drängend sein, müssen Sie die Lippen Ihres Liebsten mit Ihrer Zungenspitze ablecken.

♀ Soll Ihr Kuss saugend sein, sollten Sie die Lippen Ihres Liebsten mit dem Mund ganz fest halten und zu sich hin ziehen.

♀ Der Mückenbisskuss erfordert, dass Sie mit Ihren Zähnen vorsichtig an Ihrem Liebsten knabbern.

♀ Beim reglosen Kuss legt die Frau ihre Lippen auf die ihres Liebsten und bleibt völlig passiv.

♀ Beim stupsenden Kuss stößt die Frau mit ihrer Zungenspitze sanft an die Lippen ihres Geliebten.

♀ Beim Entdeckungskuss erforscht Ihre Zunge die Mundhöhle des Partners auf neckische Weise.

Blowjobs oder: »Die Kunst, ihn mit dem Mund zu verwöhnen«

Niemand weiß so ganz genau, warum, aber oraler Sex ist für 99 Prozent aller Männer das höchste der Gefühle. Für die meisten von ihnen ist diese Art von Liebesspiel eine noch intimere Angelegenheit als der Beischlaf. Wenn Männer sich auch sonst in vielen Dingen streiten, was Blowjobs betrifft, sind sie sich so einig wie Kegelbrüder beim Bier. Und so ist es der mehr oder weniger heimliche Traum eines jeden Mannes, von einer aufregenden Frau mit dem Mund verwöhnt zu werden. Kein Wunder, dass Mann schon Testosteronkicks bekommt, wenn er eine gut aussehende Frau an einem Lolli lutschen sieht. Und selbst so banale kulinarische Aktionen wie das Essen einer Banane oder das Lecken einer Eiskugel in der Waffel wecken bei den meisten Männern die ewig gleichen, heißen Assoziationen.

Es ist noch gar nicht lange her, da galt Oralsex als eine

Praktik, die nur etwas für freizügige oder fortgeschrittene Paare war. Heute gehören orale Verwöhneinheiten unterhalb der Gürtellinie laut Umfragen schon bei (sehr jungen) Teenies zum Standardprogramm. Immerhin haben sie ja den Vorteil, dass man davon nicht schwanger werden kann. Und auch die AIDS-Gefahr ist beim Oralsex deutlich geringer als beim Geschlechtsverkehr. All das spricht für die mündliche Variante der Erotik.

Paare, die auf orales Vergnügen stehen, neigen selten zur Einseitigkeit. Befragungen haben ergeben, dass in Partnerschaften, in denen dem Lippen- und Zungensex gefrönt wird, meist beide auf ihre Kosten kommen. Wenn Ihr Liebster Sie nicht (oder zu selten) per Mund verwöhnt, könnte die einfache Strategie, ihn eines Bessern zu belehren, darin bestehen, ihm mal ordentlich einen zu blasen.

Apropos: Natürlich können Sie mit dem Mund auch tatsächlich hauchen und blasen. Der kühle Windstrom, der entsteht, wenn Sie vorsichtig auf seine befeuchtete Eichel pusten, bereitet ihm auf jeden Fall Lust. Und auch die Hitze eines Atemhauchs, der durch die Boxershorts dringt, hat es in sich. Doch der »Blowjob« oder das »Blasen« ist sehr viel mehr eine Frage von Lutschen, Lecken, Knabbern und Saugen. Die korrekte Bezeichnung lautet denn auch »Fellatio«, und die Praktik wird im Lexikon als »Die Form des sexuellen Kontaktes, bei dem der Penis mit Lippen, Zähnen und Zunge gereizt wird«, beschrieben. Klingt nicht gerade aufregend – ist es aber. Und wenn Sie Ihrem Liebsten regelmäßig eine Freude machen wollen, die ihn derart anheizt, dass er Ihnen anschließend alle Wünsche von den Lippen abliest, sind die folgenden Tipps sicherlich hilfreich.

Manche Frauen haben einen Heidenspaß an der Fellatio. Andere kämen nicht im Traum auf die Idee, sein bestes Stück auch nur mit den Lippen zu berühren, geschweige denn in den Mund zu nehmen. (Wenn Sie zu dieser Gruppe zählen, sollten Sie die folgenden Absätze einfach überspringen – oder trotzdem weiterlesen, um etwas Neues zu erfahren, was Sie vielleicht doch einmal ausprobieren wollen.) Dann gibt es noch eine relativ große Anzahl von Frauen, die ihrem Liebsten ja gerne den Gefallen tun würden, sich aber irgendwie scheuen, ihn mit Zunge und Lippen zu verwöhnen. Warum? Vielleicht aus einem (oder mehreren) der folgenden vier Gründe.

1. Mangelnde Hygiene: Keine Frau lutscht gerne an einem unsauberen Penis. Sauberkeit ist beim Oralsex noch wichtiger als bei allen anderen sexuellen Freuden inklusive Geschlechtsverkehr. Im Zweifelsfall sollten Sie ihn immer unter die Dusche zerren, bevor er ins Bett darf. Ansonsten hilft nur Offenheit: Sagen Sie ganz ehrlich, dass Sie manche Dinge nur mit Männern machen, die sich gewaschen haben.

2. Angst vor dem Samenerguss: Nicht alle Frauen stehen darauf, nach einem Blowjob Sperma im Mund zu haben. Während sie dem Knabbern, Saugen und Lutschen durchaus etwas abgewinnen können, sind sie einfach nicht dazu bereit, alles zu schlucken. Wichtig ist daher, dass Sie sich vorher mit Ihrem Lover absprechen. Falls Sie Angst haben, dass er vor lauter Begeisterung vergisst, Sie kurz vor der Ejakulation zu warnen, hilft nur eins: genaue Beobachtung! Wird sein Atem kürzer und schneller und zieht sich sein Hoden zusammen, wird es höchste Zeit, das Feld zu räumen und per Hand weiterzumachen.

3. Der Würgereiz: Die Vorstellung, sich über seine Lenden zu übergeben, ist alles andere als erotisch. Spätestens beim Oralsex wird der Vorteil »klein gebauter Männer« offenkundig. Doch wie groß sein bestes Stück auch ist – Sie brauchen ihn nicht so weit in den Mund zu nehmen, dass Ihnen das Abendessen hochkommt. Und mit der richtigen Technik können Sie dies ohnehin vermeiden (siehe weiter unten).

4. Die Angst, es »schlecht« zu machen: Einige Frauen lassen den Blowjob lieber aus, weil sie glauben, dass sie es nicht richtig können. Doch ich kann Sie beruhigen: Was immer Ihr Mund in seiner Lustzone anstellt – er wird es lieben, solange Sie ihm nicht wehtun! Allein schon die Berührungen durch Ihre Lippen und Zunge, aber auch das Kitzeln Ihrer Haare wird Ihren Lover vor Verlangen erschaudern lassen. Und natürlich lernen Sie im Folgenden noch einige kleine Tricks in puncto Oralsex kennen, die Ihnen Sicherheit geben und die bei jedem Mann gut ankommen.

ERSTE SCHRITTE

Oralsex ist keine komplizierte Angelegenheit. Es lohnt sich überhaupt nicht, wenn Sie sich den Kopf darüber zerbrechen, denn im Grunde ergibt es sich ganz von selbst, wie diese Form der Zuwendung am besten vor sich gehen soll. Wenn Sie wirklich auf den Mann abfahren, der neben Ihnen liegt, werden Sie bestimmt Spaß daran haben, ihn auf den Mund, die Brust, den Bauch und zu guter Letzt auch noch etwas tiefer zu küssen. Je mehr Zeit Sie sich für eine ausgiebige Schmuserei – inklusive Knabber- und Saugeinheiten – lassen, desto größer ist die Wahrscheinlichkeit, dass Sie über kurz oder lang ganz automatisch im Zentrum seiner Lust landen.

Und auch beim Oralsex gilt: Feste Regeln gibt es nicht.

Vertrauen Sie also ruhig auf Ihre erotische Intelligenz. Natürlich gibt es ein paar hilfreiche Tipps, und die können dabei helfen, Ihre Fantasie in Schwung zu bringen. Die meisten Männer lieben es zum Beispiel, wenn Sie beim Blasen vor allem saugen, ganz egal, welche Geräusche dabei entstehen. Oder wenn Sie mit der Zunge das Vorhautbändchen (Frenulum) an der Unterseite der Eichel verwöhnen. Das Wichtigste ist aber, dass Sie selbst dabei Lust und Spaß haben. Nur dann werden Sie offen, neugierig und ungehemmt genug sein, um mit Zunge und Lippen herauszufinden, mit welchen Tricks Sie Ihren Süßen auf Wolke sieben befördern.

Ein Dutzend Fellatio-Tipps für Sie

1. Denken Sie immer daran: Sie können nichts falsch machen. Ein Grund dafür, dass Männer so sehr auf Blowjobs stehen, liegt darin, dass ein Frauenmund weich, warm, feucht und anschmiegsam ist. Erinnert Sie das an etwas? Genau – aber im Gegensatz zur Vagina können Sie mit dem Mund auch noch saugende Bewegungen ausführen, was sich am Penis einfach genial anfühlt.

2. Sie können jede »Technik« getrost vergessen und sich einfach vorstellen, dass Sie ein Eis am Stiel in der Hand haben. Wenn Sie so genüsslich an seinem Penis lutschen wie an einem leckeren Erdbeer- oder Meloneneis, kann nichts mehr schief gehen. Stellen Sie sich vor, seine Eichel wäre eine Kugel Eis, die aus der Eiswaffel ragt. Was würden Sie mit der Kugel anfangen? Sie langsam von unten nach oben ablecken? An ihr lutschen oder mit der Zungenspitze auf ihr herumfahren? Was auch immer Sie machen – er wird garantiert schneller dahinschmelzen als die Eiskugel an einem heißen Sommertag im Juli.

3. Wenn Sie mit der Eiswaffelvorstellung nichts anfangen können, da ein Penis nun mal nicht nach Vanilleeis schmeckt, kann eine technische Beschreibung auch nicht schaden: Der Trick beim Blowjob besteht in der Abwechslung. Die Haupt-technik entspricht in etwa der Handmassage: Umschließen Sie seine Eichel fest mit den Lippen und bewegen Sie den Kopf auf und ab. Bauen Sie dann Variationen ein, indem Sie mal fester, mal weniger fest saugen und sein bestes Stück zwischendurch auch einmal von unten nach oben ablecken.

4. Orale Techniken sind gerade am Anfang des Liebes-spiels eine wunderbare Sache. Mit dem Mund schaffen Sie, was mit der Hand schwierig ist, nämlich seinen kleinen Freund bei Erektionsproblemchen zum Stehen zu bringen. Wenn Ihr Lover nicht zu aufgeregt ist, um einen hochzukrie-gen, wird das Saugen seinen Penis garantiert schnell aus dem erschlafften in einen ansehnlicheren Zustand versetzen.

5. So schön Verwöhneinheiten mit dem Mund für ihn auch sind, so sollten sie für Sie doch nie zur Schinderei werden. Nehmen Sie daher immer Ihre Hände zu Hilfe, um seinen Penis in die für Sie angenehme Position zu bringen. Legen Sie zum Beispiel eine Hand um seinen Penisschaft, während Sie sich mit dem Mund um die Eichel kümmern. Auf diese Weise behalten Sie die Kontrolle und hindern ihn daran, durch unvorsichtige Beckenbewegungen Würgereize bei Ih-nen auszulösen. Abgesehen davon fühlt sich die Kombina-tion aus Hand- und Lippenbewegung für Männer besonders prickelnd an: Während Sie eine Hand an die Peniswurzel le-gen, können Sie die Auf- und Abbewegungen Ihrer Lippen mit der anderen Hand oder dem Fingerring aus Daumen und Zeigefinger unterstützen.

6. Die Atmung ist beim Blowjob fast ebenso wichtig wie

beim Yoga. Der Grund, warum viele Frauen beim Oralsex schnell die Geduld verlieren, liegt darin, dass sie falsch atmen. Erster Tipp: Atmen Sie ausschließlich durch die Nase, denn Ihr Mund ist ja besetzt. Zweiter Tipp: Je tiefer Sie seinen Penis in Ihren Mund nehmen, desto tiefer sollten Sie dabei ausatmen! Atmen Sie immer dann ein, wenn sein bestes Stück »mundauswärts« unterwegs ist, und aus, wenn er sich nach innen bewegt. Drittens sollten Sie ihn immer wieder einmal ganz aus dem Mund nehmen, um in Ruhe durchzuatmen. Sicher hat er nichts dagegen, wenn Sie währenddessen ein bisschen an seiner Eichel lecken.

7. Bleiben Sie entspannt. Das mündliche Vergnügen sollte nicht nur auf seiner, sondern auch auf Ihrer Seite sein – und das klappt nur, wenn Sie cool bleiben. Je lockerer Sie sind, desto geringer ist außerdem die Würgereizgefahr. Führen Sie langsame oder mäßig schnelle Kopfbewegungen aus, bloß keine Hektik. Legen Sie zwischendurch ruhig auch mal eine Phase in Zeitlupentempo ein und lassen Sie den Turbogang lieber aus. Erotikprofis wissen, wie man die Nackenmuskeln auch bei hohem Tempo noch einigermaßen entspannen kann, doch in der Regel werden Blowjobs im oberen Drehzahlbereich immer zur »Knochenarbeit«. Um zu vermeiden, dass die Anstrengung überhand nimmt, verwenden Sie für schnelle Gänge lieber Ihre Hand.

8. Legen Sie Pausen ein. Sobald es mühselig wird, sollten Sie Ihren Kopf gemütlich auf seinen Bauch legen und per Hand weitermachen. Und natürlich lassen sich Pausen am schönsten füllen, indem er Sie zwischendurch ebenfalls verwöhnt.

9. Mit der Zunge können Sie bei oralen Spielchen aufregende Akzente setzen. Zum Beispiel, indem Sie sie in Zeit-

lupe über seine Hoden kreisen lassen oder mit ihr leicht wie Schmetterlingsflügel über die Eichel »flattern«. Eine »zuckende« Zunge fühlt sich aber auch so ziemlich an jeder anderen Stelle des Penis aufregend an. Eine andere Möglichkeit, ihn in höhere Sphären zu führen und prickelnde Gefühle zu wecken: Dringen Sie mit der Zungenspitze sanft in die kleine Öffnung seiner Eichel ein.

10. Sicher wollen Sie Ihren Süßen nicht verletzen. Daher sollten Sie vorsichtig mit Ihren Zähnen umgehen. Umschließen Sie die Schneidezähne beim Oralsex immer mit den Lippen. Und wenn Sie doch mal ein wenig knabbern wollen, dann eignet sich der Penisschaft dafür wesentlich besser als die sehr empfindliche Eichel.

11. Beim Oralsex ist der Showeffekt schon die halbe Miete. Männer lieben die Fellatio nämlich nicht nur wegen der Gefühle, die Ihr Mund an seinem Penis erzeugt, sondern auch der Optik wegen. Es ist einfach wahnsinnig aufregend, sich verwöhnen zu lassen und dabei auch noch zugucken zu können. Wenn Sie Ihren Kopf so halten, dass Ihr Liebster Ihnen auch noch zusehen kann, wird seine Erregung dadurch locker um ein paar weitere Grad ansteigen.

12. Auch beim oralen Vergnügen ist Abwechslung alles. Ändern Sie öfter mal die Stellung. Normalerweise liegt der Mann beim Blowjob auf dem Rücken und die Frau legt ihren Kopf auf seinen Bauch. Das ist bequem, aber es geht auch anders. Zum Beispiel so: Er steht, und Sie sitzen auf einem Stuhl oder knien auf dem Boden. Oder Sie liegen einander zugewandt auf der Seite, wobei Sie Ihren Kopf in Höhe seines Penis auf ein Kissen legen. Die akrobatische Tour: Ihr Lover steht neben dem Bett. Sie legen sich auf den Rücken und lassen Ihren Kopf über die Bettkante hängen und in den Nacken

fallen, öffnen den Mund und gewähren ihm Einlass. Damit Sie seine Hüftbewegungen nicht in der Kehle zu spüren bekommen, sollten Sie Ihre Hände dabei allerdings an seine Oberschenkel legen und die Führung übernehmen. Achtung: Diese Variante erfordert natürlich ein ausreichend hohes Bett, sonst wird es hierbei schnell unbequem. Auch die sagenumwobene »Stellung 69« ist einen Versuch wert, funktioniert aber nur, wenn Sie ein ganzes Stück kleiner sind als Ihr Lover. Das Besondere dabei ist, dass Sie sich gegenseitig und gleichzeitig oral befriedigen. Am leichtesten fällt das, wenn er auf dem Rücken liegt und Sie oben sind. (Liegt er oben, kann das Manövrieren mit der Erektion recht kompliziert werden.) Knien Sie mit gespreizten Beinen über seinem Kopf und legen Sie sich auf seinen Oberkörper. Ihr Mund sollte seinen Penis bequem umschließen können, während er Ihre Klitoris mühelos mit seiner Zunge erreicht. Wenn Sie ein Kissen unter sein Becken legen, erleichtert Ihnen das den oralen Zugang. Ein Kissen in seinem Nacken hilft ihm dabei, Sie kräftig genug mit der Zunge zu verwöhnen.

SPEZIALREZEPTE DER »FRANZÖSISCHEN KÜCHE«

Neben den Basics gibt es natürlich immer noch ein paar Specials, mit denen Sie für neue Kicks sorgen können. Einige der folgenden Methoden sind für ihn besonders aufregend, andere helfen vor allem Ihnen dabei, dass der Spaß am oralen Sex nicht verloren geht.

Good Vibrations: Auch wenn Sie Obertonsingen für esoterischen Schnickschnack halten – durch ein wenig Stimmeinsatz können Sie bei ihm ungewohnte (und lustvolle) Gefühle wecken. Wenn Sie seinen kleinen Prinzen im Mund haben, summen Sie beim Ausatmen einfach einmal – ungefähr wie

Biene Maja, nur ein bisschen tiefer. Dies erzeugt angenehme Vibrationen am Penis und sorgt für eine sanfte Massage. Falls Sie sich nicht trauen, in seiner Gegenwart zu summen, drehen Sie einfach die Stereoanlage etwas mehr auf, damit er es nicht hören, aber spüren kann.

Eiszeit ist die schönste Zeit: Klimatisch gesehen wohl nicht, aber beim Blasen auf jeden Fall. Stellen Sie ein paar Eiswürfel bereit, die Sie zwischendurch in den Mund nehmen, während Sie ihn verwöhnen. Damit werden Sie alles andere als coole Reaktionen ernten.

Oralsex in Brusthöhe: Es gibt keinen Grund, nur sein bestes Stück mit »oraler Therapie« zu behandeln. Die Brustwarzen sind ebenfalls ein heißer Tipp: Saugen, lutschen, knabbern und schlecken Sie an ihnen – und zwar ruhig ein bisschen kräftiger. Nehmen Sie sie vorsichtig zwischen die Schneidezähne, und wenn ihm zu heiß wird, können Sie einen kühlen Luftstrom erzeugen, indem Sie sie anpusten. Ich garantiere Ihnen, dass sich diese Lust spendende Behandlung auch noch ein paar Etagen tiefer deutlich auswirken wird.

Honig, Erdbeeren und Vanille: Sie wollen ihn verwöhnen und auch selbst etwas davon haben? Dann setzen Sie doch ein paar geschmackliche Akzente, zumal dann, wenn der pure Penisgeschmack nicht gerade hundertprozentig Ihr Fall ist. Das beste Rezept: zuerst in die Küche und dann erst ins Bett. Lassen Sie sich inspirieren. Wählen Sie aus, was immer sich eignet, um auf seinem Hörnchen verteilt und anschließend genüsslich abgeleckt zu werden, zum Beispiel Schokocreme, Schlagsahne oder, als »leichte« Alternative, Vanillejoghurt und Erdbeerkonfitüre. *Die frische Kraft der Minze:* Für den Blowjob-Turboeffekt der besonderen Art sorgen Pfefferminzbonbons. Erstens helfen minz- und mentholhaltige Lutschpastillen ungemein, wenn Sie keinen rechten Geschmack an der Sache finden. Zweitens ist der kühlende Effekt ein echter Bringer für ihn. Doch Vorsicht: Menthol ist für sein bestes Stück ein äußerst reizendes Mittelchen. Achten Sie daher besonders auf die Dosierung! Wenn Sie vor dem Blaskonzert mit japanischem Pfefferminzöl gurgeln, wird aus seiner Lust schnell eine Qual. Besonders fatal: Die Frischewirkung zeigt sich oft erst nach ein bis zwei Minuten. Testen Sie seine Reaktion auf Minze daher vorsichtig aus. Anfangs reicht es, wenn Sie sich die Zähne mit einer mentholhaltigen Zahnpasta putzen, bevor Sie ans Werk gehen. Wenn das gut ankommt, können Sie es mal mit einem milden Pfefferminzbonbon oder Zimtkaugummis probieren. Sollte es dennoch einmal zu Überreaktionen kommen, hilft nur eins: lauwarmes Wasser, etwas mildes Shampoo und abwarten.

Ein Schluck Champagner: In erotischen Filmen trinken liebeshungrige Playboys regelmäßig Champagner aus dem Bauchnabel ihrer Bettgespielinnen. Im Zeitalter der Emanzipation können Sie den Spieß ruhig auch einmal umdrehen. Außerdem soll ein Schlückchen Champagner, ob aus seinem Nabel oder dem Glas getrunken, helfen, die Zunge vor dem Blowjob ein wenig zu betäuben – was aber nur sinnvoll ist, wenn Sie für den Geschmack Ihres Liebsten nicht viel übrig haben.

BLASEN BIS ZUM »BITTEREN« ENDE?

Die Frage, die Sie sich beim Oralsex irgendwann – und besser früher als später – stellen müssen, ist, wie weit Sie gehen wollen. Wenn sich bei dem Gedanken, sein Sperma schlucken zu müssen, Ihr Magen umdreht, sollten Sie Ihre Grenzen klar und offen deutlich machen. Nichts spricht dagegen, orale Spielchen nur als Vorbereitung auf Wichtigeres zu nutzen. Ist er nämlich erst einmal gekommen, ist der Spaß fürs Erste vorbei.

Manche Frauen hätten an und für sich mit einem Teelöffel Sperma kein Problem – und viel mehr ist es nicht. Das Einzige, was sie davon abhält, sind gesundheitliche Bedenken, die allerdings völlig unbegründet sind: Ejakulat ist nicht nur steriler als Speichel, sondern liefert auch noch eine kleine zusätzliche Eiweißportion. Allergien auf Sperma sind höchst selten und in fast allen Fällen psychologischer Natur. Und dass die »Einnahme« männlicher Hormone Ihnen Schwarzenegger-Arme oder eine Louis-Armstrong-Stimme verleihen, ist sogar absolut unmöglich. Medizinisch spricht nichts dagegen, außer wenn der Partner Geschlechtskrankheiten hat oder Sie an Lippenherpes leiden. Letzterer wäre aber auch wieder nur für ihn riskant.

Letztendlich ist es reine Geschmackssache, ob Sie das Sperma schlucken wollen oder nicht. Manche Frauen lieben es, andere hassen es, viele sind unentschieden. Eins ist wichtig: Lassen Sie sich keinesfalls dazu zwingen. Auch wenn viele Männer es noch so gerne sähen, da das Schlucken des Ejakulats von allergrößtem Vertrauen zeugt, tun Sie dies nur, wenn es Ihnen auch gefällt.

Doch was ist, wenn Sie gerne wollen, aber sein Sperma einfach nicht schmeckt? Immerhin berichten Frauen, die verschiedene Lover hatten, dass das Sperma bei jedem anders schmeckt: Manches ist durchaus okay, anderes wieder säuerlich oder bitter. Eine gewisse Rolle spielt dabei die Ernährung des Mannes. Wenn Sie Ihren Süßen dazu kriegen, sich vegetarisch zu ernähren, auf Kaffee und Knoblauch zu verzichten und täglich Ananas zu essen, stehen die Chancen für eine positive Geschmacksveränderung gut.

Falls Ihnen der Geschmack von Sperma einfach nicht behagt, können Sie seine Eichel auch kurz vor dem Erguss unter Ihre Zunge legen, indem Sie diese einfach an den Gaumen pressen. So verhindern Sie, dass sein Sperma mit Ihren Geschmacksknospen auf der Zunge in Kontakt kommt. Oder Sie spucken alles, was Ihnen in den Mund kommt, sofort wieder aus. Ein paar Taschentücher sollten ja ohnehin immer in der Nähe sein. Für den Fall, dass Sie den Blowjob wirklich ausschließlich zum Antörnen einsetzen wollen, sollten Sie dafür sorgen, dass Sie rechtzeitig aus der Schusslinie kommen. Und woran lässt sich erkennen, dass der »point of no return« bald erreicht ist? Legen Sie eine Hand um seinen Hoden. Dann werden Sie spüren, wie sich der Hoden anspannt und immer näher an den Penis legt. Höchste Zeit für Sie, eine Pause einzulegen und sein bestes Stück ein wenig abkühlen zu lassen, bevor Sie ein paar spannende Liebesstellungen ausprobieren.

Zur Sache, Schätzchen –
das Abc der Liebesstellungen

Es gibt gute und schlechte Tänzer (und Tänzerinnen). Was macht die guten aus? Zum einen, dass sie das richtige Gespür haben, zum anderen, dass sie begeistert bei der Sache sind, nie die Lust verlieren und unendlich viel Spaß daran haben. Last but not least beherrschen exzellente Tänzerinnen und Tänzer viele Tanzschritte und selbst komplizierte Figuren, die sie ausführen, ohne dabei auch nur mit der Wimper zu zucken.

Vieles von dem, was beim Tanzen wichtig ist, lässt sich auch ohne weiteres auf den Sex übertragen. Im Tantra gilt Sex nicht umsonst als »kosmischer Tanz zwischen Lieben-den«. Die körperliche Vereinigung, bei der mal der eine, mal der andere führt, die Improvisationsmöglichkeiten, die das Spiel der Liebe immer wieder neu und spannend machen, all das erinnert an einen intimen Tanz – und macht den Spaß am Sex aus!

Je mehr Lust in einer Beziehung ausgelebt wird, desto bes-ser – denn davon profitieren beide Partner gleichermaßen. Wissenschaftler haben herausgefunden, dass befriedigender Sex nicht nur Balsam für die Seele ist und Stress abbauen hilft, sondern dass die gemeinsame Hormonparty auch noch die Haut strafft, die Zellen verjüngt und sogar das Immunsystem stärkt.

Wenn Sie frisch verliebt sind, ist es ziemlich egal, auf welche Weise Sie und Ihr Lover sich lieben. Verliebtheit ist die beste Liebes(ein)stellung. Aber wenn Sie sich schon länger oder gar in- und auswendig kennen, ist es ganz natürlich, dass Sie sich nach etwas Abwechslung sehnen. Daraus entstehen manchmal gefährliche Momente, in denen die Idee auftauchen könnte, es mal mit einem Seitensprung zu versuchen. Der Gedanke daran ist nicht schlimm, doch Seitensprünge sind mit Abstand die häufigste Ursache dafür, dass langjährige Beziehungen beendet werden.

Dabei gibt es ein sehr einfaches Mittel, um die graue Liebesroutine zu durchbrechen: Ein paar kleine erotische Experimente und hier und da ein Stellungswechsel genügen meist schon. Ein wenig »Bettakrobatik« ist aber nicht nur ein heißer Tipp für langjährige Partnerschaften. Mit ein paar Stellungstricks können Sie auch Neueroberungen verblüffen und gründlich um den Finger wickeln. Und Sie werden ebenfalls darüber staunen, welche Erfahrungen Sie mit unterschiedlichen Liebespositionen machen können! Jede Stellung bringt andere Empfindungen mit sich und weckt neue Lust – und zwar nicht nur bei Ihrem Liebsten, sondern auch bei Ihnen. Jenseits der guten alten Missionarsstellung warten noch viele neue Varianten des »erotischen Paartanzes« darauf, von Ihnen entdeckt zu werden. Das sollte Grund genug dafür sein, dass Sie neben ein paar Basics auch einige exotische Stellungen in Ihr Programm aufnehmen. Wählen Sie aus dem Folgenden aus und wagen Sie sich an Experimente heran.

Wenn Sie Ihren Liebsten mal wieder richtig heiß machen wollen, sollten Sie für Variationen sorgen und ihn immer wieder aufs Neue überraschen. Dazu gehören nicht nur Stellungswechsel, sondern auch, dass Sie alle Möglichkeiten Ihrer Wohnung nutzen. Lust an der Liebe ist nicht nur etwas fürs Schlafzimmer. Niemand zwingt Sie, sich immer im Bett zu lieben – auch das Sofa, ein Stuhl, der Teppich und sogar der Küchentisch sind durchaus liebestauglich.

Wie man sich bettet: Liebe im Stehen, Sitzen und Liegen
Männer lieben Variationen beim Sex – und Sie, meine Damen, sicher ebenso. Das fängt schon bei den Liebesstellungen an. Dabei herrscht in den Schlafzimmern oft erstaunliche Fantasielosigkeit. Über 60 Prozent aller Paare lieben sich ausschließlich liegend, und ein Großteil davon tut es nur nach der klassischen Variante – »Mann oben, Frau unten«. Eigentlich schade, denn schließlich gibt es viele andere spannende Möglichkeiten.

♀ Sex im Liegen: Schon dabei gibt es, neben der Missionarsstellung, eine Unzahl von Varianten. Es macht einen großen Unterschied, ob Sie oben sind oder Ihr Lover. Außerdem können Sie auf dem Bauch, auf dem Rücken oder auf der Seite liegen. Stellungen im Liegen sind meistens besonders rückenschonend und entspannend, bieten aber sicherlich viele Möglichkeiten für sexy Abenteuer.

♀ Sex im Stehen: Diese Stellungen sind eher etwas für sportliche Paare. Doch auch wenn Ihr Süßer einigermaßen stramme Beinmuskeln haben sollte – eine Artistenausbildung brauchen weder er noch Sie. Der Kick bei Liebesstellungen im Stehen ist besonders groß, und die anschließende Entspannung wird umso stärker sein. Das Beste ist aber, dass es im Stehen auch dann geht, wenn kein Bett in der Nähe ist – zum Beispiel im Aufzug oder in der Küche.

♀ Sex im Sitzen: Solche Liebesstellungen sind ein Muss für Paare, die es meditativ lieben. Diese Variationen des Liebesspiels sind im Tantra und Kamasutra ganz besonders beliebt, da die aufrechte Haltung dafür sorgt, dass beide mit ihrem ganzen Bewusstsein bei der schönsten Nebensache der Welt bleiben.

Tantra-Stellungen für den gewissen Kick

Die Deutschen sind bekanntermaßen nicht unbedingt die fantasievollsten Lover, und auch die anderen Europäer sind nicht viel besser. In unserer Kultur galt Sex einfach viel zu lange als »schmutzig«. (Dazu meinte Woody Allen: »Ist Sex schmutzig? Sicher, wenn man's richtig macht …«) In anderen Kulturen, insbesondere im alten Indien, war dies nicht so. Dort wird schon seit mehreren tausend Jahren Liebe nach dem Tantra oder dem Kamasutra praktiziert. Diese Liebes- schulen werden auch bei uns immer beliebter. Kein Wunder, denn darin werden Stellungen gelehrt, die uns verblüffen und zu ungeahnten Liebesgenüssen führen. Mit ein wenig Tantra- Kenntnissen können Sie nicht nur Ihren Liebsten heiß ma- chen, sondern mit ihm gemeinsam eine neue Form der Se- xualität entdecken – die spirituelle Dimension der Liebe.

»Spirituelle Dimension« bedeutet nicht den von vielen Männern gefürchteten »langweiligen Kuschelsex«. Im Ernstfall sollten Sie Ihrem Partner dies erklären, um Missverständnissen vorzubeugen. Zwar stimmt es, dass beim Tantra nicht die schnelle Lust im Vordergrund steht, aber es geht dabei durchaus zur Sache. Und das soll es ja auch, denn Ziel der tantrischen Methoden ist es, mit dem Partner in einer besonders innigen Weise zu verschmelzen und Lustkicks zu erleben, von denen Tantra-Unerfahrene nicht mal träumen können. Jeder Mann wird daher interessiert die Augenbrauen heben, wenn Sie ihm diesen Hintergrund erklären und ihm erzählen, dass Sie gerade dabei sind, ein paar Tantra-Stellungen zu erlernen und noch einen Übungspartner suchen.

Tantra ist keine Religion, keine Sexgymnastik und kein Kult. Es bietet vielmehr die Möglichkeit, gemeinsam mit dem Partner mehr Lebens- und Liebesfreude zu entdecken und eine Beziehung abenteuerlicher und lustvoller zu gestalten. Im Folgenden lernen Sie die wichtigsten Tantra-Stellungen kennen. Suchen Sie sich zunächst die einfachsten und bequemsten Positionen aus. Finden Sie heraus, welche Stellungen Ihnen und Ihrem Süßen am meisten Lust und Freude bereiten, und bleiben Sie bei der »Stange« – denn nur Übung macht die Meisterin.

Sex im Liegen

Für alle Liebenden, die keine akrobatischen Ambitionen hegen, ist das genussvolle Liebesspiel in der Waagerechten die einfachste Möglichkeit. Später werde ich Ihnen noch Stellungen im Sitzen und im Stehen vorstellen, doch erst sollen Sie erfahren, dass Sex im Liegen viel spannender sein kann, als es die Missionarsstellung vermuten lässt.

Die Hasen-Stellung

Machen Sie's wie die Häschen. Dabei knien Sie mit geschlossenen Beinen vor Ihrem Geliebten, den Rücken ihm zugewandt. Beugen Sie sich nach vorne und legen Sie Ihren Kopf und Oberkörper entspannt aufs Bett, während Sie Ihr Becken und Gesäß Ihrem Partner entgegenstrecken. Er kniet mit etwas geöffneten Beinen hinter Ihnen.

Der Vorteil dieser Stellung besteht darin, dass der Kontakt zwischen Vagina und Penis besonders eng ist. Schwierig wird sie allerdings, wenn Ihr Partner einen eher kleinen Penis hat, da er in dieser Stellung nicht sehr tief in Sie eindringen kann. Spreizen Sie in einem solchen Fall die Beine ein wenig, während er seine Beine schließt.

Die Schlangen-Stellung

In dieser Stellung liegen Sie und Ihr Partner Bauch an Bauch auf der Seite, einander zugewandt. Öffnen Sie Ihre Schenkel, damit er in Sie eindringen kann; anschließend schließen Sie beide die Beine.

Die Schlangen-Stellung ermöglicht es Ihnen, den gesamten Körper Ihres Partners besonders nah zu spüren. Viele Paare finden es außerdem sehr schön, sich bei der Liebe ansehen zu können. Allerdings wird es schwierig, diese Liebesstellung zu praktizieren, wenn das gute Stück Ihres Liebsten eher kurz ist.

Die Offene-Blüten-Stellung

Ihr Liebster kniet bei dieser Stellung vor Ihnen (so sollte es ja auch sein!), während Sie Ihre Beine ganz weit öffnen. Ein Bein lassen Sie auf dem Bett liegen, das andere heben Sie an und legen es auf die Schulter Ihres Geliebten.

Bei dieser Stellung hat er seine Hände frei, während er in Ihnen ist. Das bringt Ihnen den Vorteil, dass er zärtlich Ihre Brüste, Ihr Gesicht oder Ihre Oberschenkel streicheln kann, während es zur Sache geht.

DIE SCHLANGE ZÄHMEN

Knien Sie sich vor Ihren Liebsten hin und stützen Sie sich mit den Händen ab. Lassen Sie ihn von hinten in sich hinein. Nun wird es ein wenig kompliziert, aber spannend: Strecken Sie das rechte Bein aus und drehen Sie dabei Ihren Oberkörper auf die rechte Seite, sodass Sie auf der rechten Seite liegen. Heben Sie dabei Ihr angewinkeltes linkes Bein. Damit Ihr Partner bei dieser Bewegung nicht umkippt, stellt er gleichzeitig sein rechtes Bein auf und fasst Ihr erhobenes linkes Bein. So kann er das Gleichgewicht leichter halten und sich darauf konzentrieren, Sie zu verwöhnen.

Diese Stellung scheint wohl eher für fortgeschrittene Paare geeignet. Aber wenn Sie ein wenig Lust auf Experimente und Spaß im Bett haben, sollten Sie die Stellung unbedingt einmal ausprobieren. In der Theorie klingt sie viel komplizierter, als sie in Wirklichkeit ist.

DIE PALMBLATT-STELLUNG

Sie liegen flach mit weit gespreizten Beinen auf dem Bauch, während Ihr Partner zwischen Ihren Beinen liegt. Erleichtern Sie ihm das Eindringen von hinten, indem Sie Ihr Becken mit einem großen Kissen etwas höher lagern. Wenn Ihr Lover Ihnen nicht zu schwer ist, sollte er sich am besten flach auf Sie legen.

Dies hat den Vorteil, dass er eine Hand frei hat, um Ihre Klitoris oder Brüste zu streicheln. Ist er Ihnen zu schwer, sollte er sich mit den Händen oder Ellbogen aufstützen, auch dann ist diese Stellung sehr entspannend und angenehm.

DIE ROSENBLÜTEN-STELLUNG

Legen Sie sich auf den Rücken, winkeln Sie die Beine an und ziehen Sie die Oberschenkel in Richtung Brust. Ihr Geliebter kniet sich vor Sie hin und umfasst Ihre Fesseln, Ihr Becken oder Ihre Oberschenkel. Legen Sie dann Ihre Füße auf die Brust Ihres Liebsten und lenken Sie seine Bewegungen durch den Druck Ihrer Fußsohlen.

Die Rosenblüten-Stellung gibt Ihnen die Möglichkeit, Tiefe und Geschwindigkeit seiner Stöße nach Ihren Bedürfnissen zu steuern – obwohl Sie in dieser Liebesstellung unten liegen, haben Sie die Oberhand.

DIE MUSCHEL-STELLUNG

Für die Muschel-Stellung öffnen Sie Ihre Beine weit und winkeln sie an, wobei Sie Ihre Unterschenkel oder Knöchel mit den Händen umfassen. In dieser Position liegen Sie vollkommen offen vor ihm. Wenn Sie besonders gelenkig sind, können Sie Ihre Oberschenkel seitlich auf dem Bett ablegen. Ihr Liebster kniet währenddessen vor Ihnen und übernimmt die Führung.

In dieser Position können Sie sich ganz dem Genuss hingeben und ihm den aktiven Part überlassen. Viele Frauen finden die Muschel-Stellung ganz besonders erregend.

DIE SITAR-STELLUNG

Sie liegen mit angezogenen Beinen auf dem Rücken, während Ihr Geliebter vor Ihnen kniet. Nachdem er in Sie eingedrungen ist, schließt er Ihre Oberschenkel. Dadurch wird der Kontakt zwischen Vagina und Penis besonders innig. Sie können die Intensität dieses Erlebnisses noch steigern, wenn Sie Ihre Beckenbodenmuskulatur beherrschen – indem Sie die Muskeln Ihrer Vagina kräftig und rhythmisch zusammenziehen, verschaffen Sie ihm und sich selbst ein einmaliges Lustgefühl.

Insbesondere dann, wenn Ihr Liebster einen eher kleinen Penis hat, ist die Sitar-Stellung zu empfehlen, da sie ihm das Gefühl des tiefen Eindringens verschafft. Das heißt aber nicht, dass diese Stellung immer ideal wäre: Wenn Ihr Partner zu vorzeitigen Samenergüssen neigt, wird er hierbei noch schneller reagieren.

Die Reitende Tigerin

Ihr Liebster liegt mit geschlossenen Beinen auf dem Bett (oder Teppich) und Sie setzen sich mit weit geöffneten Beinen und angezogenen Knien auf ihn. Nachdem Sie ihn in sich aufgenommen haben, beugen Sie sich nach vorn, bis Ihre Brüste seine Brust berühren. Sie kontrollieren die Bewegung und reiten in dem Rhythmus, der Ihnen die höchste Lust bringt.

Diese Stellung hat den Vorteil, dass Sie bestimmen, wohin der Ausritt führt, und gleichzeitig Ihren Geliebten verwöhnen. Die meisten Männer mögen es (zumindest dann und wann), wenn die Frau oben ist – und alle lieben es, von weiblichen Brüsten gestreichelt zu werden.

Löffelchen

Abgesehen von der Missionarsstellung ist diese Liebesstellung wohl die bekannteste. Sowohl Sie als auch Ihr Liebster liegen dabei auf der Seite. Sein Bauch und seine Brust berühren Ihren Rücken und Ihr Gesäß. Öffnen Sie anfangs ein wenig die Schenkel, um Ihrem Geliebten das Eindringen zu erleichtern. Dann schließen Sie die Beine wieder, wodurch der Kontakt noch enger wird.

Die Löffelchen-Stellung ist verständlicherweise sehr beliebt, da sie beiden Partnern viel Genuss bereitet. Die Körper liegen so nahe beieinander wie bei keiner anderen Stellung. Hinzu kommt, dass er seine Hände frei hat, um Ihre Brüste, Ihre Schamlippen und Ihre Klitoris zärtlich zu streicheln.

DIE AUFRECHTE REITERIN

Ihr Geliebter liegt mit geschlossenen Beinen auf dem Rücken. Setzen Sie sich mit geöffneten Schenkeln und angezogenen Knien auf ihn und nehmen Sie ihn in sich auf. Wie der Name der Stellung schon andeutet, bleibt Ihr Oberkörper aufrecht. Sie können sich auch ein wenig zurücklehnen und an den Schultern Ihres Liebsten festhalten. Nun bestimmen Sie, ob es im wilden Galopp oder durch sanftes Auf- und Abbewegen in einem sanften Trab zum Gipfel der Lust geht.

Wie alle Stellungen, bei denen die Frau oben ist, hat auch die »Aufrechte Reiterin« den Vorteil, dass Sie Geschwindigkeit und Tiefe der Liebesstöße lenken können. Für viele Frauen wird es dadurch einfacher, zum lustvollen Höhepunkt zu gelangen.

Sex im Stehen

Wie Sie gelesen haben, bieten die Stellungen im Liegen viel Abwechslung. Wollen Sie es noch etwas ausgefallener? Bitte sehr: Im Folgenden werde ich Ihnen ein paar abwechslungsreiche – wenn auch mitunter ein wenig anstrengende – Techniken vorstellen, bei denen Sie die Liebe aufrecht genießen.

Der Vorteil: Sie brauchen kein Bett. Mit etwas Abenteuerlust können Sie diese Stellungen auch an ausgefalleneren Orten ausprobieren.

DIE LIEBES-SCHAUKEL

Wenn Ihr Liebster einigermaßen stark ist und Sie nicht zu kräftig sind, macht die Liebes-Schaukel wirklich Spaß. Er muss allerdings in der Lage sein, problemlos Ihr ganzes Gewicht zu tragen. Er steht vor Ihnen, mit etwas gespreizten und in den Knien leicht gebeugten Beinen. Nun schwingen Sie, während Sie seinen Nacken umfassen, beide Beine um seine Hüften. Verschränken Sie Ihre Unterschenkel hinter seinem Po, damit Sie nicht abrutschen. Ihr Liebster umfasst Ihr Gesäß und stützt Sie ab. Durch sanftes Wippen in den Knien, das Sie durch Umklammern seines Nackens unterstützen, kommen Sie auf etwas andere Art zum Höhepunkt.

Die Liebes-Schaukel ist nur zu empfehlen, wenn er gesunde Knie und genug Kraft in den Armen hat, um Ihr Gewicht zu halten. Denn schließlich wollen Sie ja nicht direkt nach dem Liebesspiel zum Orthopäden.

DIE RANKEN-STELLUNG

In der Ranken-Stellung umfasst Ihr Geliebter mit einem Arm Ihre Taille. Sie heben ein Bein und legen es um seine Mitte. Ihr Standbein sollte zunächst auf Zehenspitzen stehen, damit Sie ihn in sich aufnehmen können. Er hilft Ihnen, indem er Ihren angehobenen Oberschenkel umfasst. Sowohl Sie als auch Ihr Liebster können in dieser Stellung die Bewegung steuern.

Wenn Sie diese Position zum ersten Mal probieren oder sie noch nicht sicher beherrschen, sollte sich Ihr Partner mit seinem Rücken gegen eine Wand stützen können – sonst wird aus der stehenden leicht unfreiwillig eine liegende Stellung. Am besten funktioniert die Ranken-Stellung, wenn Sie und Ihr Lover etwa die gleiche Größe haben. Doch auch wenn Sie deutlich kleiner sind, müssen Sie nicht auf diese schöne Liebesstellung verzichten: Stellen Sie sich auf einen kleinen Schemel oder auf ein paar dicke Kissen.

DIE WINKEL-STELLUNG

Die Winkel-Stellung ist wahrscheinlich die am häufigsten praktizierte Liebesstellung im Stehen – erprobt in zahlreichen Büros. Dabei steht Ihr Geliebter hinter Ihnen, während Sie sich nach vorn beugen und an einem geeigneten Gegenstand abstützen. Das kann ein Stuhl, ein Tisch, der Kopierer im Büro oder die Bettkante sein. Ihr Rücken sollte mindestens waagerecht sein, wenn Sie beweglich sind, können Sie sich auch tiefer nach unten beugen. Spreizen Sie Ihre Beine nur leicht. In dieser Stellung führt Ihr Partner.

Die meisten Paare haben keine Probleme mit dieser Stellung. Größenunterschiede lassen sich dadurch ausgleichen, dass er ein wenig in die Knie geht. Reicht dies nicht aus, helfen auch hier ein paar Kissen – oder dicke Aktenordner.

DIE KARREN-STELLUNG

Mit dieser Liebesstellung tun Sie nicht nur etwas für Ihre Lust, sondern auch für Ihre Armmuskeln. Zugegeben: Die Karren-Stellung ist wirklich etwas exotisch. Aber warum nicht einmal etwas Verrücktes ausprobieren?

Begeben Sie sich auf alle viere, während Ihr Liebster hinter Ihnen steht. Heben Sie eines Ihrer Beine ein wenig an. Ihr Lover fasst nun dieses Bein am Oberschenkel oder am Fußgelenk und zieht es nach oben, bis er wieder gerade steht. Dann dringt er in Sie ein. Zwar wird er die Führung bei der Bewegung übernehmen, doch auch Ihnen bleibt die Möglichkeit, das Liebesspiel zu steuern.

Wenn Sie diese Stellung gar nicht so anstrengend finden, können Sie eine Variation probieren: Dabei umfasst Ihr Liebster Ihre beiden Fußgelenke, und Sie stützen das Gewicht Ihres ganzen Körpers mit Ihren Händen ab. Außer einem großen Lustgewinn hat diese Position einen weiteren Vorteil: Sie werden zum ersten Mal wirklich froh sein, wenn er schnell zum Höhepunkt kommt.

Sex im Sitzen

Liebesstellungen im Sitzen werden von den meisten Paaren in ihrem Liebesspiel ausgelassen. Doch auf sie richtet das Tantra besondere Aufmerksamkeit. Und das hat seinen guten Grund: Wenn beide Partner mit aufrechter Wirbelsäule sitzen, erleichtert das insbesondere die Bewusstheit und den meditativen Aspekt der Verschmelzung. Das mag ein wenig esoterisch klingen, aber wenn Sie mit den sitzenden Stellungen experimentieren, werden Sie spüren, wie sehr diese Liebespositionen die Innigkeit der Gefühle erhöhen!

DIE LAUTENSPIELERIN

Ihr Liebster sitzt mit leicht geöffneten Beinen im Fersensitz. Sie stehen vor ihm, stützen sich auf seine Schultern und gehen dann langsam in die Hocke, bis Sie ihn in sich aufnehmen können. Ihr Geliebter umfasst Ihre Oberschenkel, damit Sie die Position halten können.

Nicht jedem fällt der Fersensitz leicht. Bevor es zu Schmerzen in seinen Knien kommt, sollte er gegebenenfalls ein Kissen zwischen Fersen und Po legen, dann wird es schon viel bequemer. Als »Lautenspielerin« geben Sie den Ton an.

DER LIEBES-LOTOS

Ihr Liebster setzt sich zunächst in den Schneidersitz, um dann in den Lotossitz überzuwechseln. Diese Haltung ist nicht ganz einfach: Dabei ruht der linke Fuß auf dem Oberschenkel des rechten Beines und der rechte Fuß auf dem linken Oberschenkel. Sie stehen vor ihm und legen Ihre Arme um seinen Hals. Lassen Sie sich mit gespreizten Beinen langsam in seinen Schoß sinken und nehmen Sie ihn in sich auf, während Sie Ihre Beine hinter seinem Rücken verschränken. In dieser Stellung bewegen Sie sich beide nur ganz leicht hin und her, um ein besonders intensives Gefühlserlebnis zu erfahren.

Diese Liebesstellung ist die wichtigste im klassischen Tantra. Leider können sie nur die wenigsten Paare genießen, da es nicht viele Männer gibt, deren Knie- und Hüftgelenke flexibel genug sind, um den Lotossitz einzunehmen. Doch besteht die Möglichkeit, diese Stellung etwas zu erleichtern, ohne von der klassischen Position abzuweichen: Er kann sich ein dickes Kissen unter seinen Po schieben. Dadurch kippt das Becken ein wenig nach vorne, und die Hüfte muss nicht ganz so weit gedehnt werden. Bei der einfachsten Variante nimmt der Mann den Schneidersitz ein.

SCHWANKENDE LOTOSBLÜTE

Ihr Liebster setzt sich mit gestreckten Beinen hin. Dann winkelt er die Beine an und legt seine Fußsohlen aneinander. Setzen Sie sich nun auf ihn und nehmen Sie ihn in sich auf, wobei Sie Ihre Beine um seine Mitte schlingen und hinter seinem Rücken kreuzen. Dann umfassen Sie gegenseitig Ihre Nacken, lehnen sich beide leicht nach hinten und beginnen mit den sanft schaukelnden Bewegungen, die der Stellung ihren Namen geben.

Nach dem Liebes-Lotos ist dies wohl die zweitschönste Liebesstellung im Sitzen. Im Gegensatz zum Liebes-Lotos kann diese Stellung von fast allen Paaren ausgeführt werden.

TEMPEL-STELLUNG I

Für diese Liebesstellung nimmt Ihr Geliebter den Fersensitz ein. Sie kehren ihm Ihren Po zu und lassen sich auf seinem Schoß nieder. Ihr Partner umfasst Ihre Hüften, und Sie neigen sich so weit nach vorne, dass Sie sich mit den Händen abstützen können. Strecken Sie Ihre Beine nach hinten aus und verschränken Sie Ihre Füße hinter seinem Rücken, während Ihr Po seinen Bauch berührt. Sowohl Sie als auch Ihr Liebster können in dieser Stellung die Bewegung kontrollieren.

Für diese Tantra-Stellung sollte Ihr Liebhaber einen mindestens durchschnittlich großen Penis und eine starke Erektion haben – sonst werden Sie immer wieder den Kontakt verlieren. Und solche Unterbrechungen sind dem Liebesspiel nicht gerade förderlich. Ihr Lover sollte auch einigermaßen beweglich in den Knien sein, damit er den Fersensitz einnehmen kann. Leichter wird es, wenn er ein Kissen zwischen Fersen und Po legt.

TEMPEL-STELLUNG II

Wenn Ihr Liebster den Schneidersitz eingenommen hat, wenden Sie ihm den Rücken zu, gehen in die Knie und setzen sich in seinen Schoß. Ihr Liebster umfasst Ihre Taille oder Ihre Brüste. Wenn Sie ihn in sich aufgenommen haben, können Sie den Winkel zwischen Penis und Vagina variieren, indem Sie sich aufrecht hinsetzen oder leicht nach hinten beugen. Dadurch können Sie die Stellung finden, die Sie und ihn am meisten erregt.

Dies ist wahrscheinlich die Stellung, in der Sie am meisten für Ihr eigenes Lustempfinden tun können. Aber keine Sorge: Auch er kommt in dieser Stellung auf seine Kosten.

DIE KORB-STELLUNG

Ihr Liebster liegt auf dem Rücken, wobei sein Oberkörper leicht aufgerichtet ist und von Kissen gestützt wird. Seine Beine sind gestreckt. Sie setzen sich nun (vorsichtig) von einer Seite auf seinen Schoß und nehmen ihn in sich auf. Ihre Beine bleiben geschlossen, und Ihre beiden Füße stehen nebeneinander auf dem Boden neben seiner Hüfte. Mit den Händen stützen Sie sich auf der anderen Seite seines Körpers ab. Sie steuern die Bewegung durch Heben des Beckens und durch sanftes Hin- und Herschaukeln.

Diese Position ist deshalb so interessant, weil sie ganz neue Empfindungen ermöglicht, da der Penis sich dabei um 90 Grad gedreht in der Vagina bewegt. Manche Paare finden das besonders erregend, andere wiederum überhaupt nicht. Da hilft nur eines: ausprobieren!

DIE BERG-UND-TAL-STELLUNG

Ihr Partner befindet sich im Fersensitz und lehnt sich leicht zurück. Dabei stützt er sich mit den Händen hinter seinem Körper ab. Seine Schenkel sind weit geöffnet. Sie lassen sich nun langsam – ihm zugewandt – in seinen Schoß sinken und nehmen ihn in sich auf, während Ihre Füße rechts und links von seinem Körper stehen. Dann stützen auch Sie sich, etwas nach hinten gelehnt, mit den Händen ab und lassen Ihren Po zwischen seine Schenkel auf den Boden sinken. Lehnen Sie sich dann weiter zurück und legen Sie vorsichtig erst das eine, dann das andere Bein auf seine Schultern. In dieser Position können Sie beide nur ganz kleine Bewegungen ausführen – doch die sind dafür umso lustvoller.

Diese Liebesstellung ist für beide Partner nicht ganz einfach, und es erfordert ein wenig Übung, um sie überhaupt einnehmen zu können. Wichtig ist auch, dass Ihr Liebster einen mindestens durchschnittlich langen Penis hat, da er sonst nicht tief genug in Sie eindringen kann. Probieren Sie diese Stellung einfach aus: Sie werden dabei ein ganz besonders intensives Empfinden verspüren.

Es gibt für diese Stellung eine Variante, die manchen Paaren leichter fällt: Dabei sind die Schenkel des Mannes nicht so weit geöffnet, sodass die Frau mit dem Po auf seinen Schenkeln sitzt. Er umfasst ihre Mitte, und sie kreuzt ihre Füße in seinem Nacken. Etwas leichter wird diese Stellung, wenn er ein kleines Kissen zwischen Fersen und Po legt.

Erotic Games – sinnliche Spiele für Erwachsene

Männer lieben Überraschungen, Frauen natürlich auch. Das ist kein Wunder, denn Abwechslung hält die Liebe lebendig und spannend. Perfekte Liebhaberinnen sind nicht etwa deshalb so begehrt, weil sie unheimlich viele Sextricks auf Lager haben, vielmehr mögen Männer diese Frauen so sehr, weil sie voller Fantasie und immer wieder für eine Überraschung gut sind. Erfahrene Verführerinnen wissen ganz genau, wie wichtig Improvisation, Einfallsreichtum und Experimentierfreude in der Erotik sind. Indem Sie öfter mal etwas Neues ausprobieren, pflegen Sie Ihre und seine natürliche Verspieltheit.

Natürlich ist die Liebe keine Sache, die man auf die leichte Schulter nehmen sollte. Eine innige Verbindung zwischen zwei Menschen ist schließlich ein großes Geschenk. Doch niemand zwingt uns, dieses Geschenk mit ernstem Gesicht zu empfangen. Etwas mehr Leichtigkeit, etwas mehr Humor und Gelassenheit – all das trägt zu einer wunderbaren Partnerschaft bei und macht Ihnen und Ihrem Süßen das Leben wesentlich leichter. Gott sei Dank gibt es unendlich viele Möglichkeiten, die Liebe zu einem schönen Spiel zu machen und der trauten Zweisamkeit immer wieder neuen Zauber zu verleihen.

Mögen Sie Spieleabende? Treffen Sie sich gerne mit Freundinnen und Freunden, um eine Runde »Monopoly«, »Mensch ärgere dich nicht« oder »Kniffel« zu spielen? Wenn ja, dann werden Sie sich über dieses Kapitel bestimmt freuen, denn es enthält jede Menge Spielvorschläge für kurzweilige Weekends zu zweit. Und selbst wenn Sie keine Freundin von »Scrabble« und Co. sind – die folgenden »Spiele für Erwachsene« werden Ihnen sicher gefallen. Spätestens wenn Sie merken, dass Ihr Lover dadurch in null Komma nichts von »müde und gelangweilt« auf »megainteressiert« umschaltet, wissen Sie, wozu Spiele führen können. Und wenn Sie dann noch entdeckt haben, dass ein paar kleine erotische Spielchen auch für Sie aufregende Geheimnisse bergen, müssen Sie sogar aufpassen, dass Sie nicht spielsüchtig werden.

Öfter mal die Location wechseln

Tapetenwechsel ist angesagt! Also raus aus dem Bett und rein in die Wiese. Oder in die Küche, den Aufzug, den Wald, den Swimmingpool oder – wenn Sie es ganz heiß lieben – in die Sauna. Auch ein Whirlpool kann sich durchaus als eine prickelnde Idee herausstellen.

Zugegeben – ein schönes Bett ist eine bequeme Sache, aber auch auf einem dicken Wollteppich werden Sie ohne Blessuren davonkommen. Und manchmal nimmt man blaue Flecken auch gerne in Kauf: Ob auf dem Rücksitz Ihres VW-Käfers oder in der Badewanne – wo es eng zur Sache geht, ist die Spannung oft am größten.

Öffentlich, aber ohne Ärgernis

In einigen Ländern können Paare schon im Gefängnis landen, wenn sie sich auf der Straße küssen. So schlimm ist es bei uns nicht, doch wer es am helllichten Tag selbstvergessen mit seinem Lover auf einer Parkbank treibt, wird schnell zum »Erreger öffentlichen Ärgernisses« und kann dementsprechend viel Ärger bekommen.

Petting und Geschlechtsverkehr an öffentlichen Orten zu haben kann sehr unterhaltsam sein, aber wird man dabei erwischt, ist das auf jeden Fall ein echter Abtörner. Es gibt jede Menge Paare, die es schaffen, sich mitten in der Stadt Befriedigung zu verschaffen, ohne dass irgendjemand irgendetwas davon mitkriegt. Vorsicht ist dabei die Mutter der Porzellankiste.

Egal wo Sie Ihrer Lust freien Lauf lassen – entziehen Sie sich neugierigen Blicken: Wenn der Park um die Ecke Sie reizt und Sie einen Sinn für Abenteuer haben, dann warten Sie, bis es dunkel ist, klettern Sie mit Ihrem Lover über den Zaun und vergessen Sie nicht, genug Mückenschutzmittel aufzutragen. Bei Tageslicht sollten Sie sich ein abgelegenes Plätzchen suchen, sich mit einer riesengroßen Decke vor Zuschauern schützen und Ihre Beckenbewegungen auf das absolute Minimum reduzieren. Wollen Sie sich mit ihm in eine Umkleidekabine in der Damenabteilung zurückziehen, sollten Sie sich vergewissern, dass keine der Verkäuferinnen mitbekommt, dass Sie in männlicher Begleitung zur Anprobe gehen.

Natürlich ist öffentliche erotische Interaktion zum großen Teil deshalb so prickelnd, weil über allem immer die Gefahr schwebt, erwischt zu werden. Spätestens dann, wenn die Verkäuferin tatsächlich ihren Kopf durch den Kabinenvorhang schiebt und in Anbetracht Ihrer akrobatischen Künste vor lauter Entsetzen hysterisch zu schreien beginnt, ist es mit dem Prickeln jedoch aus und vorbei.

Erotische Gutscheine

Ein Gutschein eignet sich immer wieder als Geschenk – vor allem, wenn einem sonst nichts einfällt. Erotische Überraschungen erfordern allerdings etwas mehr Einfallsreichtum als ein Gutschein fürs Kino. Was könnte denn draufstehen auf so einem Antörner-Gutschein? Nun ja, Sie wissen ja, was ihm gefällt und was bei Ihnen ebenfalls aufregende Gefühle auslöst.

Kaufen Sie eine schöne Postkarte – am besten mit erotischem Motiv, egal ob klassisch oder poppig. Der erste Satz ist noch einfach: »Lieber … (entweder Schatz, ein anderes Kosewort oder seinen Vornamen eintragen), diesen Gutschein kannst du, wann immer du willst, bei mir einlösen.« Dann bleibt nur noch die Frage, was er denn nun bekommt, um es bei Ihnen einlösen zu können. Da gibt es eine ganze Reihe von Möglichkeiten, zum Beispiel:

♀ Gutschein für eine Ölmassage unterhalb des Bauchnabels
♀ Gutschein für einen Quickie auf dem Rücksitz deines Autos
♀ Gutschein für eine kleine, private Striptease-Show
♀ Gutschein für einen Blowjob in der Küche
♀ Gutschein für eine kostenlose Reitstunde, in der du auf dem Rücken liegen und entspannen darfst, während ich das Reiten übernehme

Der Fantasie sind hier keine Grenzen gesetzt. Im Einzelfall verlassen Sie sich einfach darauf, dass Sie genau wissen, wie Sie ihn erfreuen können.

Bettgeflüster

Die meisten Männer finden »dirty talking« ganz schön aufregend. »Animalischer Sex«, das ist es, wonach Männer sich laut einer aktuellen Beate-Uhse-Umfrage sehnen. Dazu gehört natürlich auch, dass Sie den richtigen Ton treffen, und das sollte nicht gerade der höfliche sein, denn der ist eher etwas für den Theaterabend. Allerdings ist es nun wirklich nicht jederfraus Sache, Worte wie »Schwanz«, »geil«, »ficken« oder gar eine Kombination daraus in den Mund zu nehmen. Und obwohl etliche Ehemänner begeistert wären, wenn ihre ansonsten gut erzogene Ehefrau plötzlich so etwas zu ihnen sagen würde, muss es ja auch nicht sein.

Wichtiger als die Worte ist der Klang Ihrer Stimme. Ob Sie ihm Obszönitäten oder eher Harmloses ins Ohr flüstern – auf jeden Fall sollten Sie leise, hauchig und rauchig sprechen und dabei hingebungsvoll klingen. Romantische Sprüche brauchen Sie sich nicht auszudenken, um die erotische Stimmung zu verbessern, denn beim Sex ist vom männlichen Gespür für Romantik ohnehin nicht mehr viel übrig. Am liebsten hören Männer, dass sie tolle Kerle sind. Reden Sie einfach drauflos. Mit ein paar Komplimenten in Bezug auf seine Liebeskünste oder seinen Körper liegen Sie immer richtig. Erst recht, wenn Sie ihm sagen, dass sein Kleiner für Sie ganz groß ist oder dass er Sie gerade richtig scharf macht.

Wenn Sie davon ausgehen, dass es Ihnen schwer fällt, im Bett Unanständiges von sich zu geben, probieren Sie es doch einfach einmal aus. Gut möglich, dass Sie dabei völlig neue

Seiten an sich entdecken oder doch Spaß daran finden. Zumindest aber sollten Sie bedenken, dass Männer es gerne hören, wenn eine Frau erregt ist. Auf weibliches Stöhnen hin verstärken sie ihre Bemühungen, und zwar umso mehr, je lauter es ist. Ein »Ooh«, »Jaa« oder »Schöön« tut's in der Regel, wobei es keinesfalls schaden kann, wenn Sie ein bisschen übertreiben.

Telefonsex

Am Telefon fällt es oft besonders leicht, erotische Feuerwerke hochgehen zu lassen. Der sichere Abstand zum Mann hilft, Hemmungen über Bord zu werfen. Denken Sie daran, er kann Sie nur hören. Vielleicht wollten Sie ihn anrufen, um ein wenig zu plaudern, und irgendwann kippte das Gespräch ins Erotische. Natürlich sollten Sie das ausnutzen, um ihm mit einer kleinen, privaten Telefonsexnummer den Kopf zu verdrehen.

Teilen Sie ihm hemmungslos mit, was Ihnen in den Sinn kommt: Zum Beispiel, dass Sie gerade an ihn gedacht und sich vorgestellt haben, wie es wäre, wenn er jetzt mit Ihnen auf dem Sofa läge. Und dass Sie Ihren Slip ausgezogen haben, als Ihr Traum von ihm so feucht wurde, dass es schade um das frische Höschen gewesen wäre.

Tragen Sie ruhig ein bisschen dicker auf. Etwas Schauspielerei ist völlig okay. Wenn Sie in die Muschel hauchen, dass Sie gerade angefangen haben, sich zu streicheln, kann er das sowieso nicht nachprüfen. Hier und da noch ein Stöhnen, und schon wird Ihre sexy Stimme ihn am anderen Ende der Leitung in Ekstase versetzen. Und wenn Ihnen das Ganze zwischendurch albern vorkommt, dann denken Sie daran: Es ist ja nur ein Spielchen.

Augen zu, blinde Kuh

Bei diesem Spiel geht es darum, dass er Sie nicht sehen kann. Männer sind visuell fixiert und nehmen die meisten Umweltreize über die Augen auf, doch in Ihrem Spiel verbinden Sie ihm die Augen – zum Beispiel mit einem Seidentuch. Ihm bleibt nur noch eine Chance, nämlich mehr zu spüren. Um den Prickelfaktor zu erhöhen, sollten Sie Ihren Süßen ausziehen und er sich aufs Bett legen. Dann überraschen Sie ihn mit unerwarteten Streichelattacken. Berühren Sie abwechselnd verschiedene Bereiche seines Körpers. Legen Sie dazwischen immer wieder kurze Pausen ein, damit er gespannt bleiben kann, wie und wo es weitergeht.

Auch wenn er bei diesem Spielchen nichts sieht, sein Geruchs- und Geschmackssinn sind voll aktiv. Füttern Sie ihn mit Bananenscheibchen, Oliven, Trauben oder Senf und beobachten Sie mal, wie lange er braucht, um herauszufinden, was Sie ihm jeweils in den Mund geschoben haben. Oder halten Sie ihm Gewürze, Schokocreme, Blumen oder Jasminöl unter die Nase und lassen Sie ihn raten, was er gerade zu schnuppern bekommt. Und vergessen Sie nicht, je weniger er sieht, desto mehr wird er spüren – zum Beispiel auch dann, wenn Sie mit ihm schlafen.

Im Frisörsalon oder: »Warum Sie sich nicht nur die Beine rasieren sollten«

Die meisten mitteleuropäischen Frauen rasieren sich die Achselhaare und die Beine. Einige von ihnen das ganze Jahr über, andere nur in der Sommer- und Bikinizeit. Doch der Enthaarungstrend geht inzwischen noch weiter. Das Trimmen der Schamhaare ist heute gang und gäbe – ein Besuch des FKK-Badestrands oder in öffentlichen Saunen größerer

Städte belegt dies eindrucksvoll. Und nicht nur Frauen, auch Männer rasieren sich gerne im Schambereich.

Warum rasieren Sie und Ihr Liebster sich nicht einfach einmal gegenseitig? Während die Enthaarung von Beinen und/oder männlicher Brust eher eine Sache ist, die jeder für sich alleine in seinem Badezimmer erledigen sollte, ist die Rasur der Schamhaare für beide eine durchaus reizvolle Angelegenheit.

Eine gute Schere, ein Elektrorasierer (mit Aufsatz) und wenn möglich noch ein Nassrasierer inklusive Schaum – das ist die Grundausrüstung für Ihren sexy Frisörsalon. Wenn Sie ihn auf dem Bett eröffnen, sollten Sie wegen der Härchen unbedingt ein großes Handtuch unterlegen. Und dann nichts wie ran. Sie können sich von ihm die Schamhaare kürzen lassen oder es mit Herzmustern probieren. Sicher ist jedenfalls, dass er die Aufgabe, den Frisör zu spielen, liebend gerne übernehmen wird.

Nach missglückten Versuchen, ein Muster hinzukriegen, entscheiden sich viele Paare dann doch noch für die Totalrasur. »Shaved Angels« sind bei den meisten Männern sehr beliebt. Und das aus gutem Grund: Rasierte Frauen sind einfach noch eine Spur nackter als nackt. Ein Freund von mir behauptet, dass der direkte Kontakt von Haut zu Haut beim Sex viel intensiver und spürbarer geworden ist, seit er und seine Freundin rasiert sind. Außerdem bekommt Mann die sonst von den Schamhaaren bedeckten Schamlippen endlich mal genau zu sehen. Ganz zu schweigen von den Vorteilen beim Oralsex: Ein Haar in der Suppe stört schon, aber ein Mund voller Haare ist wirklich keine schöne Sache. Bei öligen Massagen sind Schamhaare ebenfalls immer ein Hindernis. Kein Wunder also, dass der Trend zur Vollrasur geht.

Haarpflege für »Hairy Angels«

Es gibt viele Männer, denen eine rasierte Scham gefällt. Doch wenn Ihr Partner auf Müsli abfährt und nur ungebleichte Biowolle trägt, könnte es durchaus sein, dass Sie sich besser nicht rasieren sollten, weil er auf »Natur pur« steht – weder unter den Armen noch an den Beinen und schon gar nicht unterhalb des Bauchnabels.

Manche Männer sind ganz wild nach weiblichen Schamhaaren und können gar nicht genug davon bekommen. Im Zweifelsfall hilft also nur eins: Fragen Sie Ihren Süßen, ob er eine Totalrasur vorzieht. Und wenn das nicht der Fall ist, können Sie ihn immer noch fragen, ob er Ihnen vielleicht bei der Schamhaarpflege helfen möchte.

Schamhaare sind so unterschiedlich wie Kopfhaare. Manche sind weich und lang, andere borstig. Bei Streichel-, aber vor allem bei Lippen- und Zungenspielen kann Ihr Schamhaar seine Gesichtshaut so stark kratzen wie sein Barthaar Ihre Oberschenkel. Um das zu vermeiden, könnte er Ihnen beim nächsten Lustduschen eine pflegende Haarkur (Spülung) verpassen oder andere Kosmetika, mit denen sich struppiges Haar bändigen lässt, auftragen: Haaröl oder Kokosfett, vorzugsweise natürlich aus dem Bioladen oder *Body Shop*. Übrigens: Lange Schamhaare eignen sich besonders gut für Farbexperimente.

Blind Date (im wahrsten Sinne des Wortes)

Bei aller Liebe zum Showeffekt, aber auch die Dunkelheit hat ihren Reiz. Ein spannendes Spielchen ist das »Absolute Blind Date«. Dabei ist es wichtig, dass die ganze Wohnung stockdunkel ist. Verhängen Sie die Fenster, machen Sie alle Lichter aus, selbst leuchtende Wecker, Stereoanlagen und Ähnliches sollten Sie abdecken. Damit der Spaß ungetrübt bleibt, sollte außerdem nichts auf dem Boden herumliegen, was sich in Fußsohlen bohren oder über das man leicht stolpern kann. Sobald alle Lichter gelöscht sind, ziehen sich beide ganz aus. Während er bis hundert zählt, verstecken Sie sich irgendwo in der Wohnung. Dann kann das spannende Versteckspiel beginnen.

Der Jagdinstinkt eines Mannes, der weiß, dass sich irgendwo im dunklen Haus eine nackte Frau versteckt hält, ist nicht mehr zu bremsen. Wundern Sie sich daher nicht, wenn er besonders leidenschaftlich über Sie herfallen wird, sobald er Sie nur endlich in die Finger bekommt.

Freuden auf der Autobahn

Manchmal sind Autofahrten ganz schön langweilig, vor allem wenn es endlos über Autobahnen geht. Männer sitzen ja bekanntlich gerne am Steuer – aber was sollen Sie so lange machen? Sie könnten ihn mit einem kleinen Handjob verwöhnen. Ob durch die Kleidung oder mit direktem Zugriff – die Kombination aus dem beruhigenden Vibrieren des Autos und Ihren beunruhigenden Massagebewegungen wird für ihn ganz schön spannend sein. Auf jeden Fall wird er so beim Fahren sicher nicht einschlafen!

Natürlich könnten Sie ihn theoretisch auch mit Ihrem Mund verwöhnen. Doch dabei lässt sich nicht mehr kontrollieren, ob er auch noch brav auf den Verkehr aufpasst. Nehmen Sie daher lieber Ihre Hand, denn dann können Sie gleichzeitig darauf achten, ob Ihr Lover straßentechnisch gesehen noch alles im Griff hat. Wenn nicht, hilft nur eins: sofort aufhören!

Solange Ihr Lover keine Schlangenlinien fährt, ist die

Wahrscheinlichkeit, dass andere Verkehrsteilnehmer auf Ihr Treiben aufmerksam werden, nicht sehr groß. Und je höher Ihr Auto ist, umso besser. Von der Polizei sollten Sie sich allerdings keinesfalls erwischen lassen. Es versteht sich von selbst, dass Polizisten keinen Sinn für die Art von Verkehr haben, den Sie im Auto pflegen.

Sex im Hotel

Die Hotelbranche klagt in letzter Zeit über Umsatzeinbußen. Kurbeln Sie die Wirtschaft an, indem Sie öfter mal einen freien Abend nutzen, um sich mit Ihrem Liebsten im Hotel zu vergnügen. Und das ist durchaus sinnvoll, denn eine andere Umgebung, ein anderes Bett und eine andere Stadt können mächtig anregend wirken. Das mag daran liegen, dass im trauten Heim auch die allzu vertrauten Alltagssorgen durch die Luft schweben.

Für den erotischen Kick brauchen Sie keinen Flug nach Hawaii zu buchen. Es genügt schon, wenn Sie ein gemütliches Zimmer in einem kleinen Hotel in der nächstbesten Stadt reservieren und ihn mit Ihren Ausflugsplänen überraschen. Machen Sie ihm klar, dass Sie etwas Abwechslung brauchen, und packen Sie nur das Nötigste ein. Wenn es in dem Hotel Ihrer Wahl noch eine Sauna oder ein Schwimmbad gibt, können Sie den kleinen Sexausflug auch noch als Wellness-Wochenende nutzen.

Von Aktmodellen und Video-Sessions

Man kann es nicht oft genug wiederholen: Männer sind visuell orientierte Wesen. Das Gucken macht bei ihnen den größten Teil der Lust aus. Und so verwundert es nicht, dass jeder Mann heimlich davon träumt, einmal Fotograf für den *Play-*

boy sein zu dürfen. Sie werden ihm diesen Wunsch nicht erfüllen können, aber bieten Sie ihm an, dass er mit Ihnen als Aktmodell Bilder machen darf. Egal ob Ihr Freund ein Händchen für die Fotografie hat und die entsprechende Ausrüstung besitzt oder ob er bisher nicht mehr zuwege gebracht hat als ein paar verwackelte Urlaubsbilder – er wird auf jeden Fall begeistert sein.

Rüsten Sie das Schlafzimmer einfach zum Fotostudio um. Schaffen Sie alles aus dem Weg, was im Bild nur stören würde. Breiten Sie eine riesige, farbige Decke auf dem Bett oder Boden aus und lassen Sie ihn dann Fotograf spielen. Dazu gehört natürlich auch, dass Sie seinen »professionellen« Anweisungen folgen ...

Eine Alternative für Männer, die gern selbst ins Bild wollen, bietet eine Videokamera mit Stativ. Egal ob digital oder nicht – vor laufender Kamera werden Sie beide sich automatisch mehr ins Zeug legen, als wenn »niemand zuguckt«. Es kann sehr aufregend sein, sich die verschiedenen Szenen des Liebesspiels später einmal als Vorspiel anzusehen. Aber Achtung: Mindestens genauso aufregend ist es allerdings, wenn Sie Ihren neuen Nachbarn nach dem Dinner Ihr Video vom Lanzarote-Urlaub vorführen wollen und das falsche Band einlegen.

Orgasmus – das Spiel mit dem Höhepunkt

Eines wird Ihnen jeder Mann bestätigen: Sex ohne Orgasmus ist nur der halbe Spaß. Während einige Frauen das Liebesspiel durchaus genießen, ohne dabei den Gipfel der Lust erstürmen zu müssen, ist Sex ohne Höhepunkt für die meisten Männer eher enttäuschend. Frauen genießen die gesamte Reise, Männer wollen vor allem eins: schnell ans Ziel kommen.

Das Ziel: der gemeinsame Orgasmus

Männern wird oft ein gewisser sexueller Egoismus nachgesagt, denn wenn es um den Orgasmus geht, mangelt es vielen am nötigen Teamgeist. Doch Umfragen zufolge scheint es sich bei den meisten Herren inzwischen herumgesprochen zu haben, dass Frauen ebenfalls gerne einen Höhepunkt erleben und demzufolge Lover sehr zu schätzen wissen, die ihnen da behilflich sein können. Und dennoch: Es ist oftmals ganz schön schwierig, dass beide beim Sex gleichermaßen auf ihre Kosten kommen und der Höhepunkt gemeinsam erlebt wird.

Was aber passiert überhaupt beim sagenumwobenen Orgasmus? Der Orgasmus ist ein physiologisches Reaktionsmuster auf sexuelle Reize, das bei Mann und Frau in vielen Punkten ähnlich abläuft: Erotische Knisterzustände bringen noch so kaltes Blut schnell in Wallung. Die Folge: Der Penis wird steif, die Vagina feucht. In der Hitze des Liebesgefechts steigt die sexuelle Spannung allmählich an (die »Plateauphase«) und erreicht schließlich den Gipfel der Möglichkeiten (die »Orgasmusphase«). Ist dieser höchste Spannungspunkt erreicht, hilft nur noch eins: die schnelle und spontane Entspannung. Und tatsächlich ist der Orgasmus im Grunde nichts anderes als eine reflektorische Lösung der sexuellen Ladung – ein kurzer Blitz (bei Männern) oder eine Folge von Blitzen (bei Frauen), in der das sexuelle Gewitter sich seiner Spannungen entlädt.

Entladung von Spannungen? Das klingt nicht gerade spannend, obwohl es das in der Praxis durchaus ist. Beim Orgasmus geht es richtig ab: Die Muskeln Ihres Beckenbodens feiern wildeste Kontraktionspartys, Ihr Blutdruck ist voll auf der Höhe, der Puls wird so schnell, dass selbst Jogger, die bergauf rennen, vor Neid erblassen, und von den Gefühlsexplosionen, die sich dabei Luft machen, soll hier noch gar nicht mal die Rede sein.

Das Problem: Männer- und Frauenorgasmen passen nicht zusammen

Der Orgasmus läuft bei Männern und Frauen sehr ähnlich ab. Tatsächlich findet bei manchen Frauen sogar eine Ejakulation statt, wobei sie natürlich keinen Samen, sondern ein farbloses Sekret absondern. Dennoch sind Männer- und Frauenorgasmen nicht besonders kompatibel. Das Problem ist nämlich, dass Mann und Frau einen unterschiedlichen Rhythmus und damit seit eh und je Schwierigkeiten haben, zusammen zu kommen.

VON SPRINTERN UND MARATHONLÄUFERINNEN

Der Orgasmus des Mannes entspricht einem schnellen Sprint über hundert Meter: Er kommt rasend schnell in die Gänge, gibt ordentlich Gas, schießt blitzschnell durchs Ziel und fällt danach erschöpft um. Frauen sind da schon sehr viel ausdauernder. Ihr Orgasmus setzt sich aus Höhen und Tiefen und jeder Menge Wellen zusammen und ähnelt eher einem Marathonlauf.

Wenn's sein muss, kann ein Mann in knapp drei Minuten zum Samenerguss kommen – und ist dann im Grunde wieder soweit, dass er sich vor den Fernseher setzen könnte. Selbst die Dauer des Orgasmus ist beim Mann kürzer. Während er bei ihm rund sieben Sekunden anhält, dauert er bei Frauen ungefähr doppelt so lange. Und während Frauen im Anschluss an einen Orgasmus noch mehrere unmittelbar folgende – so genannte multiple Orgasmen – genießen können, ist bei den Herren nach jedem Schuss erst mal Schluss. Im Gegensatz zu Frauen, die nach dem Liebesspiel meist munter und bester Laune sind, wirken viele Männer nach ihrem Höhepunkt wie ein müdes Häufchen Elend und sind bestenfalls noch dazu imstande, sich ein Bier aufzumachen.

Einer anerkannten US-Studie von Edward Laumann mit dem Titel »Sozialstruktur und Sexualität« zufolge, die 1999 erschienen ist, dauert das Liebesspiel bei amerikanischen Paaren in der Regel zwischen 15 Minuten und einer Stunde. Rund 20 Prozent der befragten Paare sind jedoch schon nach deutlich weniger als 15 Minuten fertig. Was die Dauer betrifft, so gibt es beim Sex grundsätzlich drei Varianten:

♀ *Quickie*: Er ist kurz und heftig wie ein Sommergewitter. Von der schnellen Nummer zwischendurch – ob im Büro, auf dem Autositz oder morgens vor dem Aufstehen – träumen viele Männer, kommt dies doch ihrem Bedürfnis nach »schnellem Sex« entgegen. Auch für Frauen kann das manchmal ganz schön aufregend sein. Auf Dauer ist Fast Food aber sicher nicht die Lösung.

♀ *Medium*: Der normale Geschlechtsverkehr dauert schon deutlich länger als drei Minuten. Ein Viertelstündchen fürs Vorspiel, ein Viertelstündchen für den Verkehr und anschließend noch eine kleine Streichel- und Chillout-Phase – das sollte dabei das Minimum sein. Bei der Medium-Variante kommen Frauen schon viel eher auf ihre Kosten als beim Quickie. Doch für richtige

Genießerinnen gibt es noch eine wesentlich reizvollere Spielart.

♀ *Slow – die Zeitlupentechnik*: In der Gastronomie zeichnet sich ein Gegentrend zur Fast-Food-Konsumhaltung aus: »Slow Food«, so heißt die Kunst, sich jede Menge Zeit fürs Menü zu lassen und es in vollen Zügen zu genießen. Qualität statt Geschwindigkeit – dieses Motto ist auch in der Liebe Gold wert. Schon im alten Indien haben Liebende beim Tantra buchstäblich ganze Nächte damit verbracht, in der körperlichen (und seelischen) Vereinigung zu schwelgen. Gemeinsame Bäder, Tanzen, Streicheleinheiten und Massagen, dazwischen immer wieder ein paar Stellungswechsel und nach ein paar Stunden schließlich ein wahres Feuerwerk an Orgasmen – diese Freuden können Sie nur erleben, wenn Sie Ihren Lover vom reinen Konsumenten zum Genießer »umerziehen«. Und obwohl das dauern kann, ist es die Mühe zweifellos wert.

Wenn Ihr Lover zu früh kommt – 20 Minuten Verlängerung!
Je jünger Ihr Partner, desto größer die Wahrscheinlichkeit, dass er zu früh kommt. Wenn die ersehnte Liebesnacht schon nach fünf Minuten vorbei ist, kann das ganz schön frustrierend sein. Übrigens nicht nur für Frauen, sondern auch für Männer, die sich danach oft schuldig fühlen – und das ja auch nicht ganz zu Unrecht, gibt es doch viele Möglichkeiten, die intime Zusammenkunft zu verlängern. Und letztendlich ist das Vergnügen auch für ihn umso größer, je länger der ganze Spaß dauert.

Zwar brauchen viele Männer in Sachen Ausdauer und Standfestigkeit ein wenig Nachhilfe, sie sind dann aber recht dankbar, wenn sie plötzlich intensive erotische Erfahrungen erleben, die mit einer Quickie-Nummer einfach nicht zu holen sind. Mehr Zeit für Sex – das ist eine Forderung, die Sie daher nicht nur sich selbst, sondern auch ihm zuliebe stellen sollten.

Wie Sie erkennen, wann er kommt

Es gibt Situationen, in denen es sich lohnt, seinen nahenden Orgasmus zu erkennen. Zum Beispiel dann, wenn Sie ihn mit Hand oder Mund zwar anheizen, aber nicht restlos befriedigen wollen, weil Sie vielleicht noch mehr mit ihm vorhaben. Auch wenn Sie mitten beim Geschlechtsverkehr, aber noch eine knappe Viertelstunde von Ihrem Orgasmus entfernt sind, sollten Sie rechtzeitig bemerken, dass er kurz vor dem »point of no return« steht. Denn nur dann können Sie ihn noch rechtzeitig einbremsen.

Das sicherste Zeichen für seinen Orgasmus landet – je nachdem – auf der Bettdecke, seinem Bauch, im Kondom oder in Ihrer Vagina. Doch dann ist es natürlich schon zu spät. Hatte er erst einmal seinen Erguss, so müssen Sie mit Engelsgeduld und Engelszunge(n) auf ihn einwirken, damit er noch eine Runde schafft. Achten Sie daher lieber schon frühzeitig auf die Anzeichen seines baldigen Kommens, als da wären:

♀ Sein Atem wird immer schneller.
♀ Die Pupillen weiten sich.
♀ Er spannt seine Muskeln (vor allem die Bein-, Po- und Bauchmuskeln) an.
♀ Sein Herz klingt wie ein Dieselmotor auf Hochtouren und pocht entsprechend schnell und laut.

♀ Sein Hoden zieht sich zusammen und wandert nach oben.

♀ Er fängt an zu stöhnen, zu zittern, zu brüllen oder gibt andere seltsame Geräusche von sich.

Wie Sie die Sache in die Länge ziehen

Ein paar Tricks helfen Ihnen (und ihm), Schnellschüsse zu vermeiden. Einige davon stammen von Sexualforschern und Psychologen, andere von Tantra-Meisterinnen und -Meistern. Und damit das Herauszögern funktioniert, müssen Sie vorher mit ihm reden: Sagen Sie ihm, dass Sie als Frau etwas länger brauchen, um auf Touren zu kommen, und dass auch er einiges tun kann, um Ihnen die nötige Zeit zu geben. Probieren Sie die folgenden Tipps in Absprache mit ihm aus und finden Sie gemeinsam heraus, welche Methode sich am besten eignet, um den Turbogang rechtzeitig wieder runterzuschalten:

Der 15-Minuten-Trick: Bestehen Sie auf einem ausgedehnten Vorspiel. Stellen Sie den Wecker so, dass er in 15 Minuten klingelt. Nur wenn er diese Zeit gut nützt, um Sie mit Streicheleinheiten und Küssen ober- und unterhalb des Bauchnabels zu verwöhnen, darf er mit Ihnen schlafen. Vorher nicht!

Lockerer-Popo-Trick: Ein Mann kann keinen Orgasmus bekommen, wenn seine Gesäß-, Bauch- und Beinmuskulatur völlig entspannt ist. Im Tantra wendet Mann daher einen einfachen Trick an: Sobald der Orgasmus naht, entspannt er bewusst Bauch-, Bein- und vor allem die Pomuskeln. Wichtig dabei: Die Muskeln müssen total entspannt sein – ungefähr so, als wäre er betrunken ins Heu gefallen und eingeschlafen. Außerdem darf Ihr Lover natürlich nicht warten, bis sein Orgasmus nur noch drei Sekunden weit weg ist. Aber wenn er bei deutlich steigender Erregung mit dem Entspannungstraining beginnt, funktioniert es garantiert.

Stop-and-go: Wer im Stau ständig wieder anhalten muss, kommt kaum von der Stelle. Und beim »Stop-and-go-Verkehr« dauert es nicht nur im Auto besonders lange: Auch im Bett bleiben Unterbrechungen des Verkehrsflusses nicht ohne Wirkung. Wann immer Sie das Gefühl haben, dass Ihr Süßer allmählich abhebt, sollten Sie ihm einen kleinen Klaps auf den Po geben. Dies ist das Zeichen, dass beide sofort aufhören, sich zu bewegen. Zählen Sie langsam bis zehn. Beide sollten dabei tief und langsam durchatmen, erst dann kann es wieder weitergehen. Scheuen Sie sich nicht, die Notbremse notfalls auch öfter oder länger als zehn Sekunden zu ziehen.

Squeeze: Die Squeeze-Technik (Drück-Technik) ist eine einfache, mechanische Methode gegen den vorzeitigen Samenerguss. Sie können die Ejakulation ganz einfach »unterdrücken«, indem Sie den Penis um die Basis der Eichel fest zwischen Daumen und Zeigefinger nehmen und kräftig zudrücken. Halten Sie den Druck so lange aufrecht, bis seine Erregung wieder ausreichend abgeklungen ist, sodass es in die nächste Runde gehen kann.

Bewegungslose Vereinigung: Eine gute Übung, die Ihrem Schatz die Möglichkeit bietet, sich in Ihnen wohl zu fühlen, ohne dabei gleich die Nerven zu verlieren, ist die bewegungslose Vereinigung. Sie stammt aus dem Tantra. Suchen Sie sich eine bequeme Liebesstellung aus, lassen Sie zu, dass er in Sie eindringt, und bleiben Sie dann regungslos liegen. Spüren Sie beide die Nähe zum anderen – Ihren Atem, seinen Atem – und spüren Sie, wie die Spannung dabei ganz von selbst allmählich steigt. Beginnen Sie dann mit minimalen

Bewegungen und lassen Sie diese nur sehr langsam intensiver werden. Bis Sie so richtig loslegen, darf ruhig ein Viertelstündchen vergehen.

Streichel mich! Die einfachste Möglichkeit, um gleichzeitig zum Orgasmus zu kommen, besteht darin, dass er Sie erstens mit einem ausgiebigen Vorspiel verwöhnt und zweitens streichelt, während er mit Ihnen schläft. Wenn er auf Ihnen liegt, fordern Sie ihn dazu auf, dass er sein Becken etwas zur Seite dreht, damit er Sie mit einer Hand streicheln kann. Bei Stellungen, in denen Sie auf dem Bauch liegen, kann er um Ihre Hüfte greifen, seine Hand von vorne auf Ihre Scham legen und Sie mit seinen Fingern zum Höhepunkt bringen. Liegen Sie auf ihm, wird es schwierig für ihn, Sie zu streicheln, ohne sich die Hand zu verrenken. Doch glücklicherweise gibt es noch eine andere Lösung:

Streicheln Sie sich selbst! Möglicherweise hat Ihr Lover nicht das richtige Händchen, um Sie in Stimmung zu bringen. Zögern Sie nicht lange und nehmen Sie die Sache einfach selbst in die Hand.

Showtime – zeigen Sie ihm, wie es geht

Bevor Sie zu kurz kommen, sollten Sie unbedingt Hand an sich legen. Die Zeiten, in denen Masturbation als krankhaft und sündhaft galt, sind endgültig passé. Jeder Psychologe und Sexualwissenschaftler kann Ihnen Brief und Siegel darauf geben, dass Selbstbefriedigung normal und darüber hinaus sogar sehr gesund ist. Wie sonst sollten Sie Ihren Körper und Ihre Lust kennen lernen? Und wie soll er herausfinden, was Ihnen gefällt, wenn Sie es nicht einmal selbst wissen?

Masturbationsspielchen machen Männern sehr viel Spaß. Noch aufregender, als von ihrer Freundin gestreichelt zu werden, finden viele es, wenn sie sich selbst streichelt. Laut einer Forsa-Umfrage aus dem Jahr 2000 wünschen sich 78 Prozent aller Männer, dass ihre Partnerin ihnen deutlich sagt, was sie im Bett gerne hat. Und noch lieber mögen sie es, wenn sie es ihnen nicht nur sagt, sondern zeigt!

Das »Lernen durch Nachahmung« ist nicht zu unterschätzen. Dämpfen Sie das Licht, legen Sie schöne Musik auf, sorgen Sie für eine erotische Atmosphäre, und dann ist Showtime angesagt: Zeigen Sie ihm genau, wo, wie, wie fest und wie schnell Sie sich streicheln. Anschließend sollten Sie ihn dazu auffordern, die Führung zu übernehmen. Falls er jetzt noch Fehler macht, dann sagen Sie ihm das einfach. Psychologisch geschickt: Zunächst eine positive Aussage machen, dann erst die Kritik. Also zum Beispiel: »Ja, so fühlt es sich wunderbar an. Aber könntest du deine Hand noch ein ganz kleines bisschen höher anlegen?«

Übrigens wird er sich auch freuen, wenn Sie ihn bitten, Ihnen zu zeigen, wie er sich selbst befriedigt. Erstens kann er dabei auch mal eine kleine Show hinlegen, zweitens bekommen Sie dabei vielleicht noch ein paar Anregungen, denn auch für die beste Liebhaberin gilt: Man lernt nie aus.

Vorgetäuschter Orgasmus, ja oder nein?

Für manche eine Todsünde, für andere das täglich Brot – der vorgetäuschte Orgasmus à la »Harry und Sally«. Eins ist klar: Sie schwindeln ihn natürlich an, wenn Sie so tun als ob, während Sie vielleicht gerade an die schicken Schuhe denken, die Sie kürzlich beim Schaufensterbummel gesehen haben.

Trotzdem: Wenn Sie einen starken Hang zur Schauspielerei haben, ist der vorgetäuschte Orgasmus sicher eine der leichteren Übungen. Und immerhin können Sie sicher sein, dass Ihr Partner sich dabei ziemlich toll vorkommen wird. Eine kleine Stöhn-Gaukelei kann auch dann Spaß machen, wenn er dadurch zu mehr Körpereinsatz ermuntert wird. Unterm Strich gesehen, ist der vorgetäuschte Orgasmus jedoch meist keine gute Idee. Wenn er danach fragt, sollten Sie ehrlich antworten. Denn nur wenn er weiß, dass Sie nicht gekommen sind, kann er beim nächsten Mal etwas Neues ausprobieren. »Feedback« nennt man das – und das hat nichts mit Versagen zu tun. Aus kleinen Fehlern lernt Mann schließlich. Außerdem können Sie ihm ja auch sagen, dass Sie durchaus Ihren Spaß hatten und den Sex mit ihm sehr genossen haben, auch wenn Sie keinen Höhepunkt hatten.

Und noch ein Problem kann bei vorgetäuschten Orgasmen entstehen: Wenn Sie ihm einmal ein X für ein U vorgemacht haben, werden Sie – und vor allem er – sich schnell daran gewöhnen. Und ob Sie sich nach zwei oder drei Jahren noch trauen, ihm zu beichten, dass Sie mit ihm noch nie einen Orgasmus hatten?

Und wenn er gar nicht kommt? – Vaginale Tricks

Die Erregbarkeit des Mannes hängt nicht etwa von seinem Johannes, sondern vor allem vom Alter ab. Während männliche Teenies (und teilweise auch noch Twens) schwer an sich halten müssen, damit nicht schon nach der ersten Berührung alles in die Hose geht, lässt sich der erfahrene und gereifte Liebhaber nicht mehr so leicht durch ein paar Beckenbewegungen beeindrucken. Es sei denn, sie sind von ganz besonderer Art …

Manche Männer brauchen einfach etwas mehr Stimulation, um in Fahrt zu kommen. Der Griff zu *Viagra* ist deshalb noch lange nicht notwendig, denn mit Hand-, Mund- und Lippentechniken können Sie selbst liebesmüde Männer ordentlich in Schwung bringen. Und wenn auch das nicht mehr hilft, sollten Sie es mal mit ein bisschen »Vaginalgymnastik« versuchen, das wird bei ihm allemal für Überraschungen sorgen.

Das Training des Beckenbodens wird bei uns leider nur mit Schwangerschafts- und Rückbildungsgymnastik oder gar mit Blasenschwäche in Zusammenhang gebracht. Ganz anders im Tantra: Indische Frauen wussten schon vor Jahrtausenden, dass eine »bewegliche Vagina« jeden Mann betört. Ein guter Kontakt zum eigenen Beckenboden und eine kräftige Muskulatur verhelfen aber auch Frauen zu intensiveren Orgasmen und mehr Spaß an der Liebe. »Tigerfeeling« wird das Ganze heute gern genannt. Die Fähigkeit, sich allein mittels vaginaler Kräfte ganz eng an sein bestes Stück zu schmiegen, oder gar der Trick, ihn ohne Beckenbewegungen und allein durch Kontraktionen der Vagina zu »melken«, trifft bei Männern jeden Alters garantiert auf absolute Begeisterung.

Ein bisschen Beckenboden-Akrobatik sorgt aber nicht nur für mehr Spaß beim Sex, sondern hält darüber hinaus auch Ihre Organe gesund. Hier die besten Tricks:

♀ *Beckenkreisen:* Stellen Sie sich mit leicht gespreizten Beinen hin, stemmen Sie die Hände in die Hüften und fangen Sie dann an, mit dem Becken langsam große Kreise zu beschreiben. Lassen Sie die Kreise dann immer kleiner werden. Machen Sie eine kurze Pause und lassen Sie das Becken anschließend noch in die andere Richtung kreisen. Führen Sie das Ganze mindestens 20-mal in jede Richtung aus.

♀ *Hula-Hoop:* Für die verspieltere Variante der oben beschriebenen Übung sollten Sie sich einen großen

Hula-Hoop-Reifen besorgen. Lassen Sie ihn elegant um Ihre Hüften schwingen. Sobald Sie dies über längere Zeit in eine Richtung schaffen, ohne dass der Reifen hinunterfällt, sollten Sie auch in die andere Richtung trainieren.

♀ *Bauchtanz-Kurs:* Ein Freund von mir ist schwer beeindruckt, weil seine Frau einen Bauchtanzkurs besucht. Denn seitdem soll der Sex mit ihr viel aufregender sein. Da beim Bauchtanz neben der Beweglichkeit auch die Beckenbodenmuskulatur trainiert wird, ist das nicht weiter verwunderlich. Allerdings könnte neben dem Trainingseffekt auch die exotische Verschleierung, die bei ihm bestimmt Liebesträume aus Tausendundeiner Nacht weckt, den Kick noch erhöhen.

♀ *Tantrische Beckenübung:* Im Tantra gibt es keinen Platz für Hemmungen. Wundern Sie sich daher nicht über die etwas freizügige Übungsanleitung: Die folgende Technik sollten Sie mit nacktem Unterkörper durchführen. Optimal wäre es, in der Hocke zu üben, doch es geht auch im Stehen. Bestreichen Sie Zeige- und Mittelfinger beider Hände mit etwas Vaseline oder Gleitcreme. Führen Sie dann Zeige- und Mittelfinger der einen Hand in die Vagina, die der anderen in den Anus ein. Spannen Sie nun alle Beckenbodenmuskeln kräftig an. Sie sollten die Anspannung an beiden Händen, also hinten und vorne, spüren. Halten Sie die Spannung, während Sie zweimal tief durchatmen, und lassen Sie dann wieder ganz locker. Wiederholen Sie das Ganze zehn- bis 15-mal. Versuchen Sie mit der Zeit, die Spannung zu erhöhen und die Beckenbodenmuskulatur drei bis vier Atemzüge lang angespannt zu halten.

♀ *Beckenbodentraining easy:* Die tantrische Version der Beckenbodenübungen ist zugegebenermaßen etwas aufwändig. Leichter geht's, wenn Sie im Alltag immer wieder einmal Ihre Muskeln rund um Vagina und Anus kräftig nach oben und innen ziehen – so als wollten Sie Harn verhalten. Spannen und entspannen Sie die Beckenbodenmuskulatur abwechselnd fünfmal, und führen Sie diese Übung mindestens dreimal täglich durch. Noch effektiver wird das Ganze, wenn Sie dabei gleichzeitig die Bauchmuskeln etwas anspannen. Schon nach kurzer Zeit werden Sie (und er) den Unterschied spüren.

Erotische Spiele für Abenteuerlustige

Es gibt Männer, die ihre Pizza gerne superscharf mögen. Wenn Ihr Süßer zu denen gehört oder wenn Freeclimbing, Bungeespringen und Wildwasserfahrten im Kajak zu seinen Lieblingsbeschäftigungen zählen, sollten Sie auch beim Sex auf einiges gefasst sein. Doch selbst Männer, die sich nie und nimmer in ein Kajak setzen würden, hegen zuweilen die wildesten Sex-Fantasien.

Sex ist eine sehr individuelle Angelegenheit. Es gibt Pärchen, für die Kuschelsex über alles geht. Sie sind völlig zufrieden, wenn sie – einzig von mattem Mondlicht beschienen – zwischen einem kleinen Zoo aus Plüschtieren auf der Flanelldecke liegen und zärtlich schmusen können. Andere Paare suchen den außergewöhnlichen Kick. Und der lässt sich in der Erotik mit Sicherheit finden. Es liegt in der Natur der Sache, dass einige Frauen über die bisher beschriebenen Techniken wie Blowjobs mit Eiswürfeln, Tantra-Stellungen im Stehen oder Sex in der Umkleidekabine einigermaßen entsetzt sein werden. Für andere gehören diese Praktiken zu den absoluten Basics, und sie sehnen sich nach Abenteuern der ganz anderen Art. Auch in sexuellen Dingen ist der Geschmack eben das A und O. Wichtig ist aber einzig und allein, was *Sie* wollen und was *Ihnen und Ihrem Partner* Spaß macht. Hier ein paar (völlig unverbindliche!) Anregungen für Abenteuerreisende im Reich der Erotik:

♀ Gehen Sie ohne Höschen unter dem Rock ins Restaurant und lassen Sie sich auf der Rückfahrt im Taxi von Ihrem Lover streicheln.

♀ Gießen Sie etwas Champagner in Ihren Bauchnabel und laden Sie Ihren Süßen zu einem Schlückchen ein.

♀ Fesseln Sie ihn mit Handschellen ans Bett und testen Sie aus, wo seine Lust- an seine Schmerzgrenze reicht.

♀ Drücken Sie ihm ein Zettelchen in die Hand, auf dem steht, wo Sie in fünf Minuten nackt auf ihn warten.

♀ Besorgen Sie sich Lederstiefel, Latexklamotten und eine Peitsche, um Ihren Kleinen endlich mal so zu erziehen, wie Sie es sich schon immer erträumt haben.

♀ Ziehen Sie sich wie eine Prostituierte an, warten Sie zu vereinbarter Stunde in einem Hotel auf ihn und geben Sie sich ihm ohne Wenn und Aber hin. Wichtigste Regel: Dabei darf kein Wort gesprochen werden, und er sollte sich nach der Nummer sofort wieder anziehen und verschwinden.

♀ Lassen Sie sich die Augen verbinden und mit allem füttern, was ihm in den Sinn und auf den Teelöffel kommt.

♀ Schieben Sie ihm, kurz bevor der Kinofilm beginnt, Ihren Slip in die Jackentasche und legen Sie seine Hand zwischen Ihre Beine.

♀ Testen Sie in einer heißen Sommernacht auf Ihrem Balkon ein paar heiße Stellungen und nehmen Sie in Kauf, dass Sie dabei gesehen werden können.

Nicht über die Grenze gehen

Das Ausleben sexueller Fantasien kann ganz schön unter die Haut gehen und für viel Abwechslung sorgen. Wenn es um sexuelle Spielchen und erotische Experimente geht, sollten Sie allerdings bedenken, dass Männer im Allgemeinen abenteuerlustiger sind als Frauen. Seine Experimentierfreude ist manchmal vielleicht sogar so groß, dass Sie bei seinen Vorschlägen nur noch den Kopf schütteln können.

Nun sollten Sie natürlich nicht jeden Sonderwunsch Ihres Lovers gleich als eklig und pervers abtun. Es kann nicht schaden, die Idee zumindest einmal in Ruhe in Erwägung zu ziehen und sich zu überlegen, ob eine gute Vertrauensbasis vorhanden ist, die das ersehnte Spielchen vielleicht doch möglich macht. Manch neues Rezept kann durchaus eine Bereicherung für die Speisekarte sein. Doch es gibt Grenzen! Und auch wenn Sie ihm noch so gern einen Gefallen tun und sich um Toleranz und Offenheit in der Partnerschaft bemühen – was zu weit geht, geht einfach zu weit.

Nicht jede Art von Sexualpraktik ist jedermanns Sache. Und wenn Sie sich etwas beim besten Willen nicht vorstellen können, sollten Sie dies auch ganz ehrlich sagen. Auf Dauer kann die Liebe nur funktionieren, wenn beide die Grenzen des anderen kennen und respektieren. Wenn Sie also nicht die geringste Lust dazu haben, seine Sklavin zu spielen und sich mit heißem Wachs beträufeln zu lassen, dann sagen Sie klar und deutlich: »Tut mir Leid, aber das ist definitiv nichts für mich.« Formulieren Sie freundlich, aber unmissverständlich, und machen Sie ihm ganz klar, dass Sie wirklich »Stopp« meinen, wenn Sie »Stopp« sagen.

Mit Spielzeug ins Bett

Es stimmt schon, dass das Auto des deutschen Mannes liebstes Spielzeug ist. Aber manchmal drückt er auch ein Auge zu. Schließlich gibt es Spielsachen, die noch sehr viel aufregender sein können als seine Blechschüssel. Mit einer kleinen, ganz speziellen Spielzeugschachtel werden Sie Ihren Lover jedenfalls im Nu in Erstaunen versetzen und seinen Spieltrieb entfachen.

Im Gegensatz zu Kinderspielsachen bekommen Sie Spielzeug für Erwachsene natürlich nicht im Supermarkt. Über den Versandhandel und das Internet können Sie sich die folgenden Artikel diskret ins Haus schicken lassen. Wenn Sie sich das Ganze live anschauen möchten, sollten Sie jedoch einmal mit Ihrem Partner in ein Geschäft für Erotikbedarf gehen. Der gemeinsame Besuch im Sexshop ist nicht nur unterhaltsam, sondern schürt auch die Vorfreude.

DER GUTE ALTE VIBRATOR ...

Der Vibrator ist ein phallusförmiges Gerät, das per Strom oder Batteriebetrieb für aufregende Schwingungen sorgen soll. Schon in den 1960er Jahren wurden die Dinger im Katalog angeboten, ohne dass ihr Einsatzgebiet dabei jedoch genauer erwähnt wurde. Heute weiß es jeder: Der Vibrator, der so ziemlich in allen Größen und Farben erhältlich ist, diente ursprünglich dazu, einsamen Damen den Solosex zu erleichtern. Doch inzwischen achten auch immer mehr Paare auf die richtigen »Vibrations«. Allerdings sind diese Vibrationen, die an der Klitoris übrigens wesentlich besser ankommen als im Inneren der Vagina, einigen Männern nicht ganz geheuer. Und wenn Ihr Freund nicht gerade gut bestückt ist, sollten Sie damit rechnen, dass er gegenüber dem bananenförmigen, dauernd einsatzbereiten Lustmacher Konkurrenzgefühle entwickelt.

Doch die Wahrscheinlichkeit, dass Ihr Liebhaber es sehr aufregend finden wird, wenn Sie ihm Ihren Vibrator vorführren, ist ziemlich hoch. Geben Sie ihm die Gelegenheit, den Vibrator an Ihnen auszuprobieren und zu entdecken, dass das summende Gerät sich auch an seinem Hoden überaus angenehm anfühlt. Sicher wird er so schnell zum Freund Ihres Zauberstabs werden.

... UND DER NOCH VIEL ÄLTERE DILDO

Auch bei Dildos handelt es sich um penisförmige Ersatzteile, doch im Gegensatz zu Vibratoren, die ihren Namen ohne Batterie nicht verdienen, gab es sie schon im alten Ägypten. Da Dildos nicht vibrieren, kann man mit ihnen im Grunde nur eines anfangen: sie einführen – entweder in die Vagina oder in den Po. Wenn Sie sich trauen und genug Gleitmittel auftragen, kann Letzteres auch bei Männern ganz schön aufregende Gefühle erzeugen.

Dildos können aus Plastik, Gummi, Metall oder Silikon sein, die kleinen erinnern an mittlere Zigarren, die großen an gigantische Riesensalamis aus dem Engadin. Der Witz beim Dildo ist, dass man sich mit ihm einmal so richtig ausgefüllt fühlen kann. Wenn Sie Ihren Bettgefährten einfach nur machen lassen, wird er anfangen, das Ding rein- und rauszuschieben, was sich je nach Größe des Dildos nicht unbedingt angenehm anfühlen muss. Machen Sie ihm klar, dass das Gefühl, dass der Dildo fest in Ihrer Vagina steckt, für Ihre Zufriedenheit bereits ausreicht und er seine Kräfte lieber darauf verwenden soll, Ihre Klitoris zu streicheln.

Ebenso wie Vibratoren sollten Dildos nach dem Gebrauch immer gründlich mit warmem Wasser und etwas Seife gereinigt und abgetrocknet werden.

PENISRINGE

Penisringe sind meist aus Plastik oder Silikon. Wie der Name schon ahnen lässt, werden die dehnbaren Ringe über den Penis gezogen, und zwar so weit wie möglich nach unten. Das Überstreifen funktioniert am besten, wenn Sie ein paar Tropfen Gleitcreme (auf Wasserbasis) verwenden und wenn sein Kleiner einigermaßen steif ist.

Und was bringt die ganze Aktion? Der Penisring verhindert, dass das Blut aus dem steifen Penis abfließt, und dient mit anderen Worten dem ungetrübten Dauerspaß. Die kleinen Noppen, die den Penisring verzieren, können beim Sex aufregende Empfindungen an der Klitoris hervorrufen. Allerdings dauert es manchmal, bis ein Paar die richtige Stellung gefunden hat, in der sein Ring sie an der richtigen Stelle berühren kann.

Ganz ohne sind Penisringe allerdings nicht! Durch sie wird das Blut im Penis ordentlich gestaut. Damit Ihr Lover untenherum nicht allzu blau anläuft und sein bestes Stück nicht irgendwann taub wird, sollten Sie den Ring alle 15 Minuten für ein paar Minuten lösen. Auch der Penisring sollte nach dem Sex mit Wasser und Seife gereinigt werden.

Gut möglich, dass Ihr Lover ein Fetischist ist, ohne dass Sie davon wissen. Eine gewisse sexuelle Fixierung auf Körperteile, Gegenstände oder Kleidungsstücke ist bei Männern weit verbreitet. Manche lieben Frauenfüße über alles, andere sind auf große Brüste fixiert, und einige Männer fahren absolut darauf ab, wenn Frauen Stöckelschuhe, Latex oder hohe Stiefel tragen.

Tiefenpsychologen rätseln seit Jahren, wie Mann zum Fetischisten wird. Sie vermuten einen Zusammenhang mit frühen Kindheitserlebnissen, wissen aber scheinbar auch nicht ganz genau, woher derartige Vorlieben kommen. Jedenfalls sollten Sie Lack, Leder und Latex beim Hang zum Fetisch eher als Spielzeug und weniger als Kleidungsstücke sehen.

Und was macht es schon, wenn Ihr Lover auf Lack und Leder steht. Auf den internationalen Laufstegen sind diese Materialien ohnehin gang und gäbe. Wenn ihm Gummistiefel im Bett gefallen oder Sie ihm mit einer Plastikschürze eine Freude machen können – wen stört das schon. Auch Latex ist auf jeden Fall einen Versuch wert. Dieses sehr anschmiegsame Material passt sich dem Körper wie eine zweite Haut an und weckt nicht nur bei Männern, sondern auch bei vielen Frauen erotische Gefühle.

Je ausgefallener der Wunsch, desto schwieriger kann die Erfüllung werden. Spätestens wenn Ihrem Liebsten bei der Vorstellung, dass Sie im Nonnengewand Oralverkehr mit ihm pflegen, heiße Schauer über den Rücken laufen, kann sein Fetischismus wirklich zum Problem werden – vor allem wenn Sie katholisch sind.

Viele Männer wollen auch einmal »richtig Mann« sein dürfen, ihre Urinstinkte ausleben und sich wenigstens ab und zu einmal überlegen fühlen. Umfragen zufolge wünschen sich über 80 Prozent der Männer, dass sie ihre Partnerin einmal ans Bett fesseln dürfen, während nur sehr wenige es ausgesprochen reizvoll fänden, selbst gefesselt zu werden. Ungerecht, aber wahr.

Das Thema »Fesselspiele« ist heikel. Vor allem, wenn es die Frau ist, die in die Rolle der Wehrlosen gedrängt wird. Zum einen tauchen schnell Vergewaltigungsassoziationen auf, zum anderen passt es auf den ersten Blick so gar nicht zum Bild der emanzipierten Powerfrau, als Sexsklavin einem Möchtegern-Macho zu dienen. Doch auf der anderen Seite scheint die Vorstellung, dass Frauen nur auf höflichen Sex stehen, niemand anderen als einen wahren Kavalier ins Bett lassen und ausschließlich mit Samthandschuhen angefasst werden möchten, nur ein Mythos zu sein. Es gibt eine große Anzahl von Frauen, die kein Problem damit haben, wenn es auch einmal etwas härter zur Sache geht. Das Thema »Dominanz und Unterwerfung« birgt eben überaus spannende Möglichkeiten. Und manch eine Frau hätte nichts dagegen einzuwenden, von einem Mann in Steinzeitmanier abgeschleppt zu werden – vorausgesetzt, dass sie den Mann auch wirklich liebt und ihm ganz und gar vertraut.

Das Hamburger Sexologische Institut fand heraus, dass immerhin knapp 40 Prozent der befragten Frauen erotische Fantasien hegen, in denen ein Hauch von Schmerz, gespielter Demütigung und Brachialem eine Rolle spielen. Und nach einer Umfrage des Instituts für Rationelle Psychologie in

München kommen erotische Machtspielchen sogar in rund 65 Prozent der weiblichen Träume vor.

Doch Umfragen hin oder her: Wenn Sie sich zu Fessel-spielchen nicht hingezogen fühlen, dann lassen Sie's, denn wenn der Gedanke an Unterwerfung bei Ihnen nun einmal keinen Funken Lust aufkeimen lässt, ist das Ganze einfach nicht das Richtige für Sie. Falls Sie aber doch ein paar Experimente wagen wollen, lesen Sie den nächsten Abschnitt.

FESSLE MICH! EIN PAAR WICHTIGE BONDAGE-REGELN, DAMIT DIE LIEBESNACHT NICHT IM DESASTER ENDET

Machen Sie sich und Ihrem Partner klar, dass Sado-Maso-Praktiken ebenso wie andere erotische Spiele vor allem eines sind – Spiele! Natürlich wollen Sie durch lustvolle Unterwerfung Erfahrungen machen, die jenseits des Kuschelsex liegen. Und Grenzüberschreitungen sind wichtig, um verborgene Leidenschaften zu entfachen. Aber trotz alledem sollten Sie und vor allem auch Ihr Partner bei Fesselspielen unbedingt einige Spielregeln befolgen:

♀ Checken Sie, ob Sie stark genug sind, um schwach sein zu können. Die Entscheidung, sich ganz in die Hände Ihres Geliebten zu begeben, erfordert Selbstbewusstsein und eine solide Vertrauensbasis. Fesselspiele sind nichts für labile Menschen und ebenso wenig für labile Beziehungen. Verlässlichkeit, Vertrauen und Intimität müssen stimmen, damit Sie sich oder dem anderen mit Dominanzspielen nicht schaden.

♀ Bei Bondage-Spielen besteht Verletzungsgefahr: Fesseln müssen zwar fest sitzen, dürfen die Blutzufuhr aber nicht unterbrechen. Wenn er keinen einzigen Seemannsknoten kennt, sollten Sie Handschellen verwenden, die innen gepolstert sind.

♀ Verzichten Sie auf »Heavy Bondage«, schließlich wollen Sie Ihren Hobbykeller ja nicht in eine Folterkammer verwandeln. Die leichte Version tut's vollkommen. Dabei werden Sie (oder bei Umkehrung der Rollen Ihr Partner) an Armen und Beinen ans Bett gefesselt, bevor Sie mit Kuss-, Kitzel-, Streichel- und Knabbereinheiten »gequält« werden.

♀ Setzen Sie die Regeln vorher klar fest und machen Sie Ihre Grenzen deutlich: »Fesseln ist okay, schlagen auf keinen Fall. Knabbern ist erlaubt, aber beiß bloß nicht fest zu. Augen verbinden ja, aber komm nicht auf die Idee, mich zu knebeln.« Je eindeutiger gesagt wird, was geht und was nicht, desto besser können Sie anschließend loslassen.

♀ Verteilen Sie die Rollen klar und setzen Sie einen Zeitraum fest. »Ich werde die nächsten drei Stunden deine Dienerin sein und alles tun, was du von mir verlangst. Wenn du es willst, werde ich nackt für dich tanzen, dir ein Märchen vorlesen, dich massieren, mich streicheln oder dich – wann du willst und wo du willst. Aber um Punkt …Uhr ist das Spiel vorbei, und dann lädst du mich gefälligst zum Essen ein.«

♀ Vereinbaren Sie ein Codewort – zum Beispiel »Stopp«. Das benutzen Sie, wenn Ihr Partner den Bogen überspannt oder Sie sich unwohl fühlen. Es fordert ihn dazu auf, das Spiel sofort und ohne Wenn und Aber zu beenden, dient also sozusagen als Notbremse.

♀ Schmerz kann manchmal aufregend sein, aber das Ziel ist immer Lust! Dummerweise liegen die Reize für Lust und Schmerz oft sehr nah beieinander, und letztlich entscheidet Ihr Gehirn darüber, wie Sie sie empfinden. Während die meisten Menschen einen Klaps auf den Po noch recht reizvoll finden, ist eine Tracht Prügel sicher nicht das, was normalerweise Lustgefühle verursacht. Ob Ihr Partner das richtige Maß findet, ist eine Frage des Fingerspitzengefühls. Mangelt es ihm daran, dann sprechen Sie sofort das Codewort aus, um das Spiel abzubrechen.

♀ Besonders wichtig: Tauschen Sie auch einmal die Rollen! Allein schon der Gerechtigkeit halber sollten auch Sie ihm mal Handschellen und Augenbinde anlegen. Nach anfänglichen Protesten wird er dabei wahrscheinlich eine sehr aufregende Erfahrung machen. Denn auch für einen Mann ist es eine große Herausforderung, sich mit Haut und Haar hinzugeben.

Was wollen Sie: dauerhafte Liebe
oder ein schnelles Ende?

Ob der Traummann, wenn Sie ihn denn an der Angel haben, auch bleibt und ob aus der Verliebtheit eine dauerhafte Liebe wird, hängt nicht vom Zufall ab. Im Folgenden finden Sie einige Tipps, wie Sie Ihre Partnerschaft mit Sicherheit zum Absturz bringen oder wie Sie von Ihrem Liebsten auch in Zukunft noch auf Händen getragen werden.

Um in eine Beziehung Unruhe und Ungemütlichkeit zu bringen, sollten Sie immer dasselbe und immer alles gemeinsam tun. Bestehen Sie darauf, dass Ihr Partner alles genauso tut, genauso fühlt und genauso denkt wie Sie!

Oder:

Ihre Partnerschaft wird enorm an Tiefe gewinnen, wenn Sie entdecken, dass Unterschiedlichkeit etwas Wertvolles ist. Gerade dadurch, dass der Partner anders ist, haben Sie die Möglichkeit, auch nach Jahren immer wieder Neues zu entdecken!

Ihr Partner hat Schwächen? Versuchen Sie, ihm diese mit Gewalt auszutreiben. Erziehen Sie ihn und weisen Sie ihn immer wieder auf seine Fehler hin.

Oder:

Natürlich hat jeder Mensch auch Fehler; Sie, ich, Ihr Partner. Das ist nur menschlich. Versuchen Sie nicht, Ihren Partner umzuerziehen – das funktioniert ohnehin nicht. Akzeptieren Sie auch Schwächen. Ihre eigenen und seine!

Wenn Sie Ihren Partner erst einmal eine Weile kennen, lassen Sie sich gehen. Wozu sollten Sie sich noch zurechtmachen? Ihr Partner kennt das ja schon. Für ihn reichen auch Omas Liebestöter und der alte Jogginganzug.

Oder:

Bleiben Sie für Ihren Liebsten attraktiv und erobern Sie ihn immer wieder aufs Neue. Gerade wenn Ihre Beziehung schon in die Jahre kommt, wird sich Ihr Partner mit Sicherheit freuen, wenn Sie sich nur für ihn schön machen!

Versuchen Sie, sich auf die negativen Eigenschaften Ihres Partners zu konzentrieren. Wenn Sie auf etwas stoßen, stürzen Sie sich sofort darauf und tadeln ihn.

Oder:

Jedes Lob ist eine Streicheleinheit für die Seele. Auch nach Jahren des gemeinsamen Lebens wird sich Ihr Partner freuen, wenn Sie etwas, das er getan hat, gut finden und es ihm auch sagen. Versuchen Sie, immer wieder die positiven Seiten Ihres Partners zu entdecken!

Wenn Ihr Partner sich über etwas freut, bleiben Sie möglichst kühl. Am besten beachten Sie es gar nicht weiter. Wenn Sie sich schon darauf einlassen, machen Sie es lächerlich oder zeigen Sie möglichst deutlich, wie sehr Sie der Gegenstand seiner Freude langweilt.

Oder:

Natürlich freuen Sie und Ihr Partner sich über unterschiedliche Dinge. Aber Sie sollten jede Freude gemeinsam erleben

– und wenn Sie sich nur darüber freuen, dass sich Ihr Lover freut!

Lassen Sie Ihren Partner nicht aus den Augen. Lassen Sie bloß nicht zu, dass er etwas ohne Sie oder gar ohne Ihr Wissen tut. Klammern Sie sich mit aller Kraft an ihn. Halten Sie ihn davon ab, andere Menschen zu treffen.

Oder:

Wenn Sie Ihrem Partner seinen Freiraum lassen, wird er nie das Gefühl haben, in der Partnerschaft gefangen zu sein. Und dann wird bei ihm auch nicht das Gefühl aufkommen, dass er sich befreien und aus der Partnerschaft ausbrechen muss. Je stärker Sie sich an einen Mann klammern, desto mehr Energie wird er brauchen, um sich dennoch frei zu fühlen. Mit einem gewissen Maß an Energie, das er aufwenden muss, wird eines Tages die Liebe zerbrechen!

Versuchen Sie, Humor aus Ihrer Partnerschaft herauszuhalten. Die Liebe ist etwas so Ernstes, dass Lachen und Spaß keinen Platz darin haben. Hören Sie weniger auf Ihre Gefühle, sondern analysieren Sie alles bis ins Kleinste.

Oder:

Lachen Sie gemeinsam und erleben Sie so viel Spaß miteinander wie möglich. Legen Sie nicht jedes Wort auf die Goldwaage und analysieren Sie nicht jeden Satz und jede Verhaltensweise. Viele Paare, die Jahrzehnte lang miteinander glücklich sind, sagen, dass Humor das Wichtigste war, um auch schwierige Situationen gemeinsam durchzustehen!

Lassen Sie ihm nichts durchgehen. Wenn er Ihnen bei einem Streit etwas sagt, das Sie verletzt, merken Sie sich das gut

und kommen Sie noch Monate später darauf zurück. Gleichzeitig sollten Sie sich davor hüten, sich jemals zu entschuldigen – ganz gleich, wie Sie sich verhalten haben.

Oder:

Natürlich ärgert man sich auch einmal über den anderen.
Doch wenn Sie nachtragend sind und ihm jede Verfehlung
ewig vorwerfen, wird er sich allmählich immer unwohler fühlen – das führt aber kaum dazu, dass er sich verändert, eher
wird er die Gesamtsituation verändern, das heißt, sich von
Ihnen trennen. Nehmen Sie seine Entschuldigungen an und
vergessen Sie, worüber Sie sich geärgert haben. Und wenn
Sie sich bei einem Streit oder in anderen Situationen danebenbenommen haben, sollten Sie auch den Mut aufbringen,
sich zu entschuldigen!

Lassen Sie Ihre Freundinnen aus der Partnerschaft heraus
und verhindern Sie, dass Ihr Partner sich mit Freunden trifft.
Reagieren Sie wütend oder zumindest gereizt, wenn Ihr Partner einen alten Freund besuchen möchte. Schotten Sie Ihre
Partnerschaft gegen jeden Einfluss von außen ab.

Oder:

Bauen Sie einen gemeinsamen Freundeskreis auf und pflegen Sie auch Ihre alten Freundschaften. Freunde sind neben
der Liebe das Wichtigste im Leben. Gemeinsame Freunde
festigen die Partnerschaft, sorgen für Anregung und Austausch; und Ihre eigenen Freunde sind wichtig, wenn Sie sich
einmal aussprechen oder trösten lassen wollen!

Kultivieren Sie Ihre Eifersucht – schreien Sie ihn an, wenn er
über andere Frauen spricht, hauen Sie ihm eine runter, wenn
er einer anderen Frau hinterhersieht, und bestrafen Sie ihn

mit Liebesentzug, wenn er eine Schauspielerin in einem Film gut findet. Wenn er nichts davon tut, können Sie immer noch sauer sein, weil er wahrscheinlich heimlich an andere Frauen denkt.

Oder:

Kultivieren Sie die Kraft des Vertrauens. Sie wissen ja: »Eifersucht ist eine Sucht, die mit Eifer sucht, was Leiden schafft.« Es ist ja ganz natürlich, wenn Sie ab und zu mal ein wenig eifersüchtig sind – manchmal ist ein kleines bisschen davon ja auch ein Kompliment. Doch lassen Sie niemals zu, dass die Eifersucht Macht über Sie gewinnt! Eifersucht wird Sie niemals vor einer Trennung bewahren – ganz im Gegenteil: Je mehr Vertrauen Sie in Ihre Partnerschaft geben, desto inniger kann die Liebe werden.

Ob es nun einen kleinen Streit oder eine große Krise in Ihrer Partnerschaft gibt: Suchen Sie immer nach einem Schuldigen. Sie können Ihren Partner beschuldigen und ihm Vorwürfe machen; aber natürlich können Sie alternativ auch sich selbst zum Schuldigen erklären, sich mit Selbstvorwürfen martern und all Ihre Bedürfnisse den seinen unterordnen.

Oder:

Sie können jeden Streit und jede Krise nutzen, um gemeinsam an den Aufgaben zu wachsen. Dazu ist es jedoch wichtig, sich nicht gegenseitig den schwarzen Peter zuzuschieben. Es nützt überhaupt nichts, nach einem Schuldigen zu suchen – ob Sie nun bei sich selbst oder beim Partner anfangen. Wenn Sie überlegen, wie Sie es gemeinsam besser machen können, wird das Ihre Beziehung vertiefen und ein Wachsen der Liebe ermöglichen.

Betrachten Sie Sex als nebensächlich und im Grunde genommen nur wichtig, um Kinder zu bekommen. Schließlich ist das Ganze unhygienisch und unmoralisch. Wenn Sie allerdings prinzipiell schon Spaß an Sex haben, vermeiden Sie es, über Ihre Bedürfnisse zu sprechen oder die Wünsche Ihres Partners in Erfahrung zu bringen.

Oder:

Natürlich sollte Sex nicht das Einzige sein, was in einer Partnerschaft von Bedeutung ist. Aber selbstverständlich ist er auch wichtig, insbesondere guter Sex. Und guter Sex bedeutet, dass er beiden Spaß macht. Das geht aber nur dann, wenn beide auch über ihre Wünsche und Bedürfnisse sprechen. Wie soll ein Mann wissen, was Sie besonders anmacht, wenn Sie es ihm nicht sagen? Sie müssen ja nicht immer Worte benutzen – Sie können Ihrem Liebsten ja auch zeigen, was Sie antörnt, und sich von ihm zeigen lassen, was ihm gefällt.

Prinzipiell sollten Sie in Ihrer Partnerschaft Probleme niemals ansprechen, sondern alles, was schwierig zu sein scheint, unter den Teppich kehren. Sprechen Sie überhaupt nur über das Nötigste und auf keinen Fall über Gefühle oder Dinge, die Sie bewegen. Hören Sie auch nicht zu, wenn Ihr Partner von sich erzählt.

Oder:

Das A und O in einer harmonischen Partnerschaft ist eine offene Kommunikation. Dazu gehört nicht nur Sprechen, sondern auch Zuhören. Wie anders können Schwierigkeiten behoben werden, wie anders können die Gemeinsamkeit, die Harmonie und die Liebe wachsen als durch gegenseitigen Austausch. Es ist ja nicht so, dass man nur über Probleme

miteinander sprechen könnte. All das Schöne, Freudige, Lie-
bevolle in einer Partnerschaft sollte ebenso nicht unausge-
sprochen bleiben!

Literatur-Tipps für gewisse Stunden

Anderson, Dan/Berman, Maggie:
*Ein Schwuler verrät seiner besten Freundin,
was Männer wirklich antörnt.* Econ. München 2002.

Fein, Ellen/Schneider, Sherrie: *Die Kunst, den Mann fürs Leben zu
finden. The Rules.* Piper. München 1996.

Govinda, Kalashatra: *Tantra. Geheimnisse östlicher Liebeskunst.*
Ludwig. München 2000.

Hooper, Anne: *Mehr Spaß am Sex.*
Dorling Kindersley Verlag. München 2001.

Joannides, Paul: *Wild Thing – Sextips for Boys and Girls.*
Goldmann. München 1998.

Molcho, Samy: *Partnerschaft und Körpersprache.*
Mosaik. München 1990.

Pease, Allan und Barbara:
Warum Männer nicht zuhören und Frauen schlecht einparken.
Ullstein. München 2000.

Proske, Christine/ Schwarz, Andreas:
Über die Liebe. Die Basics für Sex, Lust und Leidenschaft.
Ariston. München 2003.

Roberts, Amanda/ Padgett-Yawn, Barbara:
Liebe und Sexualität. Könemann. Köln 2000.

Tannen, Deborah:
*Du kannst mich einfach nicht verstehen. Warum Männer und Frauen
aneinander vorbeireden.* Goldmann. München 1993.

West, Anne: *Gute Mädchen tun's im Bett – böse überall. Wer sich traut,
hat mehr vom Lieben.* Knaur. München 1998.

Knaur

Erotische Romane bei Knaur
Raffiniert und wild – und ohne Tabus!

Susanna Calaverno: Verborgene Blüten

Annette ist seit Jahren verheiratet. Ihre Leidenschaft konzentriert sich daher voll und ganz … auf ihren Garten. Doch dann lernt sie Markus kennen, einen jüngeren, experimentierfreudigen Liebhaber, der die kühnsten Fantasien in die Tat umsetzt!

Mariah Greene: Das schlaue Biest

Andrea weiß, wie man es auf der Karriereleiter nach oben bringt: mit Talent und eisernem Willen. Und sie weiß, wie eine Frau sich richtig amüsiert: mit sexy Kerlen und Körpereinsatz. Als sich ihre Agentur um einen neuen Auftrag bemüht, lernt sie, dass man dies alles auch problemlos miteinander verbinden kann …

Tracy Quan: Das Tagebuch der Nancy Chan

»Für ganz böse Mädchen!« *Focus* – Willkommen in der Welt von Nancy Chan, einem Callgirl in Manhattan. Beruflich gesehen läuft es wunderbar – bis sie sich in einen seriösen Wall-Street-Broker verliebt …
»Nicht nur lustvoll, sondern auch lustig!« *Petra*

Fordern Sie unser erotisches Gesamtverzeichnis an:
leidenschaft@droemer-knaur.de

Sextipps für das 21. Jahrhundert
Trauen Sie sich! Entdecken Sie,
was in Ihnen schlummert!

Rachel Swift, Ich komme wann ich will
Trotz eines abwechslungsreichen und zärtlichen Sexuallebens haben
viele Frauen selten oder nie einen sexuellen Höhepunkt. »Ich komme
wann ich will« erklärt offen und einfühlsam, wie sich dies ändern lässt!

Anne West, Gute Mädchen tun's im Bett – böse überall
Jenseits der Missionarsstellung: Anne West macht Mut (und Lust!),
neue Gefilde der Sexualität zu erkunden und zu tun, wovon Frauen
leider oft nur träumen. Motto: Erlaubt, ist was Spaß macht – jung,
modern, frech und sehr sinnlich.

Anne West, Sag Luder zu mir (61934)
Gute Mädchen sagen danke schön, böse flüstern 1000 heiße Worte –
denn jenseits der Stille beginnt die Leidenschaft. Eine Anleitung nicht
nur für Frauen, sich auf Entdeckungsreise in die weiten Gefilde der
(verbalen) Lust zu begeben.

Knaur

Fordern Sie unser erotisches Gesamtverzeichnis an:
leidenschaft@droemer-knaur.de